上海虹桥商务区
绿色低碳建设实践之路

上海虹桥商务区管理委员会
上海市建筑科学研究院有限公司   编著

中国建筑工业出版社

图书在版编目（CIP）数据

上海虹桥商务区绿色低碳建设实践之路/上海虹桥商务区管理委员会，上海市建筑科学研究院有限公司编著. —北京：中国建筑工业出版社，2020.10

ISBN 978-7-112-25451-4

Ⅰ.①上… Ⅱ.①上… ②上… Ⅲ.①商业区—低碳经济—经济发展—研究—上海 Ⅳ.①F727.51

中国版本图书馆CIP数据核字（2020）第175231号

责任编辑：毕凤鸣 齐庆梅
责任校对：焦 乐

上海虹桥商务区绿色低碳建设实践之路
上海虹桥商务区管理委员会
上海市建筑科学研究院有限公司 编著

*

中国建筑工业出版社出版、发行（北京海淀三里河路9号）
各地新华书店、建筑书店经销
逸品书装设计制版
北京富诚彩色印刷有限公司印刷

*

开本：880×1230毫米 1/16 印张：15¼ 字数：417千字
2020年10月第一版 2020年10月第一次印刷
定价：228.00元
ISBN 978-7-112-25451-4
（36449）

版权所有 翻印必究
如有印装质量问题，可寄本社退换
（邮政编码100037）

编审委员会

主　　任：闵师林
顾　　问：薛全荣
副 主 任：陈伟利　金国军　付乃恂　徐　强
指　　导：鲍铁鸣　江小龙　费小妹
成　　员：卫爱民　徐明生　郁小明　李佳川　贾开京　赵　俊　李毓纲
　　　　　刘　涛　刘　飞　李　俊　陆　杰　蒋利学　杨建荣　高雄伟
　　　　　乐　平

编写工作组

主　　编：徐明生
副 主 编：刘华伟　安　宇
组织编写：刘华伟　董　琨　王　东　宋亚杉
编写成员：（按姓氏笔画排序）
　　　　　王　凡　王　东　叶满彪　史永亮　刘华伟　安　宇　许焕勇
　　　　　李　远　李　芳　李淑君　何华锋　沈培莉　沈雪梅　宋亚杉
　　　　　张　皓　张　颖　张秀俊　陈　纯　陈声凯　陈建平　林　姗
　　　　　郁小明　金健宁　周维才　胥　超　秦　岭　钱娟娟　徐明生
　　　　　徐春霖　栾颖慧　高继明　黄海生　董　琨　舒征东　熊真真

序言 | Preface

光阴荏苒，日月如梭。

2010年7月，虹桥商务区管委会发布了《上海市虹桥商务区低碳建设导则（试行）》，标志着虹桥商务区绿色低碳建设工作的启动。

一晃十年。在上海市委市政府的坚强领导下，管委会坚持"最低碳"的发展特色，高起点规划引领，高标准开发建设，在绿色低碳建设方面取得突出成效。2014年，虹桥商务区核心区重点区域被住房城乡建设部批准为国家绿色生态示范城区。2017年，经上海市发展和改革委员会验收，在2011年成为上海市首批低碳发展实践区的基础上又升级为低碳发展示范区。2018年，虹桥商务区核心区重点区域获评全国首个三星级国家绿色生态运行城区，在国内甚至国际上都起到标杆和示范效应。

虹桥商务区的绿色低碳建设可谓亮点突出、精彩纷呈：土地混合利用，功能复合开发，高效利用地下空间，集约节约使用土地；已投入运行的区域三联供集中供能系统每年减碳量达到2万多吨标准煤；核心区58.1%的建筑达到绿建三星设计标识，41.9%达到绿建二星设计标识；核心区屋顶绿化面积占屋面面积的50%左右，成为商务区的"第五立面"；立体分层、便捷宜人的复合慢行交通体系成线成网；四大绿地、生态水系、"口袋公园"串起商务区绿色生态走廊。

大鹏之动非一羽之轻，骐骥之速非一足之力。今日成绩之取得，得益于上海市委市政府的正确领导和各方面的关心支持，凝聚了管委会历任领导、广大干部职工的智慧和心血。在此，也特别感谢管委会相关处室、上海市建筑科学研究院、智库专家组成的专业团队的辛勤付出和专业高效的努力工作。

恰逢《上海市虹桥商务区低碳建设导则（试行）》发布十周年之际，虹桥商务区管委会与上海市建筑科学研究院通力合作，经过大量的现场调研、资料搜集、整理汇编，编写了《上海虹桥商务区绿色低碳建设实践之路》一书，既是总结回顾过往，也是提供经验借鉴，更是展望美好未来。

去年底，市委市政府印发了《关于加快虹桥商务区建设打造国际开放枢纽的实施方案》，提出要"打造世界一流的绿色低碳发展商务区"。今年初，上海市贯彻《长江三角洲区域一体化发展规划纲要》的实施方案中也要求"对标国际水准，全面提升虹桥商务区绿色建设和生态运行标准"。

对标世界一流，虹桥的绿色低碳建设工作仍任重而道远。我们必须只争朝夕、不负韶华，充满激情、勇于创新，为打造国际开放枢纽，建设国际化中央商务区、国际贸易中心新平台而继续努力！

新时代、新机遇、新作为。我相信，虹桥的未来会更美好、更绿色、更生态、更低碳。

上海虹桥商务区管委会党组书记、常务副主任

二〇二〇年七月

目录 | Contents

一 概况篇　　001

1.1 区域范围　　002
1.2 发展定位　　003
　1.2.1 发展目标　　003
　1.2.2 发展定位　　005
　1.2.3 规划建设理念　　007
1.3 绿色低碳大事记　　008
1.4 重要荣誉　　010
1.5 顶层设计　　010
　1.5.1 组织架构　　011
　1.5.2 政策制度　　011
　1.5.3 专项资金　　013
　1.5.4 合作交流　　015
　1.5.5 宣传教育　　015
1.6 建设现状　　016

二 实践篇　　019

2.1 土地集约节约利用　　020
　2.1.1 功能业态复合开发　　020
　2.1.2 地下空间综合利用　　024
　2.1.3 街坊尺度亲切宜人　　025
　2.1.4 规划布局科学合理　　026
　2.1.5 小结　　028
2.2 区域集中供能　　029
　2.2.1 区域集中供能规划　　029
　2.2.2 供能管沟工程　　030
　2.2.3 供能系统建设方案　　031
　2.2.4 能源站运营情况　　033
　2.2.5 能源中心功能展示　　034
　2.2.6 小结　　034
2.3 低碳交通　　035
　2.3.1 立体复式慢行交通　　035
　2.3.2 公共交通　　040
　2.3.3 绿道　　042
　2.3.4 远程值机　　044
　2.3.5 小结　　045
2.4 绿色建筑　　045
　2.4.1 绿色建筑规划管理　　046
　2.4.2 绿色建筑设计审查　　046
　2.4.3 绿色施工过程管理　　048
　2.4.4 绿色建筑过程监督　　051
　2.4.5 绿色建筑运行管理　　053
　2.4.6 小结　　055
2.5 低碳能效运行管理平台　　055
　2.5.1 建设背景　　055
　2.5.2 建设历程　　056
　2.5.3 功能效果　　057
　2.5.4 运营服务　　064
　2.5.5 平台展望　　066
　2.5.6 小结　　067

2.6 智慧运营 067
 2.6.1 虹桥商务区防汛监控系统 067
 2.6.2 虹桥商务区综合指挥平台 070
 2.6.3 新虹网格化管控中心 073
 2.6.4 其他智慧运营设施 075
 2.6.5 小结 079
2.7 生态环境 079
 2.7.1 屋顶绿化 079
 2.7.2 河道水系 080
 2.7.3 景观绿化 083
 2.7.4 小结 087
2.8 人文虹桥 087
 2.8.1 产业发展 087
 2.8.2 服务设施 088
 2.8.3 学术交流 090
 2.8.4 绿色生活 093
 2.8.5 小结 095
2.9 综合效益 095

三 案例篇 097

3.1 上海冠捷科技总部大厦项目 098
3.2 上海虹桥宝业中心项目 106
3.3 上海虹桥绿谷广场项目 111
3.4 上海虹桥天地项目 121
3.5 上海虹桥尚品华庭、虹桥嘉汇项目 130
3.6 上海虹桥万科中心项目 136
3.7 上海虹桥新地中心项目 143
3.8 上海虹桥万通中心项目 149
3.9 上海虹桥丽宝广场项目 153
3.10 上海龙湖·虹桥天街项目 158

四 感悟篇 165

2017年度上海绿色建筑贡献奖获奖感言 167
虹桥商务区绿色生态城区建设十周年感悟 168
难忘的虹桥十年 172
虹桥十年 174
绿色低碳建设实践中的工作点滴 176
虹桥商务区绿色发展之路 178
我与虹桥不得不说 180
大虹桥，见证你的美 181
虹桥商务区，培植人生信念的地方 183
从旁观者到参与者
 ——记虹桥商务区十周年有感 185

附录1 绿色建筑项目 187
附录2 绿色低碳重要政策文件 192

后记 235

01

概况篇

2009年，上海市委市政府提出依托虹桥综合交通枢纽开发建设虹桥商务区这一重大战略举措。2010年1月，上海市人民政府颁布了《上海市虹桥商务区管理办法》，这是虹桥商务区开发建设的纲领性依据文件。

十年后今天的虹桥商务区，正朝着建设国际中央商务区、国际开放枢纽、国际贸易中心新平台的发展目标稳步前行。

本篇从区域范围、发展定位、绿色低碳大事记、重要荣誉、顶层设计和建设现状6个方面概括介绍了虹桥商务区，特别是绿色低碳建设的基本概况。

1.1 区域范围

上海虹桥商务区的区域范围经历了三个发展阶段：

第一阶段：2010年1月上海市人民政府第25号令颁布的《上海市虹桥商务区管理办法》明确，虹桥商务区区域范围东起外环高速（S20），西至沈海高速（G15），北起京沪高速（G2），南至沪渝高速（G50），总面积约86.6km^2，包括长宁区新泾镇3.5km^2，程家桥街道4.7km^2；闵行区新虹街道19.2km^2，华漕镇26.9km^2，七宝镇0.3km^2；青浦区华新镇2.6km^2，徐泾镇16.4km^2；嘉定区江桥镇12.7km^2，真新街道0.3km^2。作为市人民政府派出机构，虹桥商务区管委会主要职责是区域内综合交通组织管理、区域规划发展统筹、组织实施区域开发、指导协调属地管理。涉及主功能区范围内的建设用地规划许可、建设工程规划许可、建设工程竣工规划验收、国有土地使用权建设项目供地预审、建设工程项目报建、施工许可和户外广告设置审批等事项由市相关行政管理部门委托虹桥商务区管委会审批。2015年，管委会与四区政府签署《推进虹桥商务区发展的实施意见》，就规划统筹、功能打造、市场监管、城市建设管理和社会管理工作推进进一步强化对接。

第二阶段：2018年5月，市委市政府关于调整优化虹桥商务区管理体制机制的意见，明确将商务区调整划分为核心区和四大片区，其中核心区面积16km^2，四大片区包括闵行片区、长宁片区、青浦片区和嘉定片区，总面积86.6km^2。明确虹桥商务区管委会负责统筹商务区规划实施、做好商务区开发建设计划时序管理（包括年度土地储备计划、土地出让计划、政府重点投资项目实施计划以及重大项目实施计划）、统一协调区域制定产业与招商政策、负责虹桥综合交通枢纽运行管理综合协调和国家会展中心运行配套服务、统一虹桥商务区管理与服务标准等职责。

第三阶段：2019年11月13日，经上海市委常委会审议通过的《关于加快虹桥商务区建设打造国际开放枢纽的实施方案》对外发布。该实施方案中明确，在虹桥商务区原四至范围即东至外环高速、南至G50沪渝高速、西至G15沈海高速、北至G2京沪高速，共86.6km^{2}的基础上，按照街镇整建制提升的原则，将长宁区新泾镇和程家桥街道（虹桥临空经济示范区）、闵行区华漕镇、嘉定区江桥镇和青浦区徐泾镇原未纳入虹桥商务区的部分共 64.8km² 全部作为虹桥商务区的拓展区，统筹进行规划建设管理和功能打造，实现虹桥商务区 151.4km² 整体协调发展。

1.2 发展定位

1.2.1 发展目标

"十二五"期间，虹桥商务区作为上海市重点发展区域，其开发建设是市委市政府立足全局、着眼长远做出的重大战略决策。其目标是依托虹桥综合交通枢纽，建成上海现代服务业的集聚区、上海国际贸易中心建设的新平台、面向国内外企业总部和贸易机构的汇集地，服务长三角地区、服务长江流域、服务全国的高端商务中心。

在"十二五"已经形成的发展基础上，虹桥商务区"十三五"期间的发展定位为聚焦"三大功能"、强化"四个服务"、突出"五大特色"（见图 1-1）。通过加强统筹管理和功能开发，促进高端商务、会展和交通功能融合发展，基本形成"产城融合发展、环境生态文明、配套优势明显、区域特色鲜明"的世界一流商务区框架，逐步朝着"长三角城市群联动发展新引擎"和"世界一流水准商务区"的发展目标迈进，逐步将虹桥商务区打造成服务长三角、面向全国和全球的一流商务区。

2019 年，在虹桥商务区成立十周年之际，虹桥商务区的发展迎来了新的重大机遇。《长江三角洲区域一体化发展规划纲要》明确提出，围绕共建高水平开放平台，要"协力办好中国国际进口博览会""打造虹桥国际开放枢纽""推动虹桥地区高端商务、会展、交通功能深度融合，建设中央商务区和国际贸易中心新平台，进一步增强服务长三角、联通国际的枢纽功能"。

2019 年 5 月 14 日，上海市委书记李强在视察虹桥商务区时提出，要"勇当服务长三角一体化发展国家战略的排头兵、持续办好中国国际进口博览会的主力军、打造国际一流营商环境的践行者"。

2019 年 11 月 13 日，经上海市市委常委会审议通过的《关于加快虹桥商务区建设打造国际开放枢纽的实施方案》发布，该实施方案中明确虹桥商务区的发展目标为：到 2022 年，虹桥商务区经济总量、经济贡献度、总部企业集聚度、商务楼宇产出率、服务经济发展质量、利用外资水平、服务贸易发展能级、消费创新引领度等显著提升，公共服务水平和生态环境质量等达到国际一流中央商务区水平，集聚一批高能级贸易主体和功能型平台，形成若干总部经济、平台经济、数字经济、会展经济等现代产业经济集群，成为带动区

图 1-1 虹桥商务区"十三五"期间目标定位

域经济高质量发展的重要引擎；到 2025 年，虹桥商务区服务长三角、联通国际的枢纽功能不断提升，成为具有世界水准的国际大型会展目的地，成为总部企业、国际组织和专业机构首选地，成为国际商务资源集聚、贸易平台功能凸显、各类总部企业活跃的经济增长极，基本建成虹桥国际开放枢纽。

2020 年 2 月 12 日，上海市人民政府批复同意《上海市虹桥主城片区单元规划》，要求全面落实《长江三角洲区域一体化发展规划纲要》，将虹桥商务区建设成为面向全球、面向未来、引领长江三角洲区域更高质量一体化发展的国际开放枢纽，成为高效绿色的国际交通枢纽区、开放引领的国际会展贸易区、创新共享的世界级商务区、生态宜居的主城片区，将虹桥商务区打造成服务国家战略、推动高质量发展的重要增长极。

2020 年 3 月 3 日，《虹桥商务区规划建设导则》发布（图 1-2），导则围绕商务区的发展定位，贯彻落实创新、协调、绿色、开放、共享五大理念，坚持面向长远，彰显虹桥特色，对标国际一流，着重从国际城区、开放枢纽、生态环境、市政设施、美丽街区、智慧城市 6 个方面 26 个大类 43 个小类提出了规划、建设和管理的目标、策略和要点，力求体现商务区的发展特色，形成统一的"虹桥标准"，促进商务区引领长三角一体化高质量发展。

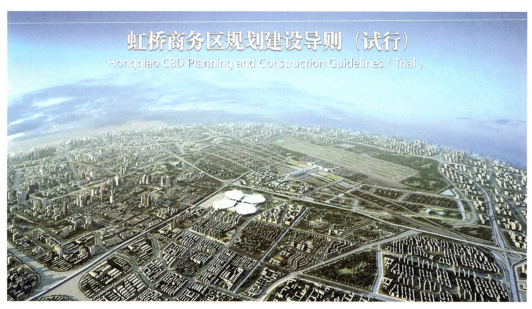

图 1-2　虹桥商务区规划建设导则发布

为实现发展目标，虹桥商务区明确了两条主线、四点重要举措。两条主线如下：

第一条主线是国际化。虹桥商务区的国际化是一个不断深化提升的过程，虹桥商务区作为上海新一轮改革开放的重要主战场和发展的重点区域，国际化一直是其发展的一个焦点。长三角一体化发展规划纲要对商务区提出三个国际化要求，即国际开放枢纽、国际化中央商务区和国际贸易中心新平台。虹桥商务区的国际化要把握两个维度，一个是要把国际化的东西引进来，形成高集聚，包括国际的资本、机构、世界 500 强、跨国企业以及商品、人才、服务、教育、文化等各种国际元素、国际通行制度、理念等，当然要取其精华，去其糟粕。虹桥商务区要坚持对标国际一流、最高标准，集聚国际各种先进要素，加快提升经济密度，扩大经济规模。另一面还要走出去，把虹桥商务区的东西国际化。把区内的机构、企业、商品、服务乃至制度理念化的东西传输出去。同时，加强国际经济、文化等各个方面的交流也是题中之义。商务区的国际化要助力上海在引导国际经济，在全球要素配置、经济分工中取得发言权，掌握主动权。要助力上海成为世界新经济新增长点、新业态的策源地，成为新的经济秩序、经济规则、经济理论的策源地，这也是国际化的基本要义。

第二条主线是一体化，即长三角一体化。长三角一体化已上升为国家战略，它的提出和实施既是区域一体化发展形势的必然要求，也和虹桥商务区国际化发展战略紧密联系。商务区只有和长三角融合为一个整体，才能在国际竞争、国际分工、全球资源配置中抢得先机占得优势。虹桥商务区的高质量发展必须写好长三角一体化这篇大文章。目前，商务区已经形成长三角优质经济资源加速集聚，在区域总计约 5.2 万家企业中，长三角籍投资者投资企业约占企业总数的 40%，其中不乏阿里巴巴、神马电力等知名企业的身影。战略上讲长三角一体化由外及内，即全区域的一体化、城市群的一体化、示范区的一体化和虹桥商务区的一体化。

四点重要举措为：

一是建设一流的国际化中央商务区。包括：打造现代服务业发展高地；提升国际高端都市商业功能；做优做强特色园区和特色楼宇；形成高品质商务活动集聚区；推进虹桥国际人工智能中心建设。

二是建设开放共享的国际贸易中心新平台。包括：打造进出口商品集散地；促进各类贸易平台集聚；培育高能级贸易主体；率先打造全球数字贸易港。

三是增强联通国际国内的开放枢纽功能。包括：打造总部经济集聚高地；推动会展经济提质增效；提高招商引资质量和水平；集聚高能级国际组织和机构；实现更高水平的"走出去"；助推长三角高质量一体化发展；探索重点领域开放的先行先试。

四是营造国际一流的商务生态环境。包括：加快智慧虹桥建设；推动绿色低碳发展；创设虹桥国际商务人才港；提高公共服务配套水平；建设协同高效的一体化综合交通体系；实施更大力度的支持政策。

1.2.2 发展定位

按照市委市政府部署，全面贯彻落实《长江三角洲区域一体化发展规划纲要》、打造国际开放枢纽的实施方案，精准把握虹桥商务区的发展定位。从国家战略维度，虹桥商务区是上海推进长三角更高质量一体化发展的三个重点区域之一；从功能定位维度，要打造虹桥国际开放枢纽，建设国际化中央商务区、国际贸易中心新平台，打造联动长三角、服务全国、辐射亚太的进口商品集散地；从城市发展维度，虹桥作为上海的城市副中心，要打造高效绿色的国际交通枢纽区、开放引领的国际会展贸易区、创新共享的世界级商务区和生态宜居的主城片区。

具体而言，虹桥商务区的发展定位要聚焦"三大功能"、强化"四个服务"、突出"五大特色"。

（1）聚焦"三大功能"

一是"大交通"功能。发挥上海国际性综合交通枢纽功能，强化综合交通优势，建设"内联外通、系统为本、动静结合、管理为重"的交通网络体系，把虹桥枢纽建设成为世界一流水准的综合交通枢纽，使虹桥商务区建设成为上海市西部地区的交通疏解中心，形成商务旅行、市内通勤、过往转乘等功能一体化的"大交通"功能，以减少该地区对中心城区公共配套的依赖和交通通行压力。

二是"大会展"功能。依托国家会展中心，将虹桥商务区打造成上海国际会展之都的核心功能承载区、世界知名的会展功能集聚区和会展产业发展示范区。加快完善保税、仓储、物流等与会展相关联产业的功能，加大政策引导，大力发展高端会议展览业和配套专业服务业，吸引与会展产业密切相关的要素集聚，形成多层次、宽领域、全产业链的会展管理组织体系。

三是"大商务"功能。充分发挥国家会展中心和虹桥综合交通枢纽功能优势，做大做强商务、贸易、会展三大功能，把虹桥商务区建设成为集总部经济、会议展览、保税贸易、旅游购物、航空服务、文化传媒、科技创新等复合功能于一体的"大商务"功能平台。通过建设优质的商务载体、营造良好的商务环境、提供便捷的商务服务，整合长三角乃至全国商务要素资源，提高现代服务业发展的集聚度和竞争力。

（2）强化"四个服务"

一是服务国家长江经济带等发展战略。主动对接和服务国家战略，紧紧依托发达的交通体系和广阔腹地，努力发展成为国家"一带一路"和"长江经济带"发展战略的重要节点和商务创新发展的引擎。

二是服务长三角一体化发展和世界级城市群建设。进一步服务好长三角世界级城市群建设，促进区域网络化、开放型、一体化发展格局的形成。积极搭建长三角一体化发展平台，通过交通设施和出行服务一体化，带动通勤就业、产业发展、商品市场、教育文化卫生等社会事业和公共管理一体化。

三是服务"五个中心"建设。围绕"上海国际贸易中心建设新平台"这一功能定位，积极复制上海自贸区改革创新成果，促进贸易投资便利化。主动利用国际贸易领域国际交流、沟通、对话的高端平台，为上海国际贸易中心建设服务。以发展国际贸易业务为核心，通过汇集高端贸易要素资源，打造上海国际贸易中心标志性平台和以国际贸易为主要特色的现代化商务区。

四是服务周边区域发展。强化服务辐射功能，引领和带动闵行、长宁、青浦、嘉定、松江等区，加快产业转型升级和城市功能提升，加快改变城乡不均衡和二元结构，实现整体的跨越式发展。

（3）突出"五大特色"

一是产城融合发展的特色。到2020年底，商务区总就业规模预计达到60万至70万人，商务办公人群加快集聚，逐步成为区域性的就业、商务、商业、贸易和活动的中心。要按照国际一流商务区的标准，完善教育、医疗、卫生、居住、文化、体育、餐饮等商务配套和生活配套，降低闵行、嘉定、青浦、松江等地区往返中心城区的通勤和就业强度，将商务区建设成为上海乃至全国产城融合发展的示范性区域。

二是低碳化和智慧化发展的特色。继续推进"国家绿色生态示范城区"建设，从规划、建设和运营的各个环节着手，积极探索城市功能区低碳发展、智慧发展的新举措，把最先进、最前沿的低碳化与智慧化技术和管理应用于虹桥商务区开发建设和运营管理的各个环节。继续大力推进星级绿色建筑、固碳技术措施、屋顶绿化、绿色能源交通、智能楼宇建设、智慧交通应用、智慧公共服务等项目在商务区的应用。积极实践"互联网+"行动计划，推动各类智慧应用产业在商务区集聚发展，把虹桥商务区建成为国内外知名的低碳和智慧发展示范区。

三是现代商务创新发展的特色。营造有利于现代商务和服务业发展的政策环境，发挥虹桥综合交通枢纽和国家会展中心功能优势，促进现代服务业各门类、各产业融合发展、创新发展。顺应产业跨界融合大趋势，大力培育"四新经济"，增强经济增长动能。抓住现代商务相关人才、资金、技术、信息流动性强的特点，促进交通功能与商务功能、会展功能深度融合，着力促进各类高端经贸商务要素在商务区集聚，把虹桥商务区建设成为现代商务创新发展的示范区。

四是商、贸、展、旅、文一体化发展的特色。虹桥交通枢纽过往人流、国家会展中心展会人流和商务区商务办公人流在虹桥商务区形成交汇，使虹桥综合交通枢纽成为商旅人士进入上海的门户。要加强对各类人流产生需求和溢出效应的研究，着力促进会议展览、商务活动、经济贸易、商贸购物、休闲时尚和文化旅游等相关业态互为配套、相互促进、融合发展，打造商、贸、展、旅、文一体化发展的示范性区域。

五是生态文明建设的特色。按照"宜商、宜业、宜居"的标准，切实加强生态文明建设，打造资源节约型、环境友好型商务区。高标准建设生态绿化带和四大公园，建设、管理、养护好绿地、道路、河道，依托吴淞江和苏州河以及周边天然河道，打造水系景观工程和绿色生态走廊，加强城市噪声、空气、水质等方面的治理，营造舒适宜人的自然环境，建设花园式的商务区。

1.2.3 规划建设理念

虹桥商务区确定了"最低碳""特智慧""大交通""优贸易""全配套"和"崇人文"的规划建设理念。

最低碳：规划设计形成路网高密度、街坊小尺度、建筑高密度、地下空间开发高强度大联通的特色，实践虹桥商务区"最低碳"的开发建设理念。核心区内统一规划5座区域能源中心并分步实施，区域集中供能项目大幅提升了一次能源利用效率。结合功能布局和空间尺度，建立完善的立体复合慢行交通系统，以地面步行道系统为主，串联二层步廊和地下空间，构建立体分层步行网络。建设低碳能效运行管理平台，通过平台使区域能源信息可报告、可监测、可核查、可评估。虹桥商务区内超50%建筑达绿色建筑二星级以上标准，地标建筑达绿色建筑三星级标准。虹桥商务区已被住房和城乡建设部命名为绿色生态城区，并成功申报成为全国第一个国家绿色三星级生态运营城区。

特智慧：加强5G基础设施建设，推动光纤宽带网、无线宽带网、移动物联网深度覆盖，鼓励新一代通信技术在智慧交通、枢纽管理和会展服务等领域的深度渗透和应用推广，率先推动5G网络技术融合应用升级落地，加快重点地区扩容优化，完善虹桥商务区新型城域物联专网平台（5G物联专网）。探索"物域网"建设，逐步形成全区域覆盖、跨区域协调、统一监管的综合管理指挥平台。

大交通：虹桥商务区拥有世界最大的交通枢纽，涵盖高铁、航空、长途汽车、轨道交通、规划磁浮等八种交通方式，设计日客流量110万～140万人次。目前虹桥商务区正按照交通功能最全、换乘方式最多、可达性最高、换乘距离最短、旅客流量最大的目标，建设世界上运营水平和运行标准最高的大型交通枢纽。2019年虹桥枢纽日均客流量已达到115.51万人次。

优贸易：以发展国际贸易业务为核心，通过汇集高端贸易人才和关键要素资源，促进上海国际贸易中心平台建设，通过吸引国内外企业总部和贸易机构落户，推进投资贸易便利化，打造上海国际贸易中心标志性平台和以国际贸易为主要特色的现代化商务区。

全配套：根据宜人、宜商、宜居的标准，对商务和生活有关的各类业态进行科学配比，努力实现商务功能和社区功能自然融合。重点发展以企业总部、贸易机构、商务办公为代表的主体业态，以会议展览为载体的功能业态和以住宿、商业、文化、娱乐为主的配套业态。加快建设国际化社区，实现产城融合发展。

崇人文：虹桥商务区强调每一个建筑实体的功能性和标志性，并配置高标准的教育、医疗、居住、文化等公共服务机构；注重公园、绿化、水系等生态环境和建筑、交通、楼宇等物理形态的和谐统一，营造舒适、宜人、赏心悦目的整体环境。有意识地打造商务区的文化地标，除基本公共配套按照相关标准之外，建设标志性的剧院、博物馆、图书馆，提高人均公共文化设施面积。商务区对街区单体地下空间利用有严格标准，而且各街区的地下空间全部联通，配以地下交通和公共设施，加上空中连廊等地面以上交通体系，形成地下、地面、空中三位一体的立体街区网络。

1.3 绿色低碳大事记

2010 年

2010 年 7 月 21 日，《上海市虹桥商务区低碳建设导则（试行）》发布并实施，标志着虹桥商务区低碳建设工作的实质性启动。

2011 年

2011 年 3 月 26 日，虹桥商务区举行核心区区域集中供能项目开工暨 06 号、08 号地块建设奠基仪式，标志着虹桥商务区核心区开发建设正式启动。

2011 年 7 月，虹桥商务区"十二五"规划发布。

2012 年

2012 年 3 月 6 日，《上海虹桥商务区专项资金管理办法》印发。

2012 年 7 月 5 日，《上海虹桥商务区专项发展资金使用实施细则》印发。

2012 年 12 月 18 日，虹桥商务区基础设施项目在迎宾绿地举行开工典礼，标志着虹桥商务区核心区政府投资项目全面开工建设。

2013 年

2013 年 1 月 29 日，虹桥商务区管委会获得上海市"2012 年度建筑节能工作先进单位"。

2013 年 1 月，虹桥商务区核心区（一期）首批四个绿色建筑设计标识项目正式获得住房和城乡建设部颁发的绿色建筑三星级设计标识证书。

2013 年 10 月 18 日，商务区区域集中供能一期工程正式竣工并投入试运行。

2014 年

2014 年 3 月，《虹桥商务区核心区公共交通专项规划》获批。

2014 年 6 月，虹桥商务区核心区一期集中供能项目正式运行，开始为核心区首批入驻企业提供清洁高效的能源服务。

2014 年 6 月 18 日，上海市"安全文明施工、建筑节能、节约型工地"施工现场观摩活动在核心区一期 09 号地块"三湘湘虹广场"项目现场开展。

2014 年 10 月，会展地下通道东段工程正式开工。

2014 年 12 月，虹桥商务区 5 个"三年行动计划"相继出台并实施，即《虹桥商务区公交配套三年行动计划》《上海市虹桥商务区开发建设指挥部推进"智慧虹桥"建设 2015-2017 行动计划》《虹桥商务区核心区外围整治改造三年行动计划》《虹桥商务区核心区商务配套三年行动计划》《虹桥商务区主功能区"环境提升"三年行动计划》。

2014 年 12 月，住房和城乡建设部批复同意虹桥商务区核心区为"国家绿色生态示范城区"。

2015 年

2015 年 2 月，虹桥商务区低碳实践区经上海市发展改革委中期评价为"优秀"。

2015 年 5 月 18 日，《关于推进实施建设工程绿色施工的若干指导意见》发布。

2015年8月，虹桥商务区管委会分别与嘉定、青浦、长宁、闵行四区政府共同签署《推进虹桥商务区发展的实施意见》。

2015年8月，虹桥商务区核心区一期与中国博览会会展综合体二层步廊工程正式开工。

2015年10月，虹桥商务区管委会开发建设处处长徐明生获得上海市绿色建筑创新奖个人奖。

2015年10月26日，虹桥商务区1路公交车开通发车。

2015年11月27日，虹桥商务区管委会与美国绿色建筑委员会签订战略合作备忘录，进一步推进商务区绿色低碳建设。

2016年

2016年8月，虹桥商务区"十三五"规划发布。

2016年12月，虹桥商务区核心区一期09号Ⅲ-D0207街坊三湘湘虹广场工程荣获2016-2017年度国家优质工程奖。

2016年12月，"虹桥商务区低碳能效运行管理信息平台"获得上海市"十大优秀应用成果奖"。

2017年

2017年6月1日，《虹桥商务区综合交通规划》通过专家评审。

2017年6月27日，虹桥商务区获评为上海市首批低碳发展示范区。

2017年8月30日，《上海虹桥商务区管委会关于推进低碳实践区建设的实施意见》发布。

2017年12月6日，《虹桥商务区主功能区海绵城市专项规划》通过专家评审。

2018年

2018年1月6日，《关于进一步加强虹桥商务区低碳能效运行管理平台建设和管理工作的有关通知》发布。

2018年3月，中国国际进口博览会重要配套项目二层步廊东延伸工程开工；9月，该工程全面竣工。

2018年10月24日，虹桥商务区核心区荣获全国第一个国家绿色生态城区实施运管三星级标识证书。

2018年10月29日，虹桥商务区管委会党组书记、常务副主任闵师林获得上海市绿色建筑贡献奖。

2018年11月4日，虹桥商务区综合指挥平台运行。

2018年11月5日至10日，首届中国国际进口博览会在虹桥商务区举办。

2018年11月，虹桥商务区第一次作为独立展厅，参加上海城博会，全面展示了虹桥商务区绿色低碳建设成果。虹桥商务区管委会党组书记、常务副主任闵师林在主论坛上发表主旨演讲。

2018年12月，《上海市虹桥商务区专项发展资金管理办法》发布，进一步规范虹桥商务区专项发展资金的管理，发挥专项资金的引导和带动作用。

2019年

2019年3月，虹桥商务区启动了以"创新城市设计、塑造特色风貌"为主题的长三角城市雕塑、街具公共艺术创意设计大赛。

2019年3月，会展地下通道西段竣工，标志着由国家会展中心到虹桥枢纽的地下大通道全线贯通。

2019年4月，虹桥商务区管委会参加十五届"国际绿色建筑与建筑节能大会暨新技术与产品博览会"，虹桥商务区管委会开发建设处刘华伟同志分享了虹桥商务区绿色生态城区的建设管理经验。

2019年5月13日，中共中央政治局会议审议通过《长江三角洲区域一体化发展规划纲要》。

2019年5月14日，上海市委书记李强调研虹桥商务区，肯定了虹桥商务区"最低碳、特智慧、全联通"的理念，并要求在做好政务环境的同时也要做好生态环境，将虹桥商务区打造成"商务环境一流、生态环境一流"的区域。

2019年6月1日，虹桥商务区启动海绵城市建设规划编制工作。

2019年10月，《上海虹桥商务区管委会关于推进低碳实践区建设的政策意见》发布。

2019年11月12日，时任上海市委副书记、市长应勇用一整天时间调研虹桥商务区，要求对标国际一流水平，加快统筹高标准规划和建设，将虹桥商务区打造成高效绿色的国际交通枢纽区、开放引领的国际会展贸易区、创新共享的世界级商务区、生态宜居的主城区。

2019年11月13日，《关于加快虹桥商务区建设打造国际开放枢纽的实施方案》发布，进一步明确了虹桥商务区的定位和目标，实现151.4km^{2}商务区整体协调发展。方案提出"推动绿色低碳发展，打造世界一流的绿色低碳发展商务区"。

2019年12月1日，中共中央、国务院印发了《长江三角洲区域一体化发展规划纲要》，明确虹桥商务区要高水平举办中国国际进口博览会，打造规模更大、质量更优、创新更强、层次更高、成效更好的世界一流博览会。推动虹桥地区高端商务、会展、交通功能深度融合，建设国际化中央商务区和国际贸易中心新平台，进一步增强服务长三角、联通国际的枢纽功能，打造虹桥国际开放枢纽。

2020年

2020年1月10日，上海市人民政府印发《上海市贯彻〈长江三角洲区域一体化发展规划纲要〉实施方案》，提出：对标国际水准，全面提升商务区绿色建设和生态运行标准。

2020年2月12日，上海市人民政府批复同意《上海市虹桥主城片区单元规划》，要求全面落实《长江三角洲区域一体化发展规划纲要》，将虹桥商务区建设成为面向全球、面向未来，引领长江三角洲区域更高质量一体化发展的国际开放枢纽，成为高效绿色的国际交通枢纽区、开放引领的国际会展贸易区、创新共享的世界级商务区、生态宜居的主城片区，将虹桥商务区打造成服务国家战略、推动高质量发展的重要增长极。

2020年3月3日，《虹桥商务区规划建设导则》发布，"虹桥标准"正式形成。

2020年5月，虹桥商务区管委会联合上海市住房和城乡建设管理委员会发布《虹桥商务区海绵城市建设规划》。

1.4 重要荣誉

虹桥商务区获得的重要荣誉见图1-3。

1.5 顶层设计

虹桥商务区的绿色低碳建设之路是典型的政府主导模式。为了确保虹桥商务区绿色低碳目标的实现，顺利推进一系列重点工程任务，虹桥商务区管委会坚持"规划先行"，在前期规划建设工作中，针对具体低碳建设的行动方案，并借鉴国内外成功实践经验，在顶层设计方面提出一系列具体措施，同时

图 1-3　重要荣誉

充分调动市场主体积极性，共同推进低碳建设工作。

1.5.1　组织架构

上海虹桥商务区管理委员会作为市人民政府的派出机构，是虹桥商务区开发建设的领导机构，主要负责推进相关低碳建设项目，加强与市有关部门的协调沟通，做好区域内企业的服务工作，履行监督管理职责等，做好低碳建设全过程中的统筹规划、开发实施、组织管理、指导协调等工作，为虹桥商务区低碳建设提供有效的管理组织保障，履行好公共服务职能。由政府、市场、企业等多方主体组成低碳建设体系，形成共同推进低碳建设的合力机制。

在开发建设阶段，以各建设单位为主体，推进低碳建设项目建设。各开发企业在推进区域低碳建设中发挥主导作用，明确各自职能，构建开发主体的组织架构，形成职能清晰、权责明确的开发组织（图1-4）。

1.5.2　政策制度

依据《上海市虹桥商务区管理办法》，基于国内第一个低碳高端商务区的目标定位，虹桥商务区管委会进一步完善制度建设，创新管理体制，提高管理效能，采用了一系列的创新政策扶持，鼓励低碳实施建设，推进低碳建设进程。一是加大绿色建筑建设鼓励力度，设立绿色建筑的准入机制，提高绿色建筑开发积极性，促进建筑绿色低碳性能最优化；二是采用区域集中供能，实现了能源的低碳集约利用；

图 1-4　虹桥商务区绿色低碳建设组织框架

三是突破区域分布式供能模式的运行障碍，实现了并网发电，促进能源资源市场化运作；四是鼓励可再生能源在建筑领域的应用；五是实施绿色建筑全过程管理制度，将低碳理念与低碳建设工作贯穿于虹桥商务区土地出让、规划、设计、建设、竣工验收、运营管理等全过程建设中，并在招商、审批、落地、社会配套和后续服务等环节提前介入，全面渗透低碳意识，实行全过程管理服务；六是加强区域低碳运营监管制度，搭建能耗信息监管系统平台，建立专业化能源服务机构，对能源生产与消费、建筑能耗、交通运行、区域市政等领域实施监管，以制度督促节能环保，优化用能，提升能效，实现低碳。

2010年1月6日，上海市人民政府第25号令公布了《上海市虹桥商务区管理办法》，其中明确指出"鼓励虹桥商务区通过低碳经济发展方式，建设成为低碳商务区域"。7月，上海市城乡建设和交通委、虹桥商务区管委会联合组织编制了《上海市虹桥商务区低碳建设导则（试行）》（以下简称《导则》），其中提出：虹桥商务区低碳建设的总体目标是较同类商务区2005年的碳排放水平减少45%。《导则》同时提出，核心区一期建筑将全部按照国家绿色建筑星级要求进行设计，50%以上建筑按照国家绿色建筑二星级以上标准设计。

2011年，虹桥商务区管委会组织制定《虹桥商务区低碳发展实施方案》。《方案》中提出了核心区碳排放下降目标及集中供能、新建绿色建筑、区域用能监控、慢行与智能交通等方面的具体指标，明确了建设六大低碳工程、开展低碳领域研发、加强低碳工程管理、建设低碳运行监测信息平台等4项重点任务。

2012年，重点推动了商务区的绿色建筑实践工作，从专项资金引导、设计文件审查评估、制定指导办法和标准宣贯等多个方面开展。制定《虹桥商务区管委会关于低碳实践区建设专项发展资金的暂行意见》，系统化描述重点支持项目，明确支持标准，为申报单位申报专项资金提供便利。制定《关于虹桥商务区核心区一期申报绿色建筑设计标识管理工作的若干指导意见》，把控绿色建筑设计标识申报工作的管理。

2013年，根据上海市发展改革委对低碳实施方案的批复要求，结合商务区已经开展的低碳实践工作的建设实施进度，制定了《虹桥商务区低碳发展实施方案三年实施计划》，对2013—2015年的低碳实践重点工作进行了任务分解，并报送市发展改革委。同时根据低碳实践工作的特点，为了更好地实施绿色建筑和低碳实践工作，结合管委会工作实际，根据各个部门管理职能，对低碳实践目标进行了合理分解，明确了相应部门的职责和工作内容，形成了《关于落实虹桥商务区低碳发展实施方案职责分工的意见》，对今后低碳实践工作的推动起到了促进作用。

2014年，商务区完成低碳实践区中期评价。为推动绿色建筑标识项目的落地，管委会组织相关单位编制完成了《上海虹桥商务区低碳实践区功能建设项目（绿色建筑设计评价标识）申报指南（试行）》，并启动立项评审工作。

2015年，管委会根据上海市建设管理委等六部门制定的《上海市绿色建筑发展三年行动计划（2014—2016）》的要求，制定了《关于推进实施建设工程绿色施工的若干指导意见》，旨在进一步提升虹桥商务区绿色建筑发展水平，夯实绿色建筑运营标识认定基础。

2016年，根据《上海市绿色建筑"十三五"专项规划》要求，结合商务区项目实施进度，管委会适时发布了《关于推进虹桥商务区核心区绿色建筑运行管理工作的有关通知》，再次明确绿色建筑工程在主体结构施工阶段应开展绿色施工现场管控、在竣工验收阶段应开展绿色建筑专项验收、在后续二次装修阶段应开展设计文件审查、投入运行后应制定绿色建筑运营管理措施的工作要点，明确对开展绿色运行相关单位的政策支持意见，形成了一套完善的绿色建筑全过程管理机制。

2017年，为了进一步推动虹桥商务区国家"绿色生态示范城区"和上海市首批"低碳发展实践区"的建设实施工作，促进绿色、低碳技术在虹桥商务区的区域化、规模化应用与发展，根据《上海市虹桥商务区专项发展资金管理办法》和《上海市虹桥商务区专项发展资金使用管理实施细则》要求，管委会发布了《上海虹桥商务区管委会关于推进低碳实践区建设的实施意见》，对重点支持的项目进行了系统化描述，对支持的标准进行了明确规定，为申报单位申报专项资金提供指南。

2018年，虹桥商务区绿色建筑项目已逐步投运，绿色建筑管理工作重心逐渐由设计向运营转变。为规范和加强低碳实践区功能建设项目中的绿色建筑运行评价标识专项发展资金的管理，明确绿色建筑运行评价标识项目的申报流程，提高资金使用效率，管委会制定了《虹桥商务区绿色建筑项目（运行评价标识阶段）专项发展资金扶持申报指南》。同时，为了规范和加强低碳实践区功能建设项目中的区域集中供能项目专项发展资金的管理，管委会制定了《虹桥商务区区域集中供能项目专项发展资金扶持申报指南》。根据以上申报指南，对部分设计标识项目、运行标识项目、区域集中供能项目进行了专项资金支持。

2019年，新的《上海市虹桥商务区专项发展资金管理办法》修订发布，对专项资金的适用区域、实施期限、资金规模、使用范围等进行了调整，依据管理办法，调整出台了《虹桥商务区专项发展资金关于推进低碳实践区建设的政策意见》，对重点支持的项目进行了系统化描述，对支持的标准进行了明确规定。同时针对绿色建筑、可再生能源、既有建筑改造、屋顶绿化等支持项目，出台相应的申报指南，指导专项发展资金申报工作。同时，为了在虹桥商务区范围内进一步全面务实地推广原 3.7km² 核心区创建国家绿色生态城区、市级低碳发展示范区的经验和做法，虹桥商务区管委会发布了《关于在虹桥商务区四个片区进一步加强绿色低碳建设工作的指导意见》（沪虹商管〔2019〕11号），着力在绿色建筑、立体交通、屋顶绿化、共享单车管理、环境综合整治提升等各个方面实施精细化管理，提升虹桥商务区功能、优化营商环境，将虹桥商务区建设成为绿色、低碳、生态、环保的产城高度融合、世界一流长三角CBD。

1.5.3 专项资金

2012年，《上海市虹桥商务区专项发展资金管理办法》颁布，经市人民政府批准，设立"上海市虹桥商务区专项发展资金"。2012年8月，虹桥商务区管委会颁布了《虹桥商务区管委会关于低碳实践区建设的意见（暂行）》（以下简称《意见》），根据该《意见》明确支持范围、支持方式等内容。2014年4月，《上海虹桥商务区低碳实践区功能建设项目（绿色建筑设计评价标识）申报指南（试行）》正式发布，明确对于高于土地出让或者规划星级要求的绿色建筑设计标识项目补贴，虹桥商务区低碳实践区建设专项发展资金工作正式启动。

2017年开始，虹桥商务区专项发展资金进入"十三五"阶段，根据《上海市虹桥商务区专项发展资金管理办法》（沪财预〔2017〕28号）（见图1-5），主要支持虹桥商务区主功能区且符合虹桥商务区功能定位、产业政策、规划布局和开发建设要求的相关项目。2016年至2020年专项资金总量12亿，由市级财政和区级财政（闵行区、长宁区财政）按1:1的比例共同安排。专项资金采用总量核定，分年安排的办法，每年可根据年度专项资金支持项目的实际需求，由市财政和闵行区财政、长宁区财政在专项资金总额内分年安排。

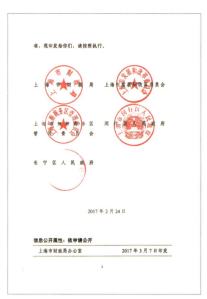

图 1- 5　上海市虹桥商务区专项发展资金管理办法

为了进一步发挥专项资金的引导和带动作用，规范专项资金管理，提高资金使用效率，虹桥商务区管委会颁布了《上海市虹桥商务区专项发展资金使用管理实施细则》（沪虹商管法〔2017〕1号）和《上海虹桥商务区管委会关于推进低碳实践区建设的实施意见》的通知（沪虹商管〔2017〕7号）。资金的支持范围包括绿色建筑、低碳交通、能源利用优化、绿色碳汇、绿色照明、节水和水环境改善项目、低碳软环境建设以及其他"宜商、宜居、宜人"商务项目。虹桥商务区低碳财政扶持方式，采用无偿资助、贷款贴息和政府补贴三种方式。绿色建筑类项目主要是指虹桥商务区内高于相关规划绿色建筑星级要求的绿色建筑项目，申报绿色建筑项目可按设计标识阶段、绿色施工阶段、运行标识阶段等分阶段补贴，其中设计标识按照实际超出绿色建筑星级要求部分的建筑面积进行补贴。超出部分的绿色建筑二星级补贴16元/m^2，三星级补贴28元/m^2，运行标识按项目实际星级和建筑面积进行补贴，绿色建筑二星级补贴最高不超过50元/m^2，三星级补贴最高不超过100元/m^2。

2019年，修订发布了《上海虹桥商务区专项发展资金管理办法》（沪财预〔2019〕15号），《上海市虹桥商务区专项发展资金使用管理实施细则（2019年修订）的通知》（沪虹商管〔2019〕95号）、《上海虹桥商务区管委会关于推进低碳实践区建设的政策意见》（沪虹商管〔2019〕101号）等文件，对专项资金申报的地域范围、实施期限、资金规模等进行了调整。

低碳实践区建设专项发展资金最先覆盖范围是原虹桥商务区核心区（3.7km²），带动效应显著。2015年共支持项目15个，资金总额约5100万元；2017～2019年共支持项目36个，资金总额约1.46亿元。各建设单位根据自身项目情况，对有关绿色建筑的推进工作更为重视，并对项目做出相应的绿色建筑星级提升。目前，核心区项目全部获得绿色建筑二星级及以上设计认证，其中三星级比例更是达到了58.1%，远远超出规划文件"全面一星，50%二星，地标三星"的要求，绿色建筑的区域化发展程度更是领跑全国。2018年开始，核心区已逐渐投入运行，在专项资金的有力带动下，目前已有冠捷大厦、万科中心、虹桥天地、龙湖天街、宝业中心、东航城、虹桥绿谷等获得绿色建筑三星级运行标识，阿里巴巴等项目也在积极开展相关的标识认证工作。其中东航城项目更是在获得相关设计标识补贴后，积极开展绿色运行，成为上海市第一个"设计二星、运行三星"的标志性项目。专项发展资金的杠杆撬动效应进一步推动了商务区建设国家级三星级绿色生态示范城区。

1.5.4 合作交流

虹桥商务区以建设国际化中央商务区为目标，其低碳建设要立足全球视野，积极开展国际合作交流，提高低碳商务区建设的国际化水平。一是搭建常态化的低碳绿色交流平台，积极参与国内绿色经济、低碳建设的交流，引进、消化、吸收国内先进的低碳节能技术、提高能效和可再生能源技术。二是在低碳商务区建设过程中充分借鉴欧美发达国家的先进经验，在政策制定、制度建设等方面结合商务区实际情况，建立体现国际趋势与标准的管理与技术水平。三是在商务区绿色低碳建设过程中，对标国际一流水平，通过学习借鉴国际先进经验来引领商务区低碳建设的国际化。

1.5.5 宣传教育

绿色低碳关系到全球气候变化，需要全社会共同努力。作为一项新生事物，需要加强宣传教育，开展宣传活动，提升社会对绿色低碳的认识，树立起良好的社会风尚，并有效指导低碳实践。

虹桥商务区管委会通过媒体网络、低碳能效运行管理平台、展示厅等多种途径和方式，对社会不同主体开展有针对性的宣传教育，既扩大了商务区的社会影响力，也有效推动形成了政府引领、企业主导、全民参与的低碳社会氛围。

2016年7月，虹桥商务区管委会印发了《上海虹桥商务区绿色生活和绿色消费实施导则》，号召虹桥商务区的所有单位和入驻企业培育低碳生活方式，倡导勤俭节约的消费观，广泛开展绿色生活行动。培育生态环保文化，结合虹桥商务区"会商旅文""商旅文观览路线及示范区"的建设工作，大力发展培育环境文化、做大做强环保文化产业，创作出一批生态文明、反映环保成就，具有思想性、艺术性和观赏性的公益广告、图书、书法、绘画、摄影等环境保护宣传品。大力发展以绿色生活、绿色消费为主题的环境文化产品，利用音乐及图书漫画等形式传播绿色生活科学知识和方法，使绿色生活和绿色消费形成习惯。虹桥商务区加大宣传力度，推行绿色消费，增强绿色理念，营造绿色氛围。建立了虹桥商务区内绿色生活方式宣传联动机制，整合各部门、各单位宣传资源，加大虹桥商务区绿色生活方式宣传力度，开展持续宣传，提高全民生态文明意识，引导人们树立勤俭节约的消费观，自觉形成以践行绿色消费、保护生态环境为荣，形成人人、事事、时时崇尚生态文明的社会氛围。开展针对青少年的绿色生活教育活动和绿色实践，设立虹桥商务区绿色行动日活动，制定公民行为准则，增强道德约束力，构建多样的宣传教育模式与平台。充分利用现代化手段，发挥新媒体优势，推动建立虹桥商务区绿色低碳展示中心，开发面向公众的绿色生活APP，让公众随时可以关注绿色生活指数。

对于虹桥商务区内实施绿色办公、绿色生活成效显著的入驻企业，本着尊重方案首创原则以及总结实践中好经验好做法的精神，由虹桥商务区管委会开发建设处组织牵头，各入驻企业参与，通过现场观摩、交流研讨等方式推广、鼓励和支持绿色化创新，有效推动虹桥商务区绿色化工作的落实。

为了更好体现虹桥商务区各入驻企业在实际运营中对绿色生活方式的积极参与，落实真正意义上的绿色生活与绿色消费，虹桥商务区管委会还将适时研究制定政策，对于绿色化生活方式做得较好的入驻企业进行"虹桥商务区低碳资金"扶持和激励，更好带动入驻企业和业主参与绿色生活方式的积极性。

1.6 建设现状

2019年底，虹桥商务区核心区重点区域（3.7km²）已基本建成，352栋楼宇中已有349栋结构封顶，封顶率达99%。竣工验收331栋，竣工面积485万m²，竣工率为83%，已有超过70%的建筑单体投入运营。24条地下人行通道、13座空中连廊以及连接核心区与国家会展中心的二层步廊（847m）、连通虹桥枢纽—核心区—国家会展中心的地下大通道（1500m）、1号和2号能源站、8.5km的区域供能管沟、110kV博世变电站、29块公共绿地、华翔、迎宾、天麓、云霞四大绿地（总面积56hm²）、中轴线绿地等政府配套项目目前已建成并投入使用。

作为目前世界上最大的交通综合体，虹桥综合交通枢纽集中了航空、高铁等8种交通方式，建筑规模达150万m²，日均客流量已超过110万人次，年旅客流量超过了4亿人次，日客流峰值达144万人次，达到了世界之最（见图1-6）。同时，连接虹桥、浦东两大机场的联络线已全面开工，计划2024年前投入使用，两个机场衔接时间将缩短至40分钟。今后，虹桥机场国际航运服务功能将进一步优化拓展。

图1-6 虹桥综合交通枢纽

作为目前世界上最大的会展综合体，国家会展中心建筑规模达 147 万 m^2，可展览面积 50 万 m^2（见图 1-7）。目前累计办展面积超过 2000 万 m^2，包括中国国际工业博览会、国际医疗器械展、国际汽车工业展览会等一批知名展会，展览规模占上海市全年办展数量的 1/3。2018 年举办各类展览及活动 640 万 m^2，展览 45 场，活动 66 场，观众 704 万人。2018 年首届中国国际进口博览会共有 172 个国家、地区和国际组织参会，3600 多家企业参展，展览总面积达 30 万 m^2，超过 40 万名境内外采购商到会洽谈采购，成交总额超 578 亿美元。2019 年，第二届中国国际进口博览会共有 181 个国家、地区和国际组织参会，3800 多家企业参加企业展，超过 50 万名境内外专业采购商到会洽谈采购，展览面积达 36 万 m^2，累计意向成交 711.3 亿美元，比首届增长 23%。

图 1-7　国家会展中心

进博会对虹桥商务区的溢出和带动效应显著。作为进博会溢出效应的核心承载区，虹桥商务区正着力打造包括虹桥进口商品展示交易中心、长三角电商中心等在内的多个功能性平台，其中虹桥进口商品展示交易中心已累计引进 60 多个国家或地区的 500 多个品牌共 5000 多种商品。推动设立了虹桥保税展示物流中心（B 型），以此为依托着力推进保税展示交易等业务模式。

虹桥商务区总部经济集聚效应显现。目前，151.4km^2 内企业有 5.2 万家。原 86.6km^2 内，已累计吸引国内外具有总部功能的企业 289 家，其中包括罗氏、壳牌、蒂森克虏伯、大陆汽车、瑞穗银行、爱信精机、米其林、博世集团等在内的世界 500 强企业 16 家，外资地区总部 27 家，国内外上市企业的总部或功能性总部、区域性总部 212 家，另有 125 家行业领军企业总部。围绕建设产城融合的国际一流商务区的目标，着力培育特色产业园区（楼宇）25 个，一批企业总部园，智慧、科技文化、创新等特色园区以及人工智能楼宇等特色楼宇已具规模。

海外贸易中心成效初显。目前已经有新加坡企业中心、瑞士中心、西班牙商会、丝绸之路国际总商会、欧盟商业及创新中心、克罗地亚经济商会、马来西亚商会、巴西圣保罗州投资促进局上海代表处、阿根廷布宜诺斯艾利斯贸易促进基金会、中欧国际合作促进会等签约入驻。美国、俄罗斯、意大利等地的贸易机构也正筹备入驻，总计约 40 个国家和地区的贸易机构已入驻或将入驻。

02 二 实践篇

虹桥商务区作为上海市重点开发区域，依托虹桥综合交通枢纽及国家会展中心两大世界级的功能载体，紧紧围绕国际贸易中心新平台、现代服务业集聚区、企业总部贸易机构集聚地，带动上海经济发展方式转型、促进城市空间布局调整、助推上海国际贸易中心建设，更好地服务于国家长三角一体化战略。

2010年1月，《上海市虹桥商务区管理办法》（2010年1月6日上海市人民政府第25号）公布，提出"鼓励虹桥商务区通过低碳经济发展方式，建设成为低碳商务区域"。根据虹桥商务区建设低碳实践区的要求，"十二五""十三五"期间，虹桥商务区建设低碳实践区和国家绿色生态城区重点围绕土地利用、区域集中供能、绿色建筑、低碳交通、生态绿化和区域能效运行管理平台等重点工程开展，从商务区的规划设计、建设施工和后续运行管理的建设全寿命周期内践行绿色生态理念，实现区域可持续发展。

绿色生态城区建设是一个体系，也是一项系统工程，涉及方方面面。本篇章重点从土地利用、区域集中供能、低碳交通、绿色建筑、低碳能效运行管理平台、智慧运营、生态环境、人文虹桥、综合效益等方面进行介绍。

2.1 土地集约节约利用

土地是最宝贵的资源，土地的集约使用是最大的绿色低碳。土地利用是绿色生态城区规划建设的第一步，关系到落实土地宏观调控政策、强化土地用途管制、保护生态环境、实现土地的集约使用等方面。在虹桥商务区的土地利用过程中，虹桥商务区根据自然条件、生态禀赋、社会经济条件、历史人文等特点，对各类用地进行科学布局与合理开发，实现了集约利用，为绿色生态城区建设打下了最坚实的基础。

2.1.1 功能业态复合开发

虹桥商务区核心区重点区域（3.7km²）内包含居住用地、公共管理与公共服务设施用地、商业服务业设施用地、公用设施用地等多种用地性质。其功能业态多元复合，主体功能为商务办公，配套功能包括零售商业、文化娱乐、体育休闲、高端会议、精品展示、餐饮酒店等。如同自然界讲究生态一样，商务区也需要各种业态互相支撑、相互依赖、互动协作、共同促进。

规划布局上，虹桥商务区核心区重点区域摒弃传统的功能分区模式，采取了混合渗透、有机结合的高效模式。区域内共有585万m²建筑体量，其中地上335万m²，地下250万m²；写字楼210万m²，商业（包括文化、娱乐等）约100万m²，酒店约33万m²，展览建筑约6万m²，住宅约21万m²。虹桥商务区核心区重点区域（3.7km²）开发地块见图2-1，核心区重点区域各出让地块开发建设体量见表2-1。

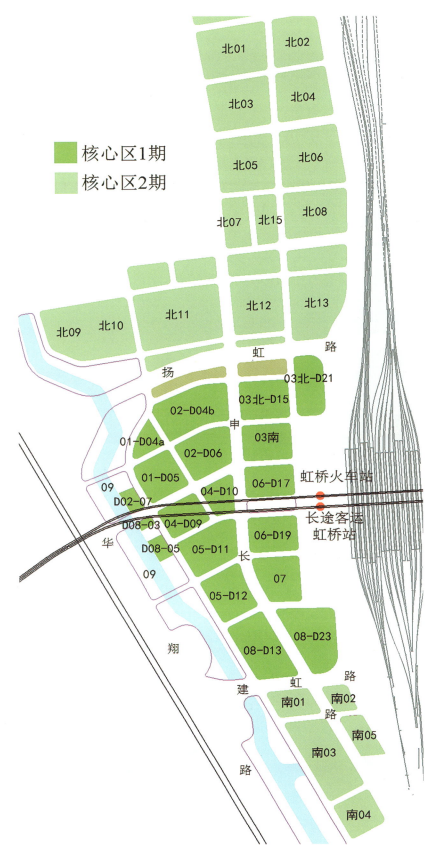

图 2-1 核心区重点区域各出让地块开发建设项目分布位置示意图

核心区重点区域各出让地块开发建设体量概况表

表 2-1

序号	地块编号	建设单位	建筑功能	建筑单体栋数（栋）	占地面积（m²）	总建筑面积（m²）	地上建筑面积（m²）	地下建筑面积（m²）	地上建筑层数	地下建筑层数
1	01	丽宝（上海）	商业、办公	5	45282	233241	120738	112503	7~8层	3层
2	02	虹源盛世	酒店、商业、办公、展览	13	92100	540000	271100	268900	5~9层	3层
3	03北	金臣联美	商业、办公	9	32100	196000	111900	84100	2~3层、8层	3层
4	03南	万狮置业	商业、办公	7	51200	355700	200200	155500	6~9层	3层
5	04D09	新地置业	商业、办公	1	15700	75706	50373	25333	8~9层	3层
6	04D10	万通公司	商业、办公	1	12193	81547	52914	28633	4层、6~9层	3层
7	05	佰骏房产	酒店、商业、办公	16	30306	428380	253130	175250	6层、8~10层	2层、3层
8	06	瑞桥地产	酒店、商业、办公、合展演艺	11	6300	399404	245252	154152	2~10层	3层
9	07-1	嘉捷（上海）	商业、办公	1	8205	43245	22085	21160	7层	3层
10	07-2	兆德置业	酒店	5	9222	101746	60307	41439	3层、9层、10层	3层
11	08D13	众弘置业	酒店、商业、办公	6	46200	267200	149100	118100	4层、8~10层	3层
12	08D23	众合地产	办公、商业	6	43700	252134	136349	115758	7~9层	3层
13	09	湘虹置业	商业、办公、餐饮	3	15100	66900	34700	32100	1~8层	1层、3层
14	北01	中骏置业	商业、办公	10	49616	182461	137483	45158	1~11层	1层
15	北03	旭弘置业	商业、住宅、办公	24	21606	219650	145762	73888	最高9层	1层、2层
16	北02		办公	20	35029	97925	68112	29813	4~8层	1层
17	北04		商业、住宅、办公	19	38990	139135	102470	36665	1~11层	1层
18	北05	上海极富	办公	4	49000	229700	143100	86600	8~9层	2层
19	北06		商办、住宅	25	48000	181800	112600	69200	3~11层	1层、2层
20	北07	传富置业	商业、办公	4	25583	141499	77463	64036	8~9层	3层

续表

序号	地块编号	建设单位	建筑功能	建筑单体栋数（栋）	占地面积（m²）	总建筑面积（m²）	地上建筑面积（m²）	地下建筑面积（m²）	地上建筑层数	地下建筑层数
19	北08	辰环房产	商办、住宅	17	12946	135732	86363	49369	6~7层、11层	1层、2层
20	北09、北10	新华联	酒店、商业、办公	22	90500	289900	144000	145900	2层、4~9层	1~3层
21	北11	万树置业	商办、住宅	55	112864	246101	181005	65096	1~10层	1层
22	北12	协信地产	办公、商业	10	45516	225622	118597	107025	4层、5~9层	1层、3层
23	北13	正荣御品	商业、办公	21	73695	233854	140279	93575	3层、5层	1层、2层
24	南01		办公	1	19089	80600	34400	46200	4层	3层
25	南03	经纬地产	商业	1	17008	80994	37501	43493	6层	3层
26	南04		商业、办公	30	13148	164933	66933	98000	2~3层、6层	2层
27	南02	紫宝实业	办公	1	8129	25472	14019	11453	5层	2层
28	南05	隆视投资	办公	2	15821	61002	25261	35741	6层	3层

土地的混合开发一方面可以增加城区居民生活的便捷性，另一方面减少"钟摆交通"情况的出现，为绿色出行提供基础。此外，虹桥商务区还通过采用公共交通导向的用地布局模式，加大了轨道交通站点和公交站点周边土地的开发强度，节约了土地资源，促进了公共交通出行。虹桥商务区核心区混合开发公共交通站点500m覆盖范围示意图见图2-2。

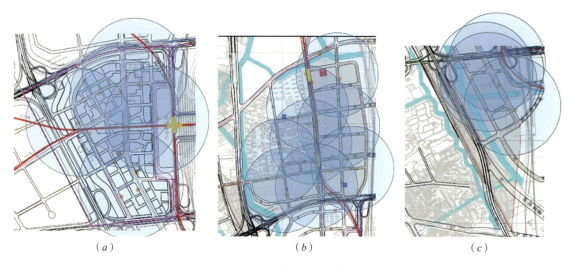

图2-2 虹桥商务区核心区混合开发公共交通站点500m覆盖范围示意图
（a）核心区一期；（b）核心区北片区；（c）核心区南片区

2.1.2 地下空间综合利用

虹桥商务区积极探索土地集约利用和高效利用措施，针对机场周边建筑限高的特点，不仅对地下空间统一进行高强度规划，统一实现同质化开发，而且做到各街区间地下空间全部联通，配以地下交通和公共设施，加上空中连廊等地面以上交通体系，形成地下、地面、空中三位一体的立体街区网络。

一是统一规划，精心设计。虹桥商务区把加大地下空间开发力度作为规划编制工作的一项重要原则，对整个核心区重点区域3.7km²的地下空间开发做了全面的规划，并统一建设标准、统一质量要求、统一开发规格。规划实施过程中，根据开发建设中遇到的新情况、新问题不断调整优化；对每个地块的中标企业，都在相应的招标文件和土地出让合同中对地下空间开发利用提出明确要求；为各地块与地下公共区域的连接通道预留了接口，确保地下空间规划设计的科学性、前瞻性。

二是加大强度，拓展规模。通过深入考察巴黎拉德芳斯、加拿大蒙特利尔、日本六本木、我国香港中环等国内外著名商务区，特别是吸取韩国首尔和加拿大蒙特利尔等城市地下城开发的经验，在反复论证的基础上，对建设初期制定的规划进行了科学调整，核心区一期地下建筑面积和商业功能配比均大幅度增加，全部规划为地下三层。地下开发强度加大后，土地集约利用的原则得到更好体现，业内专家十分赞同，市场反响良好，开发商积极性也很高，地下空间的开发强度和建筑规模总体上达到世界先进水平。据统计，虹桥商务区核心区重点区域地下空间相当于18.5个人民广场，地下开发面积达到250万m²，媲美加拿大蒙特利尔地下城。

三是优化配套，确保通达。按照地下与地上同质化开发的原则，不断加强地下空间连通网络配套建设，确保整个核心区地下空间相互连通、四通八达。各地块间的地下通道共建有24条，虹桥枢纽—国际会展中心地下大通道把交通枢纽、商务区核心区和国家会展项目之间的地下空间部分全部连通起来，实现了整个区域地下空间的"大联通、大开发",形成了完整的地下空间联通网络。虹桥商务区核心区地下大通道实景图见图2-3。

图2-3　虹桥商务区核心区地下大通道实景图

四是完善交通,便利通行。在地下空间大连通系统的基础上,虹桥商务区建设开发整个核心区地下空间的配套交通网络设施和整体步行系统。按照低碳实践区建设的要求,地下交通主要通过短驳电瓶车等丰富多样的形式,为整个地下空间提供方便、快捷的交通服务。同时通过地面交通路网、自动扶梯、垂直电梯、过街天桥、空中廊道等方式,把地下、地面、空中的各类公共区域有机联系起来,建立起三位一体的立体交通微循环网络,提高地下城市诸多节点之间相互通行的便捷性和舒适性。

五是优化业态,提升活力。虹桥商务区十分重视"产城融合,商居办统筹",努力营造五加二、白加黑、晴加雨、365天无休的商务社区。为了提高地下空间的活力水平、商业价值和利用效率,商务区在扎实做好公共配套、提升公共服务水平的同时,积极引导开发商合理划分区块、优化功能配比,切实提升地下商业与地面以上部分的同质化水平,营造良好的地下商业环境,提高地下建筑的人气和商业价值,打造舒适安全、充满活力的地下街区。

2016年10月23日,国际地下空间学会(ACUUS)前任主席、美国路易斯安那理工大学教授Ray Sterling先生与国际地下空间学会(ACUUS)副主席、上海同济大学教授彭方乐一行在虹桥商务区管委会规划管理处负责人的陪同下,参观了虹桥商务区核心区重点区域地下空间规划及建设情况。

Ray Sterling教授作为国际地下空间学会创始人之一,是国际著名的城市地下空间研究方面的专家,他听取了虹桥商务区核心区重点区域地下空间规划及开发建设的情况,参观了虹桥商务区规划展示厅及虹桥天地项目。

Ray Sterling教授认为：上海虹桥商务区核心区重点区域的地下空间开发利用不仅规模巨大,同时也充分注重了地下空间的内部连通、空间尺度把握以及内部环境创造等若干个重要环节,在国际上也堪称城市商务区地下空间开发利用的代表之作。

2.1.3　街坊尺度亲切宜人

虹桥商务区在规划之初,以"路网高密度、街坊小尺度、建筑低高度"为规划建设原则,创造亲切宜人的街坊和环境品质。

虹桥商务区提出"街坊小尺度"这一理念,将街坊尺度控制在150～200m,与之配套的是高密度的路网，虹桥商务区核心区重点区域路网密度为 8.8km/km²，消除了"遥不可及"的距离感，让商务人士更愿意把这里当作一个社区街坊。规划设计中，虹桥商务区强调对空间形态突出"整体均质"的特点，通过对建筑高度、建筑密度、街巷布局、建筑形态等方面的控制，树立起特征鲜明的地域形象。虹桥商务区核心区街坊实景图见图 2-4。

图 2-4　虹桥商务区核心区街坊实景图

街区尺度划得小，步行道如毛细血管般密布，再加上楼宇之间的公共花园、人行廊道、屋顶绿化，虹桥商务区的环境方便了、通透了、人性化了。办公人员更愿意走出办公室，像邻里一样共处、交流，建立起良好的工作生活环境和活动空间。

2.1.4　规划布局科学合理

科学合理的规划布局一方面可以提供便捷的公共服务设施，另一方面可以营造良好的工作生活环境，营造绿色生态、低碳环保的城区环境。虹桥商务区规划布局方面包括与居民生活紧密联系的商业、学校、公园绿地、体育休闲及养老设施等的公共服务配套布局，城区公共开放空间的设置，有利于节能的居住建筑朝向、城区通风廊道等内容。

（1）居住区配套公共服务设施布局

居住区配套公共服务设施是满足居民基本物质与精神所需的设施，也是保证居民居住生活品质不可缺少的重要组成部分。公共服务设施主要指城市行政办公、文化、教育科研、体育、医疗卫生和社会福利等设施。

虹桥商务区核心区内共规划 7 块住宅用地、1 块幼儿园用地。在紧邻商务区核心区用地内有小学和中学，小学 500m 范围内和中学 1000m 范围内均覆盖虹桥商务区核心区北 11 号地块住宅用地；在虹桥商务区核心区北 06 号地块内设有社区卫生服务站，润虹路和申滨路路口附近设有新虹敬老院，其 500m 范围内覆盖了北 11 号住宅用地，社区卫生服务养老设施所覆盖的用地面积占居住区总用地面积的比例为 100%；各住宅小区内均设有商业配套，社区商业服务设施服务半径 500m 范围内可覆盖所有的居住用地面积，商业服务设施所覆盖的居住用地面积占居住区总用地面积的比例达到 100%，为居民提供了各项公共服务便利，大大减少了机动车出行需求，有利于节约能源、保护环境。

（2）城区公共开放空间设置

城市公众开放空间是以游憩为主要功能，并且有一定的游憩设施和服务设施的城市空间，同时兼具优化生态、美化景观、防灾减灾等综合作用。它是反映城市整体环境水平和居民生活质量的一项重要指标。

虹桥商务区核心区重点区域内共有11块公共开放空间且均为绿地，公共开放空间500m范围内覆盖城区建设用地面积比例为100%，既改善了城区生态环境，又为居民、上班族提供了便利的公共活动空间。虹桥商务区公共开放空间500m范围覆盖区域示意图见图2-5。

图 2-5　虹桥商务区公共开放空间 500m 范围覆盖区域示意图
（a）核心区一期；（b）核心区北片区；（c）核心区南片区

（3）有利于节能的居住建筑朝向

有利于节能的建筑朝向是指依据当地建筑全年太阳辐射热量，综合考虑冬季尽可能获取更多太阳辐射热量和夏季尽可能避免获取过多太阳辐射热量的能量总体得失，具有良好节能效果的朝向范围。选择适宜的建筑朝向是实现建筑节能的最为简单及有效的方法之一，因为由建筑朝向所引起的建筑能耗变化最高可达10%，因此有必要对建筑朝向进行约束。

虹桥商务区核心区重点区域所有住宅用地内居住建筑朝向均为南北或接近南北朝向，这有利于建筑采光、自然通风和减轻热岛效应，既实现了建筑节能，又提高了居民居住的舒适度。

（4）城区通风廊道

城区通风廊道是城市局部区域留有通风口，让主导风向吹向主城区，增加城市空气流动性，改善城市空气质量的通风廊道。

虹桥商务区核心区重点区域内的新角浦河、申长路均为南北方向，核心区一期中轴线绿化通道为东西向，而上海市夏季主导风向为东南风，冬季主导风向为西北风，全年主导风向为东南风。上述三方面的宽度均为50m以上且都形成了连续的开敞空间和通风廊道，起到了实际上的风道作用，可有效改善热环境，降低城区内的热岛效应。城区通风廊道示意图见图2-6。

图 2-6 城区通风廊道示意图

2.1.5 小结

绿色生态城区作为城市最基本的组成单元，是衔接宏观生态城市层面和微观绿色建筑层面的中观层面人类聚居地。集约的土地利用与科学合理的空间布局是实现绿色生态城区的基础条件。

虹桥商务区核心区重点区域集约利用土地，在复合开发、地下空间综合利用、TOD 发展模式、居住区公共服务设施配套、公共开放空间设置、城区通风廊道、居住建筑合理朝向等多个方面体现了绿色生态城区的要求。突出的几点包括：①建设用地包含了居住用地、公共管理与公共服务设施用地、商业服务业设施用地三类，复合开发比例为 100%；②采用了公共交通导向的用地布局 TOD 模式，混合开发的公共交通站点覆盖率为 100%；③合理规划了市政路网密度，路网密度 8.8km/km^2，体现了窄路密网的理念；④居住区公共服务设施具有较好的便捷性，较好地实现了居、教、养、商的平衡；⑤合理设置了公共开放空间，并具有连续性和可达性；⑥居住建筑均位于合理的建筑朝向范围内，有利于建筑节能；⑦考虑上海地区的全年主导风向，利用中轴线绿化、主要街区、河流等形成了连续的通风廊道；⑧地下空间高强度开发和大联通是虹桥商务区开发建设的特色之一，核心区共规划有 24 条地下通道和虹桥枢纽—核心区—国家会展中心地下大通道，地下空间全部联为一体、四通八达。

总之，集约使用土地、功能业态复合统一、地下空间深度开放、规划布局科学合理，为虹桥商务区绿色低碳建设提供了最重要的前提和保障，是值得学习借鉴的宝贵经验。

2020 年，上海市人民政府批复同意《上海市虹桥主城片区单元规划》，提出到 2035 年，虹桥主城片区规划建设用地规模不超过 72km², 地上总建筑面积约 4940 万 m², 地下空间建筑面积不低于 1000 万 m², 生态空间面积不小于 31.9km², 人均公共绿地面积不低于 17.7m², 应急避难场所人均避难面积 4m²。

2.2 区域集中供能

虹桥商务区区域集中供能项目是虹桥商务区建设低碳实践区的具体载体，也是建设虹桥商务区低碳实践区的核心和基础。该项目从供应端对能源系统进行优化，有利于减少能源消耗和二氧化碳排放，提高了能源综合利用效率。项目建成后，商务区年平均能源综合利用率超过 80%，相比传统供能方式，二氧化碳排放量减少 36%，每年为商务区节省标准煤近 3 万 t，减排二氧化碳超过 8 万 t，减排氮氧化物超过 200t。

2.2.1 区域集中供能规划

根据《虹桥商务区核心区集中供能专项规划》(沪虹商管〔2015〕27号)(图2-7)，核心区一期及南、北片区集中供能规划范围总计约 3.7km²，规划建设 3 主 2 辅共计 5 个能源中心，最终形成 5 站 2 网格局，满足区域内 352 栋、约 550 万 m² 的全部公共建筑的冷热空调和宾馆酒店生活热水的用能需求。供能站网分区与地块开发分区见图2-8。

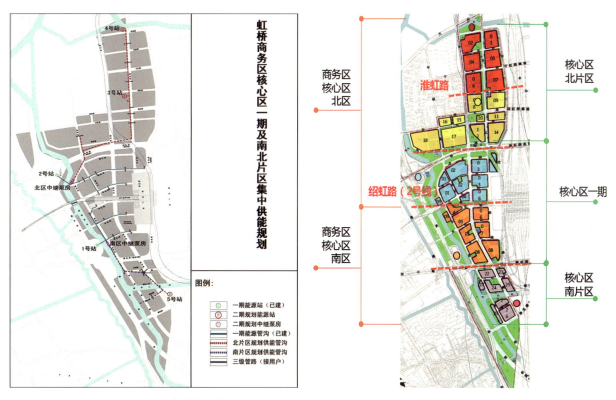

图 2-7 核心区集中供能规划　　　　图 2-8 供能站网分区与地块开发分区

核心区（一期）东至申贵路与虹桥综合交通枢纽西交通中心毗邻，西至嘉闵高架路，南至建虹路，北至扬虹路，用地面积约 $1.4km^2$，设 1 号、2 号能源站，1 号、2 号能源站实景图见图 2-9。

图 2-9　虹桥商务区集中供能 1 号、2 号能源站

核心区北片区东至申贵路，南至扬虹路，西至申滨路，北至天山西路，用地面积约 $1.44km^2$，北片区规划设置 3 号、4 号两个能源站。

核心区南片区东至申贵路，西至申滨南路，北至建虹路，用地面积约 $0.8km^2$，规划建设 5 号能源站。

北区的 2 号、3 号、4 号三个能源站及供能管网形成北区供能"3 站 1 网"，南区的 1 号、5 号两个能源站及供能管网形成南区供能"2 站 1 网"。

2.2.2　供能管沟工程

核心区（一期）区域供能管沟工程

核心区（一期）区域供能管沟工程覆盖范围东至虹桥综合交通枢纽西交通中心，西邻新角浦河，南至建虹路，北至扬虹路。管沟从 1 号、2 号能源站接出穿越新角浦河，连通各地块。工程主要内容包括电气工程、给排水工程、消防系统工程、管道工程、通风空调系统及弱电工程。

核心区（一期）区域供能管沟工程为地下箱涵结构，总长度约 3279m，其中南区主管沟长 1244m，北区主管沟长 1735m，用户三级管沟长约 300m。管沟工程（一期）路由走向图见图 2-10。

该工程明挖段管沟结构断面尺寸为（3.0～5.2m）×（2.3～3.4m），挖深为 6.8～17.0m，覆土深度 2.6～12.0m。穿越申滨路、申长路、申虹路段及过新角浦河段。工程采用顶管工艺，分为钢顶管、混凝土顶管。钢顶管内径 4.2m，共 5 条，总长约 412m；混凝土顶管直径 4m，共 7 条，总长约 700m，顶管通过工作井连接。

南北片区区域供能管沟工程

虹桥商务区核心区南北片区区域集中供能项目管沟工程包括北片、南片及与一期区域供能管沟工程的联通段，管沟总长为 5257m。

北片供能管沟工程设计范围为扬虹路以北的商务区及与供能管沟工程（一期）供能系统 2 号能源站的联通段（含中继泵房）。南片供能管沟工程设计范围为建虹路以南的商务区及与一期供能系统 1 号能源站的联通段（含中继泵房）。

南北片区管沟工程采用全通行与半通行相结合的管沟形式，主线管沟采用全顶管方案，接用户段管

图 2-10 管沟工程（一期）路由走向图

沟（非过路段）采用明挖法施工，接用户段管沟（过路段）采用顶管法进行施工。

南北片区管沟工程主线管沟长 4352m，接用户段管沟长 870m，其中顶管段长 4590m，明挖段长 632m，并另设中继泵站两座。管沟工程设顶管工作井共 31 座，其中主线顶管工作井 20 座，接用户顶管工作井 11 座。南北片区管沟工程路由图见图 2-11。

2.2.3 供能系统建设方案

项目设计遵循"以热定电、热电平衡、余电上网、梯级利用"的原则，以分布式供能系统为主导，通过有效整合设计、技术和设备，采用集中供冷、供热、供电（三联供）方式，平均能源综合利用率约 80%。

1号能源站设于嘉闵高架—建虹路立交范围内，占地面积 4333m²，总建筑面积约 11360m²。为地下二层建筑，局部地上一层，设备冷却塔置于底层敞开的空间。采用分布式供能系统，同时采用水蓄冷技术，供冷能力为 70MW，供热能力为 41MW，总发电量为 5.6MW。

2号能源站设于嘉闵高架—扬虹路立交下，占地面积 4230m²，总建筑面积约 10646m²。项目地下一层、地上二层，冷却塔置于二层开敞空间。采用分布式供能系统，供冷能力为 70MW，供热能力为 43.6MW，总发电量为 5.6MW。

3号能源站北临淮虹路、南临润虹路、东临申虹路、西临地块规划内部道路，总建筑面积 19218m²。

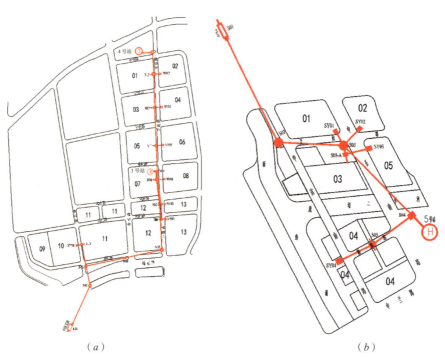

图 2-11 南北片区管沟工程路由图
(a)北片区管沟；(b)南片区管沟

区域智慧能源管理系统平台设于 3 号能源站配套的管理用房，为核心区能源管理中枢。

4 号能源站位于申贵路以北、申虹路以西的绿地内，规划为全地下建筑，地面为绿地，总建筑面积 7900m^2，规划设置虹桥商务区绿色低碳展示中心。

5 号能源站位于申长路以东、规划二号河以南的绿地内，规划总建筑面积约 10000m^2。虹桥商务区核心区集中供能示意图见图 2-12。

图 2-12 虹桥商务区核心区集中供能示意图

2.2.4 能源站运营情况

1号、2号能源站自2013年6月建设完成、2014年6月接入区域第一个用户以来，截至2019年12月，已完成区域总计42个街坊中33个街坊的接入，接入用能面积已达到270余万 m^2，占区域总用能面积的80%。虹桥商务区核心区集中供能面积增长图见图2-13。

图2-13 虹桥商务区核心区集中供能面积增长图

由于区域地块开发进度和招商引资等多种原因，供能初期区域冷热负荷很低，仅为设计负荷的5%左右，造成运营管理成本增加。从2016年8月份开始，随着商务区入驻企业逐渐增加，冷、热负荷逐渐增长，尤其是2017年上半年，负荷增长较快。目前，虹桥商务区核心区入驻企业已经超过7000家，其中不乏罗氏、壳牌这样的世界500强企业，也有以唯品会、安踏体育为代表的优质内资企业，正荣集团更是将地产、资本、服务（商业物业）3大板块集体落地于此。这些企业的入驻，在提高核心区用能负荷的同时，也使得用能的稳定性和连续性大幅提升。1号、2号能源站逐年供热量、供冷量、发电量数据如表2-2所示。

虹桥商务区1号、2号能源站供能数据　　　　表2-2

	2015年	2016年	2017年	2018年	2019年
1号能源站供热量（万kWh）	434	915	2066	2931	2099
1号能源站供冷量（万kWh）	370	1895	3807	5094	4971
1号能源站发电量（万kWh）	117	641	1574	1705	1816
2号能源站供热量（万kWh）	323	931	2560	4212	3784
2号能源站供冷量（万kWh）	1088	2006	6442	6877	8792
2号能源站发电量（万kWh）	123	609	1837	1763	2196

据统计，1号、2号能源站于2017年实现了三联供系统，平均单台满负荷运行3000h；2018年满负荷运行逾3100h，进入良性运营状态；2019年满负荷运行逾3600h。虹桥商务区区域三联供系统的综合利用效率已达80%以上，远高于传统能源供应方式的利用效率，具有高效低耗、低碳环保等优点。

2.2.5 能源中心功能展示

打造区域智慧能源网。"虹桥智慧能源网"是虹桥商务区新能源公司为对接上海智慧城市建设确定的重点工程,对能源站生产端、输配端、客户端的一些关键部分进行重点优化改造,项目还将建设集全景状态分析、需求智慧预测、供需智能交互、可视化资源调度、能效实时评估为一体的区域智慧能源管控中心,率先在国内成功实现区域内源—网—荷—储多元互动和智能优化;在生产端计划植入光伏、风电等可再生能源,结合新型储能技术及装置,以大数据分析、人工智能和信息安全为技术支撑,以满足用户端需求为服务导向,实现多能高效生产、动态调配输送、主动适应需求的智慧能源网之目标,构建具有"多能""互联""直供"特征的区域创新能源服务体系。虹桥智慧能源网实景图见图2-14。

图 2-14　虹桥智慧能源网

打造能源主题公园及低碳展示中心。虹桥商务区新能源公司正在开展4号、5号能源站的规划研究与调整工作,与商务区内已建成的公共绿地结合,打造成别具一格的能源主题公园。4号能源站规划建设虹桥商务区绿色低碳展示中心,重点展示与宣传虹桥商务区绿色低碳建设、绿色生态城区运行的成果及最新能源技术的综合利用。

2.2.6 小结

区域集中供能工程作为虹桥商务区低碳实践区六大重点低碳工程之一,是虹桥商务区建设低碳实践区的具体载体。能源站的能源供给负荷设计遵循"以热定电、热电平衡"的原则,充分利用天然气发电及余热利用等方式提高一次能源利用率。虹桥商务区核心区规划要求全部建筑按照国家绿色建筑星级要求进行设计,50%以上建筑按照国家绿色建筑二星级以上标准设计,实际上所有项目均达到绿色建筑二星级或三星级要求。区域集中供能工程为虹桥商务区这些建设项目达到高星级绿色建筑标准奠定了基础。建设区域集中供能的能源站可以减少单体建筑制冷机房和锅炉房的使用面积,提高了楼宇的可使用面积,减少了屋顶设备的占地面积,有条件更多地实施屋顶绿化,为虹桥商务区打造城市第五立面也创造了基础。

2.3 低碳交通

虹桥商务区通过实施交通专项规划，实现了以人为本的交通设施体系，区域人行交通安全舒适，公共客运交通高效便捷，地面车行交通通畅有序。结合功能布局和空间尺度，建立了发达完善的慢行交通系统。以地面步行道系统为主，串联二层步廊和地下空间，构建起立体分层步行网络。西西延伸大通道连通虹桥枢纽与虹桥商务区核心区、国家会展中心；空中二层步廊连通核心区与国家会展中心；地下人行通道24条，地下连通核心区各地块；空中连廊13座，地上串联各个地块。

2.3.1 立体复式慢行交通

虹桥商务区的立体复式慢行交通系统以"可达性、舒适性、换乘便利性"为原则，结合滨河步行通道和轨道交通车站步行通道等在交通功能核心、轨道交通车站、公共活动中心、主要绿地广场之间建立有机联系，以地面步行道系统贯穿于整个核心区一期为基础，在中心商业商务组团构建起立体分层步行系统，形成发达完善的慢行交通。

复式立体慢行交通系统在虹桥商务区占据重要的地位，具有巨大的出行需求，同时也是商务区绿色品质的体现，是城市保持活力的必备要素。虹桥商务区慢行交通系统的功能定位如下：

便捷衔接——慢行交通是低碳交通系统的重要组成部分，是其他机动化出行方式不可或缺的衔接部分。在道路设计上满足区域内大量慢行交通出行需求，与其他机动化交通方式，尤其是公共交通站点、轨道交通站点建立便捷衔接、连续贯通，树立起慢行+公共交通的低碳绿色出行理念。

休闲游憩——在城市空间设计中，引入高品质的慢行公共空间设计，设置观景空间、游憩设施等，在满足通行需求的同时提升空间功能，成为人与人面对面交流、感受商务区各类精彩生活的活动载体。

生态活力——利用商务区内丰富的生态景观资源，结合生态隔离带、绿色走廊、生态公园规划，配合设置健身步道、绿道等便民活动设施，丰富了商务区内居民、办公人员的城市生活。

（1）天桥和地道

核心区一期：核心区一期形成地面、地上、地下三位一体的立体慢行步廊，地面保障贯通舒适的步行空间，地上形成一条环形二层步廊，地下通过地下人行通道形成"地下城"。步行空间的结构构成了主要联系路径，将开发地块与虹桥交通枢纽更紧密地联系起来。空中连廊向东跨过申虹路与西交通中心二层平台连接，在疏解人流的同时较好地融入整个景观系统。通过立体复式慢行系统，核心区一期的所有空间均可通过天桥或地道实现互通，立体交通覆盖率达100%。核心区一期地道和天桥位置图见图2-15，申长路天桥实景图见图2-16。

北片区：街坊公共通道是对现状方格网步行系统的有效补充。跨越宁虹路、润虹路等道路之上的人行天桥加强了北片区各开发地块南北向步行系统的连接。相邻地块的街坊内立体交流空间相连，在地上二层形成连续的步行环境，为北片区居民和上班族提供了多选择的路径。北片区地道和天桥位置图见图2-17，苏虹路天桥实景图见图2-18。

南片区：申滨南路形成连续的滨水步道环境特色。滨水步道采用具有良好渗水性的防滑户外砖进行地面铺装，精心设计铺面形式和色彩，滨河护栏高度及形式符合安全及审美的需求。采用树池、格栅、

图 2-15 核心区一期地道和天桥位置图

图 2-16 申长路天桥实景图

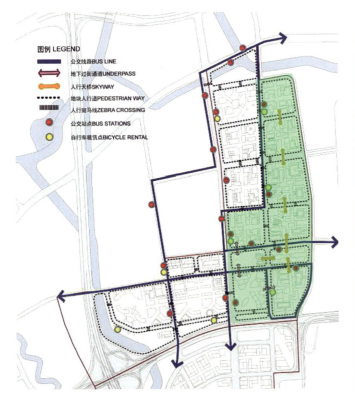

图 2-17 北片区地道和天桥位置图

图 2-18 苏虹路天桥实景图

户外伞等进行局部遮阳，并统一布置座椅、垃圾桶等公共设施，与周围绿化景观互相融合。申滨南路滨水绿地空间布局及景观控制图见图2-19，申滨南路滨水绿带见图2-20。

图2-19　申滨南路滨水绿地空间布局及景观控制图

图2-20　申滨南路滨水绿带图

（2）地下大通道

地下大通道一头连着国家会展中心"四叶草"虹馆，另一头连着虹桥综合交通枢纽，全线长约1.5km，区域包括虹桥枢纽西延伸段、西西延伸段及国展通道段申滨南路西侧至国展中心东侧段。虹桥枢纽与国家会展中心地下大通道实景图见图2-21。

图2-21　虹桥枢纽与国家会展中心地下大通道实景图

地下大通道将国家会展中心区域、虹桥商务区核心区、虹桥综合交通枢纽连成一片，直接推动商务区"大交通""大会展""大商务"三大功能的进一步融合发展，带动地下空间的有效开发利用。同时，项目正式投入运行也使商务区核心区各重点地块、产业园区、特色楼宇有了更加紧密的联系，加快虹桥天地、龙湖天街、丽宝广场、新地中心等重点商圈融为一体。在进博会举办期间，可以直接为参会人员提供交通服务，从虹桥枢纽到国家会展中心，为市民增加一个舒适便捷的慢性交通选择，1500m的地下通道步程约25min。

这条地下大通道自2019年10月15号试运行以来,受到了区域居民及入驻企业员工的极大欢迎。地下通道试运行之后,附近地块与虹桥枢纽之间的步行时间大大缩短,这不仅大大节约了上下班时间,也避免了日晒雨淋。

为方便企业工作人员及进博会参展人群通行,地下大通道的运营单位还在通道两头新增了电动助力车接驳服务,可将通行时间缩短至6min左右。接驳车辆运行将以白天的工作时段为主,并根据低谷及高峰不同的客流情况调整发车频率,老弱病残幼等特殊群体可免费搭乘接驳车,见图2-22。

图 2-22　地下大通道电动助力接驳车

（3）二层步廊

二层步廊工程西起涞港路,与国家会展中心8m平台相接,东至华翔路,全长343m,穿越了涞港路、小涞港河、外环铁路、嘉闵高架等配套设施,工程情况十分复杂。二层步廊工程于2015年8月10日正式开工,2016年建成。二层步廊位置示意图见图2-23,二层步廊实景图见图2-24。

图 2-23　二层步廊位置示意图

图 2-24 二层步廊实景图

二层步廊东延伸项目段是进博会配套重要项目,跨越新角浦河,再沿三湘广场地块边界横跨过申滨南路,把国展中心与虹桥商务区通过空中走廊连成一片,实现了客流的双向流动,东延伸段总长504m,从商务区核心区步行至国家会展中心约10min。二层步廊东延伸段项目于2018年3月开始施工,2018年9月底即交付使用。二层步廊东延伸段实景图见图2-25。

图 2-25 二层步廊东延伸段实景图

二层步廊东延伸段除了行人步行的功能外,还是商务区重要的观景平台,还具备应急交通、弱电、通信、植物、喷雾等设施功能,更加人性化。行人可在步廊上直观地看到商务区核心区日新月异的变化,感受商务区环境的不断提升。同时,二层步廊可与周边建筑和公共空间相结合,丰富城市景观层次,使空间形式多元化。在功能打造方面,尽量与周边建筑相连接,整体考虑与商业文化娱乐等活动相结合,提升了整体商业价值。为了更加体现美观性、人文性,二层步廊东延伸段加装了雨棚膜结构,起到遮阳挡雨的作用。二层步廊东延伸段为市民们打造了一处更加便利、更加人文、更加绿色的"驿站"。

此外,二层步廊东延伸段(二期)工程的方案和实施计划正在研究过程中。

2.3.2 公共交通

（1）公交线路

轨道交通：虹桥商务区现通行的轨道交通有2号线、10号线、17号线。其中2号线主要服务虹桥枢纽和国家会展中心，10号线主要服务虹桥枢纽，17号线主要连接青浦区、国家会展中心、虹桥枢纽。通过轨道交通，虹桥商务区出行便利，45min可达站点约110个。通过轨道交通，强化了对外快速联系，构建多通道进出中心城，缓解既有交通压力，加强了商务区与重要枢纽和城市重点区域的快速联系。同时推动内部联通整体发展，加强核心区与拓展区轨道交通服务的覆盖。

近期轨道交通规划包括13号线西延伸、嘉闵线、机场联络线。13号线西延伸段计划沿金沙江西路—纪宏路—联友路—诸光路运行，引入国家会展中心地区，在中国博览会北站与轨道交通2号线、17号线形成换乘。嘉闵线计划向北联系嘉定区，向南联系闵行区莘庄区域，在虹桥商务区范围内采用了原规划17号线的线位，在金运路站与13号线换乘，在虹桥火车站与2号线、10号线换乘。机场联络线自虹桥枢纽起，向南延伸到莘庄立交，再转向东北方向，到达卢浦大桥、南浦大桥附近，最终汇入龙阳路，到达浦东机场，便捷联系上海虹桥、浦东两大机场。

远期，虹桥商务区将形成"快线—市域铁路—城市轨道"于一体的层次分明的轨道交通系统。其中，快线3条，市域铁路1条，城市轨道7条，发挥虹桥枢纽向内连通、向外通达的重要作用。

地面公交：虹桥商务区内规划有26个公交枢纽站及首末站，238个中途站；区域内常规公交线路共92条，其中52条为到发线路，29条为过境线路，11条区内线路，发挥地面公交对轨道交通的补充、衔接和过渡的作用。虹桥商务区外围公交线路主要集中在崧泽高架路、建虹高架路上，线路均进入东、西交通枢纽，联系虹桥枢纽本体与郊区新城。

（2）非机动车网络

非机动车交通作为虹桥商务区绿色交通系统的关键环节及综合交通体系的重要组成部分，规划利用区域滨河通道及城市支路、街坊内部通道，形成了较完整的非机动车交通网络系统，提高可达性，满足了员工上下班、居民购物及短途娱乐等多种交通出行需求。

在商务区内，西交通中心单向循环道路是机动车专用道路；绍虹路（申长路—申虹路）禁止非机动车通行；申虹路（锡虹路—甬虹路）仅允许路西侧非机动车从北向南通行，路东侧禁止非机动车通行；申贵路（扬虹路—锡虹路）、申贵路（甬虹路—建虹路）路西允许非机动车自北向南单向通行，路东允许进入非机动车停车场的非机动车双向通行；其他道路双向均可通行非机动车，形成了完整的非机动车通行网络。非机动车路网图见图2-26。

（3）规范非机动车停放

现状道路已为自行车提供良好的环境，形成了自行车道网络。商务区还设置了公共自行车租赁系统，将公共自行车纳入城市公共交通体系。租赁点结合每个地块的内部庭院设置，其间距控制在300～400m左右。

为提高居民舒适度，商务区内开展了"向非机动车乱停说不"行动。虹桥商务区管委会会同新虹街道在商务核心区路段设置"禁停示范区"，并在扬虹路和建虹路高架两侧建设了规范的非机动车停车点（图2-27），配上可停2000余辆非机动车的停车棚，还联合企业在商务区内开放十处左右的商务楼宇地下停车库，规划停放2000辆非机动车。

图 2-26 非机动车路网图

图 2-27 非机动车停车棚实景图

（4）共享巴士

"新虹易公里"班车是新虹街道政府公益项目，由新虹街道筹划开设，委托专业第三方运营。从2018年8月27日起，"新虹易公里"于早晚高峰时段为新虹北部企业职工提供点对点接驳服务，也就是虹桥枢纽和新虹北部项目楼宇两个点直接循环接驳，直接受益企业工作人员可达2000多人。

"新虹易公里"谐音"新虹一公里"，意在打通服务企业的"最后一公里"。试运营初期线路为"申虹路舟虹路站—润虹路（协信中心）站"，申虹路舟虹路站紧密衔接虹桥交通枢纽，润虹路（协信中心）站紧邻协信中心、阿里中心、正荣中心等项目楼宇。班车出发后，从申虹路、舟虹路、申长路，直达润虹路仅需9min。

虹桥商务区管委会与携程超级班车在共同打造"定制化超级班车1.0版本"的基础上，提出了"2.0平台战略"。该平台作为上海市内"互联网＋定制客运"创新项目，不仅发挥互联网平台优势持续为客运企业赋能，更于此前在虹桥商务区落地了15条班车线路、80多个班次，形成了工作人员上下班通勤与接驳定制客运的一站式解决方案。这一项目综合运用大数据、移动互联网、物联网等信息技术，构建集交通数据采集、企业服务、乘客服务、班车服务商管控于一体的超级班车综合服务平台，为商务区内职员提供企业与小区之间的上下班接送服务、企业与交通枢纽之间的短途接驳服务，为企业提供灵活的定制班车服务，减轻了商务区交通压力，提升了商务区营商环境。

超级班车首批启动的线路中，主要覆盖了虹桥商务区至花桥、江桥、爱博、九亭、泗泾、上海赛车场等区域，据"携程超级班车＋"小程序上显示，目前已开通34条线路，预计将为虹桥商务区3000余名工作人员解决上下班通勤问题。携程还针对通往虹桥机场的"超级巴士"接驳通道，研究计划在机场设立线上、线下旅客服务中心，来疏散高铁和航空客流。

超级班车这样的班车服务，在日常和节假日期间的高峰时段颇受好评。它不仅减少了自驾出行的数量，达到环保低碳的效果，更能提高巴士利用率，从一定程度上填补公共交通服务"盲区"。从2017年1月开始，携程超级班车正式启动。2018年8月，超级班车的日均票量即突破4000张。

2.3.3 绿道

虹桥商务区按照"宜商、宜业、宜居"的标准，加强生态文明建设，打造"资源节约型、环境友好型"商务区。高标准建设生态绿化带和四大公园，依托吴淞江和苏州河，以及周边天然河道，打造水系景观工程和绿色生态走廊，加强城市噪声、空气、水质等方面的治理，营造舒适宜人的自然环境，建设花园式商务区。

目前，虹桥商务区核心区一期及南北片区已建成多处生态绿道，包括申滨南路沿河绿道（申兰路—兴虹路），全长 3.2km；隆视广场沿河绿道（申长路沿河段），全长 0.27km；扬虹路高架绿道（申滨南路—申虹路），全长 1.6km；申长路健康步道（宁虹路—天山西路），全长 0.52km；天麓绿地绿道（申长路—申贵路），全长 0.58km；申贵路绿道（申贵路—润虹路），全长 1.4km，总的绿道长度超过了 7.5km，见图 2-28，绿道实景图见图 2-29～图 2-36。

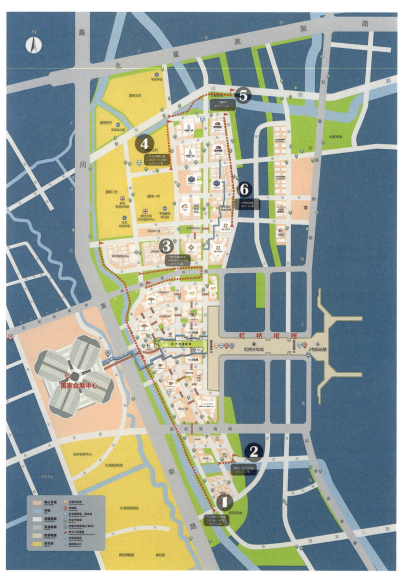

图 2-28 核心区绿道位置示意图

图 2-29　申滨南路沿河绿道（南片区段）

图 2-30　申滨南路沿河绿道（核心区段）

图 2-31　申滨南路沿河绿道（北片区段）

图 2-32　隆视广场沿河绿道（申长路沿河段）

图 2-33　扬虹路高架绿道

图 2-34　申长路健康步道

2.3　低碳交通　｜　实践篇　｜　043

图 2-35 天麓绿地绿道（申长路—申贵路）

图 2-36 申贵路绿道（申贵路—润虹路）

2.3.4 远程值机

2014年10月30日，上海虹桥机场、东航和虹桥天地三方签订《虹桥天地远程值机项目航空公司入驻合作框架协议》，在虹桥商务区核心区打造国内第一个商场远程值机区。2015年12月12日，随着虹桥天地的开业，虹桥天地值机区也正式投入使用。

值机区设立在虹桥天地一楼。2018年，虹桥天地完成了值机服务升级，在原有两家航空公司提供值机服务（东方航空和上海航空）的基础上，进一步引入10家国内航空公司：国际航空、南方航空、吉祥航空、海南航空、厦门航空、天津航空、河北航空、西藏航空、深圳航空、祥鹏航空的值机服务，全面覆盖虹桥机场T2航站楼的所有国内航空公司，为市民家庭及商旅人士的出行提供无缝连接的便利。值机大厅实景图见图2-37～图2-39。

图 2-37 值机大厅实景图

图 2-38 值机大厅航班信息发布屏

图 2-39 自助值机实景图

图 2-40 虹桥天地机场班车实景图

乘客可于远程值机大厅值机柜台办理行李托运及相关乘机手续，还可乘坐每 30min 一班的免费穿梭巴士，往返虹桥机场 T2 航站楼和虹桥天地。虹桥天地机场值机服务打通了安全检查关，实现了行李托运功能，真正解放了旅客的双手，极大提升了出行体验。机场巴士见图 2-40。

2.3.5 小结

虹桥商务区规划采用路网高密度、街坊小尺度、建筑低高度的布局，其低碳交通规划建设了空中、地面、地下"三度空间"的慢行系统。分别设置了连接虹桥商务区和国家会展中心的二层步廊和地下大通道、连接各街坊的地上天桥和地下人行通道、结合景观的滨水步道等慢行交通系统，并通过合理的非机动车道路规划建设和管理、共享巴士的推广、公共交通路线和远程值机系统的完善，打造了集便利、舒适于一体的低碳交通系统。通过上述措施，虹桥商务区慢行交通、绿色交通出行率达到 60%，成为虹桥商务区绿色低碳建设的亮点。

2.4 绿色建筑

为建设全国性的低碳示范商务区，实现区域全面低碳排放，2010 年 7 月，上海市建交委、虹桥商务区管委会联合组织编制了《上海市虹桥商务区低碳建设导则（试行）》，从区域规划、建筑工程设计、施工建设和运营管理四方面对商务区的低碳建设目标和建设要点提供全生命周期的指导。2014年，《上海市绿色建筑发展三年行动计划（2014–2016）》正式发布，明确提出对绿色建筑要"严格建设全过程监管"，即在建设工程项目土地出让、立项审查、规划审批、初步设计审查（总体设计文件征询）、施工图审查、施工许可、施工监管、验收备案等各环节，严格落实绿色建筑相关强制性标准和管理规定。

2.4.1 绿色建筑规划管理

绿色建筑，规划先行。《上海市虹桥商务区低碳建设导则（试行）》提出虹桥商务区低碳建设的总体目标是较同类商务区2005年的碳排放水平减少45%。《导则》中同时提出，核心区一期建筑将全部按照国家绿色建筑星级要求进行设计，50%以上建筑按照国家绿色建筑二星级以上标准设计，地标建筑按照国家绿色建筑三星级标准设计。

2010年发布的《虹桥商务区核心区控制性详细规划（2010年）（核心区一期，暨城市设计）》中也明确低碳建设目标为所有建筑达到现行国家《绿色建筑评价标准》GB/T 50378要求，超过半数的建筑应达到二星级以上标准。

2012年发布的《上海市虹桥商务区核心区南北片区控制性详细规划》明确了虹桥商务区南北片区的低碳设计要求。为创建低碳环保的绿色环境，将虹桥商务区打造成为低碳商务社区，规划延续核心区一期控详规划中对低碳设计的要求，规定南北片区内建筑应全部达到国家一星级绿色建筑标准，50%建筑达到国家二星级绿色建筑标准，其中标志性建筑应达到国家三星级建筑标准。

2.4.2 绿色建筑设计审查

在规划先行的基础上，虹桥商务区管委会进一步强化服务、提升效率，积极做好建设工程设计文件审查的各项牵头、组织、协调、指导和管理工作，确保了建设工程设计文件审查工作有序有力开展，得到了区域内开发企业的好评。设计文件审查流程如图2-41所示。

同时为了配合虹桥商务区绿色建筑评价标识的统一管理，虹桥商务区管委会以绿色建筑实施工作中的经验为基础，编制了《关于虹桥商务区核心区一期申报绿色建筑设计标识管理工作的若干指导意见》，并于2012年10月颁布实施，见图2-42。该指导意见明确绿色建筑设计评价标识管理工作包含三个阶段的过程管理，即总体设计文件专项审核、施工图设计文件专项审核以及绿色建筑设计评价申报推荐。

自2011年起，虹桥商务区管委会委托专业机构对核心区所有绿色建筑项目设计文件进行绿色建筑专项审查，对项目总体设计文件和施工图设计文件进行审查，就是否满足绿色建筑各项要求出具审查报告，并提出指导、评估意见。管委会开发建设处负责各项目绿色建筑的实施管理及协调工作，对符合要求的项目给予施工许可，并对绿色建筑设计评价标识申报工作给予支持。绿色建筑管理流程见图2-43。

2016年起，根据最新的国家和上海市绿色建筑相关标准以及审查规定的要求，管委会不再对绿色建筑施工图重复审查。但考虑到核心区项目已基本完成结构封顶，并逐步开展竣工验收工作，为进一步保障绿色建筑设计内容的有效落实，实现绿色运行目标，虹桥商务区管委会根据前期工作经验，于2016年7月发布了《关于推进虹桥商务区核心区绿色建筑运行管理工作的有关通知》（图2-44），明确要求对于投运项目，在后续二次装修过程中，应避免随意破坏绿色建筑相关设施设备以及各项技术措施，对于独立使用的建筑单体或投资额在200万元以上的二次装修建设工程，应对其二次装修设计的施工图

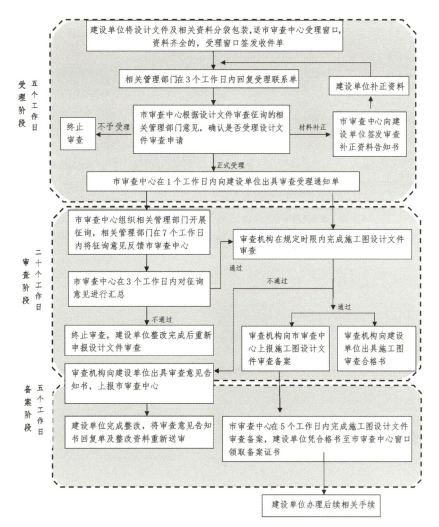

图 2-41　设计文件审查流程图

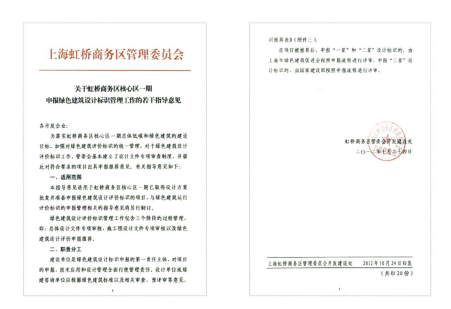

图 2-42　《关于虹桥商务区核心区一期申报绿色建筑设计标识管理工作的若干指导意见》

2.4　绿色建筑　｜　实践篇　｜　047

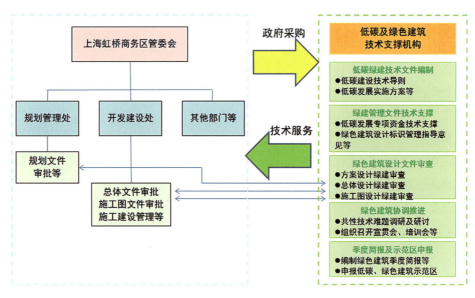

图 2-43 绿色建筑管理流程

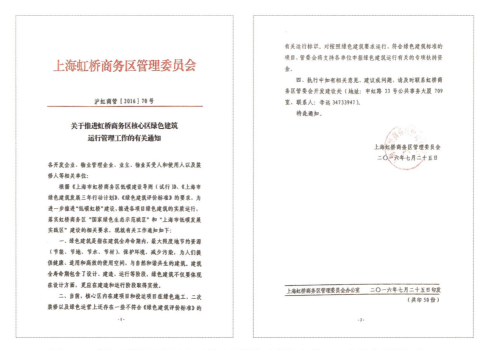

图 2-44 《关于推进虹桥商务区核心区绿色建筑运行管理工作的有关通知》

文件开展绿色建筑设计文件专项审查,并达到绿色建筑以及竣工验收备案的要求。

2.4.3 绿色施工过程管理

(1)绿色施工管控制度

绿色施工是绿色可持续发展理念在工程施工中的应用体现,是绿色施工技术的综合应用。建筑工程施工过程中对城市环境造成影响的,主要是施工扬尘、施工噪声等对施工周围的环境造成暂时性的破坏;施工过程中对路面开挖、占用以及植被破坏;泥浆扩散流失及施工废弃物问题。实行绿色施工现场管控有助于保护城市环境。

根据《上海市绿色建筑发展三年行动计划（2014-2016）》（沪府办发〔2014〕32号）规定，需加强在施工环节对绿色建筑的管理。2015年，上海市建管委发布了《关于推进建筑工地安装噪声扬尘在线监测系统的通知》（沪建管〔2015〕23号），要求在建工地加强场地噪声及扬尘的管理，为此虹桥商务区管委会要求所有在建工地均安装噪声扬尘在线监测系统。

2015年，虹桥商务区管委会发布了《关于印发〈关于推进实施建设工程绿色施工的若干指导意见〉的通知》（沪虹商管〔2015〕57号文）（图2-45），要求进一步提升虹桥商务区绿色建筑发展水平，夯实绿色建筑运行标识认证基础。文件明确了商务区建设工程绿色施工各责任主体的职责分工、绿色施工措施的监管重点，以及环境保护、资源节约和过程管理等技术目标和措施。同时，从后期落实运行评价的角度出发，制定了相应的实施管控流程和考核方法。

图2-45　关于推进实施建设工程绿色施工的若干指导意见

对绿色施工进行管控，要求建设单位充分利用设计、施工和监理等单位的工作努力创新绿色施工技术，使绿色施工的观念融入整个施工过程中，促使建筑施工单位加强对绿色施工技术的应用，提高施工质量。为了加强绿色施工管理，实现虹桥商务区低碳建设目标，虹桥商务区管委会委托相关专家开展了绿色施工管控及评估工作，定期对项目施工现场进行监督检查并提出整改建议，形成绿色施工相关季度报表和总结。同时，对在建工程的绿色施工情况开展专业评价并形成评估报告，通过以上措施保证了虹桥商务区各在建工地能真正实现绿色施工。绿色施工现场管控流程如图2-46所示。

（2）绿色施工管控情况

为了加强施工现场绿色施工管控，管委会明确了各方职责：管委会开发建设处负责协调推进、督促指导绿色施工有关工作；建设单位是建设工程绿色施工的推进主体，具体负责推进项目的绿色施工管理工作，应向参建单位提供与绿色施工有关的资料和保障措施，明确绿色建筑经济技术指标和绿色施工要

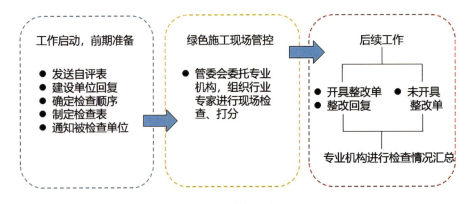

图 2-46　管控流程图

求,确保实现绿色建筑运行标识的星级目标;施工单位是绿色施工的责任主体,施工总承包单位对工程项目开展绿色施工负总责,项目经理是第一责任人,各专业施工单位负责其相应施工部分的工作;监理单位负责绿色施工日常监管,确保各项管理措施的有效实施。

管委会联合技术支撑单位定期对项目现场进行绿色施工检查和指导。检查前,管委会统一向核心区各项目负责人发送《虹桥商务区建设工程绿色施工评价表(自评)》,由各项目负责人根据实际情况填写后给予回复。检查后,管委会根据现场情况出具整改意见和要求,直至相关单位完成所有整改内容。绿色施工现场管控图见图 2-47。

图 2-47　绿色施工现场管控

第三方技术支撑单位根据当月绿色施工管控情况，向管委会提供《虹桥商务区绿色施工审核月度总结报告》，将工作成果以及遇到的问题和建议，每季度向管委会开发建设处进行汇报，管委会开发建设处根据报告布置下一阶段绿色施工的管控重点。

同时为保证核心区项目明确绿色施工工作的重要性，进一步提升商务区绿色施工号召，管委会根据前期检查情况对项目建设单位负责人、施工单位负责人和项目总监进行约谈，明确商务区在建项目都应按照《关于推进实施建设工程绿色施工的若干指导意见》的要求切实做好绿色施工相关工作。

2017年3月，管委会召开"绿色施工2016年总结暨2017年工作动员大会"，根据项目现场施工检查情况以及专家评分，评选出"虹桥商务区绿色施工管理示范项目"和"虹桥商务区绿色施工管理优秀集体"。

在各方推动下，虹桥商务区核心区项目积极推进绿色施工，并取得初步成效，已有约20个项目获得全国绿色施工示范工程、市文明工地、区文明工地、绿色施工工地、节约型工地等奖项。

核心区绿色施工奖项项目汇总　　　　表 2-3

奖项	项目名称
全国绿色施工示范工程	一期01号地块南区项目、一期03号北地块D15街坊项目
上海市绿色施工工地	一期02号地块A区项目、一期03号北地块D21街坊项目、一期05号地块北区项目、南片区04号地块项目、北片区08号地块商办项目、北片区09号地块项目、北片区07号地块项目、虹宇物流南区项目
上海市文明工地	一期07-2地块项目、北片区07号地块项目、虹宇物流南区项目
上海市节约型工地	南片区02号地块项目、南片区04号地块项目
闵行区节约型工地	一期04号地块D10街坊万通项目、北片区05号地块项目
闵行区绿色施工工地	南片区01号地块项目、北片区03号地块项目
闵行区文明工地	北片区08号地块商办项目、北片区09号地块项目

2.4.4 绿色建筑过程监督

由于虹桥商务区内的建设项目具有节能设计标准高、新材料新工艺多、工期要求紧、施工质量要求严、星级评定标准高等特点，故其监管工作的难度相对较高。为实现对虹桥商务区绿色建筑的高标准管控，严格把控绿色建筑建设过程中的各环节质量监管，商务区管委会会同区相关部门进行联合会审，加强开工项目绿色建筑建设的首次监督，跟进绿色建筑施工现场的巡查监管，督促绿色建筑按图施工，做好绿色建筑验收，确保绿色建筑节能环保措施落实到位。

通过首次监督会议、过程监督和竣工验收监督等三个阶段，可做到绿色建筑节能建设全过程闭环监管。

（1）首次监督会议

首次监督会议根据设计图纸与规范对建设项目参与各方进行告知，同时检查其行为是否规范，并对建筑节能工程开工条件进行验收。

在建筑节能分部工程开工前，建设单位组织监理单位、设计单位、总包单位、建筑节能施工单位、节能系统材料供应商及节能工程检测单位，进行建筑节能工程开工条件的验收工作，监督机构对其开工条件验收工作进行监督，完成节能工程开工条件验收后形成书面资料，经各方签字盖章，报监督机构备案，并留存监督档案。

设计单位应严格按照建筑节能设计规范和相关法律法规规章规定，对民用建筑进行节能专项设计，对建设单位提出的影响节能效果的变更要求应进行重新计算后，出具设计变更修改图，并建立设计变更档案，在建筑节能分部工程验收时出具设计合格证明文件并签署验收意见。

施工单位应具备相应施工资质，并严格按照国家、行业、地方规范标准以及经审图机构审查通过的设计文件和经审批通过的施工方案进行施工。施工单位应按规范规定对节能材料进行现场检测，合格后方可施工。在进行民用建筑能效测评标识工作时，施工单位应配合建设单位收集相关设计图纸和资料，并做好现场配合工作；节能材料供应商应对所提供的节能材料（系统）质量负责，按规定办理节能材料备案手续，提供节能产品质量保证书及有效期内的型式检验报告和防伪核验单，并在节能分部工程验收前提供节能材料合格确认证明，确认提供节能材料的数量、规格并证明其符合标准规范要求。

监理单位应严格按照经审图机构审查通过的设计文件和标准规范实施监理。对于首件样板、隐蔽工程、关键节点施工以及材料现场取样、实体现场检测过程应进行旁站监督，并留有影像资料。在进行民用建筑能效测评标识工作时，监理单位应对建设单位提供给能效测评机构的设计图纸和资料予以确认，并根据能效测评机构出具的民用建筑能效测评标识报告，将节能竣工测评情况和结果写入工程监理评估报告，负责将建筑节能工程监理通知书和整改情况按月上报工程质量监督机构，并负责出具建筑节能专项监理评估报告。

审图机构应按建筑节能有关标准规范和相关规定要求开展施工图审查，对节能设计修改进行严格审查把关，建立节能设计和变更审查档案，并在建筑节能分部工程验收前，出具审查复核证明。

能效测评机构应按建筑节能有关标准规范和相关规定要求开展能效测评工作，对建设单位、设计单位或施工单位提供的相关设计图纸、检测报告和设备资料进行核实，出具民用建筑能效测评标识报告，并对建筑节能竣工测评结果的准确性和真实性负责。其次能效测评机构应审查施工单位编制的节能施工组织设计内容。建筑节能工程专项施工方案应在建筑节能分部工程施工前编制完成，其主要内容应包括编制依据、工程概况、施工方法、质量控制要求和具体技术措施、样板间或样板件制作计划、分项工程和检验批划分计划、隐蔽工程验收计划、材料进场检验复试计划、现场实体检验计划等。施工组织设计和专项施工方案应在监理单位审批通过后，方可实施。

（2）加强过程监督

以专项监督检查作为虹桥商务区区域内节能监督常态化过程管理的手段，通过合理安排监督抽检，对节能材料及节能现场进行现场检测和踏勘，提高绿色建筑工程的施工质量。其主要内容包括：

①加强节能材料监督检查——用于墙体节能分项工程的节能材料（系统）应经备案后方可使用，对经备案的节能材料（系统）实行一年1~2次的监督抽查。

②落实检测责任，加强检测管理要求，落实建筑节能检测业务建设单位委托制度。建筑节能方面有关检测业务应由建设单位委托经评估认可的节能检测机构进行检测，不得将同一单位工程中的同一类型检测项目委托多家检测机构。建设单位与检测机构应签订书面合同，检测合同应按规定进行登记备案。

③落实建筑节能专项检测方案的编制和审批制度。节能检测单位应会同施工单位、监理单位，结合工程实际情况，编制建筑节能专项检测方案。

④落实检测单位的现场抽样取样制度，在建筑节能材料进场后使用前，由节能检测机构在施工单位、监理单位见证抽样取样，并共同对样品的真实性和有效性负责。

⑤落实不合格检测速报速处制度。节能检测机构应将建筑节能检测不合格信息在 24h 内通知建设单位和工程受监质监站。建设单位收到检测不合格信息后，应及时组织监理单位、施工单位对进场材料按有关规定进行处理；监督部门按规定进行监督抽检。

（3）竣工验收监督

根据《关于加强绿色建筑实施以及建筑能耗分项监测平台建设管理的有关通知》(沪虹商管〔2014〕096 号)，建设单位在竣工验收三个月前形成绿色建筑实施专项验收报告，通过专家评审的项目可获得绿色建筑验收合格通知，之后方可申请项目竣工验收备案；检查不合格的，应在整改到位后，再行申请项目竣工验收备案。商务区核心区内已竣工备案项目均开展了绿色建筑的专项验收工作。绿色建筑验收制度切实保障了绿色建筑严格按照设计文件实施，为建筑后续实施绿色运行打下坚实的基础。

2.4.5 绿色建筑运行管理

2016 年 7 月，为进一步推进绿色建筑的实质运行，虹桥商务区管委会颁布了《关于推进虹桥商务区核心区绿色建筑运行管理工作的有关通知》(沪虹商管〔2016〕70 号)，针对核心区在建项目和投运项目在绿色施工、二次装修以及绿色运营上存在的一些不符合《绿色建筑评价标准》的问题和不足，提出了具体管控要求。对于投入运行项目，在后续二次装修工程中，应避免随意破坏绿色建筑相关设施设备以及各项技术措施。对于独立使用的建筑单体或投资额在 200 万元以上的二次装修建设工程，其二次装修设计的施工图文件应通过绿色建筑设计文件专项审查，并纳入施工许可、竣工备案的管理范围。审查、验收不合格的项目，应按照相关标准整改，并达到绿色建筑以及竣工验收备案的要求；在项目运行中，各开发企业、物业管理企业以及业主等单位应共同制定绿色建筑运营管理措施并建立健全的各项工作制度，切实开展绿色运行，为今后开展绿色建筑运行评审提供保障。管委会鼓励各相关单位做好绿色建筑运行管理，申报有关标识认证。对按照绿色建筑要求运行，且符合绿色建筑标准的项目，管委会支持各单位申报绿色建筑运行有关的专项扶持资金。

2018 年 1 月，为落实虹桥商务区"国家绿色生态城区"和"上海市低碳发展示范区"建设的相关要求，虹桥商务区管委会颁布了《关于进一步加强虹桥商务区低碳能效运行管理平台建设和管理工作的有关通知》(沪虹商管〔2018〕3 号)，通知中对建筑能耗分项监测平台的建设与运行提出了要求。对于已投运的项目，业主单位或业主委托管理单位应落实专人负责能源监测子系统的管理和维护，能耗分项监测子系统运行情况需通过虹桥商务区低碳能效运行管理信息平台专项测试，落实虹桥商务区低碳能效运行管理信息平台数据质量管理要求，确保系统正常运转、数据正常上传。业主单位或业主委托管理单位在申请绿色建筑（运行评价标识阶段）专项发展资金时，应提供连续一年准确稳定上传的建筑能耗分项监测数据至虹桥商务区低碳能效运行管理信息平台的相关证明资料，对于能耗监测数据上传不及时、不符合要求或停止上传的建设项目，虹桥商务区管委会将公开通报，纳入失信名单，并依照相关规定取消有关政策支持，收回已补贴的相关专项资金。

2018 年 2 月，为切实做好虹桥商务区建筑物第五立面工作，虹桥商务区管委会颁布了《关于进一步加强虹桥商务区屋面绿化建设管理工作的有关通知》(沪虹商管〔2018〕14 号)，通知中针对已投运的项目，要求其对屋面绿化的养护建立长效管理机制，各运营单位应确保屋面绿化的有效维护。对满足屋面绿化专项资金补贴的项目，管委会将基于低碳实践区建设专项发展资金予以支持。

通过以上政策的制定和推行，虹桥商务区管委会对已投运项目的绿色建筑运行提出了较高要求，从装修标准、绿色建筑设计技术点落地的保障措施、建筑能耗分项监测平台的建设与运行管理、屋顶绿化的维护等各方面进行管控，并辅以专项发展资金支持，提高各项目建设单位对绿色运行的参与度，不断优化绿色运行过程，实现绿色建筑真正的绿色运行。

2017年12月，商务区核心区首个项目（冠捷科技大厦）获得绿色建筑三星级运行标识证书，使得商务区在全面获得设计标识认证的基础上，实现了绿色建筑运行标识零的突破。

2018年，核心区（一期）03地块南万科中心1号~7号楼获得绿色建筑三星级运行标识，建筑面积为19.71万 m²。

2019年，经过不断耕耘和努力，虹桥天地、龙湖天街、虹桥万通中心、东航城等项目获得绿色建筑运行标识证书，为虹桥商务区的绿色建筑运行添砖加瓦（表2-4）。虹桥商务区实现了绿色建筑从设计到运行的转型发展，运行标识证书见图2-48。

图 2-48　虹桥商务区部分项目绿色建筑运行标识证书

虹桥商务区核心区绿色建筑运行标识项目　　　　　　　　　　　　　　　　表 2-4

星级	项目名称	面积（万 m²）
三星级	虹桥商务区核心区（一期）07-1地块上海冠捷科技总部大厦	4.32
三星级	上海虹桥商务区核心区一期03地块南万科中心1号~7号楼	19.71
三星级	上海虹桥商务区核心区一期05地块南区D、E、F、G办公楼	11.37

续表

星级	项目名称	面积（万 m²）
三星级	虹桥商务区核心区一期 06 号地块 D19 街坊西区项目 3 号办公楼	2.36
三星级	虹桥商务区核心区一期 06 号地块 D17 街坊 1 号、2 号、3 号办公楼	10.96
二星级	虹桥商务区核心区一期 06 号地块 D19 街坊项目东区 D19 号 2A 商场一区、西区 D19 号 2B 商场二区	14.36
二星级	上海虹桥商务区核心区一期 04 号地块上海虹桥万通中心	8.2
三星级	上海虹桥国际机场扩建工程（西区）二期配套工程项目	24.46
三星级	上海宝业中心	2.55

2.4.6 小结

虹桥商务区通过绿色建筑规划、设计管理、施工管理、绿色建筑验收、绿色运行等全过程管控，确保绿色建筑实施落地，区域内项目全部达到绿色建筑二星级及以上设计要求，其中绿色建筑三星级标识项目面积比例达到 58.1%，远远超过规划目标"全部按照国家绿色建筑星级要求进行设计，50% 以上建筑按照国家绿色建筑二星级以上标准设计，地标建筑按照国家绿色建筑三星级标准设计"的要求，为创建绿色生态城区奠定了坚实的基础。

2.5 低碳能效运行管理平台

2.5.1 建设背景

"发展循环经济，推广低碳技术，促进经济社会发展与人口资源环境相协调"是"十二五"期间上海发展重要目标之一。虹桥商务区作为上海市人民政府明确的"十二五"期间重点发展的低碳实践区，坚持从规划和建设的各个环节着手，积极探索城市功能区低碳发展的新途径、新举措、新路子，大力促进绿色能源、绿色建筑、绿色碳汇、绿色交通等项目在虹桥商务区示范应用，着力构建节能高效的能源利用系统。

2011 年，虹桥商务区管委会向市发展改革委提交了《虹桥商务区低碳发展实施方案》（沪虹商管〔2011〕022 号）。2012 年 12 月 27 日，市发展改革委批复同意了该实施方案，同意其提出的"建设六大低碳工程、开展低碳领域研发、加强低碳工程管理、建设低碳运行监测信息平台等 4 项重点任务"。

为落实推进以上重点任务工作进程，践行虹桥商务区"最低碳""特智慧"的开发建设理念，虹桥商务区管委会以"统一规划、分步实施""政府引导、市场参与""先易后难、分级完善""分类分层、标准统一""开放兼容、全面覆盖""适度超前、功能预留"为基本原则，提出开发、建设"低碳能效运行管理信息平台"。该平台是在上海构建"全市统一、分级管理、互联互通"建筑能耗监测系统，在"1+17+1"（即 1 个建筑能耗监测市级总平台 +17 个建筑能耗监测区级分平台 +1 个市级机关办公建筑能耗分平台）整体架构下进行设计，旨在打造一套覆盖全区域的集数据采集、传输、汇总、储存、综合利用和形象展示于一体的系统。平台采用信息化手段对区域能效进行全面采集和实时监测，既是对区域内水、电、燃气、供冷、供热等进行分类计量信息的汇总，也使区域能源信息可报告、可监测、可核查、可评估。该平台既是对区域内各监测子系统的集聚,也是将来"智慧虹桥"大蓝图的重要功能支撑模块,它按照统一的数据传输标准,对上可以对接"智慧虹桥"总体平台和市级相关平台,对下可以衔接各地块及功能设施的能耗监测子平台,起到承上启下的衔接作用。

平台于2016年建成,为虹桥商务区核心区低碳和绿色建设成果提供对外展示的窗口,为实现虹桥商务区能源与碳排放的数字化管理提供支撑,为全面落实低碳发展实践区奠定基础,也提高了企业和公众低碳的节能环保意识,引导参与低碳实践。

2.5.2 建设历程

2014年初,虹桥商务区管委会向上海市发展改革委提交了《关于虹桥商务区低碳能效运行管理信息平台项目建议书》项目立项的申请。同年8月,上海市发展改革委下达《关于虹桥商务区低碳能效运行管理信息平台项目建议书的批复》(沪发改高技〔2014〕82号),同意在虹桥商务区内构建低碳能效平台,包括建筑能耗监测管理系统、智能电网监测数据接入系统、低碳能效综合服务系统、数据机房、网络及安全以及相关配套设备建设。

2015年12月,低碳平台的开发工作正式启动,由虹桥商务区管委会牵头形成工作小组,委托软件开发公司并联合入驻的31个地块企业搭建数据互联互通平台。所有参与单位围绕项目建设目标,调配经验丰富的行业专家和技术骨干群策群力,经过需求分析、总体设计、功能开发、系统测试、反复验证等环节,顺利完成了既定目标。

2016年9月,平台正式建成并投入试运行。12月,"虹桥商务区低碳能效运行管理信息平台"在上海市智慧城市建设成果评选活动颁奖仪式中获得"十大优秀应用成果奖",充分展示了自己的特色和先进性,授奖仪式见图2-49。

图 2-49 授奖仪式

2018年,平台通过数据的持续接入,实时掌握区域楼宇能源结构、用能状况、能耗同比环比以及异常变动情况,实现了对楼宇用能的在线监测、动态分析和节能运行调节。同时平台以精细化管理为载体,多维度落实节能降耗,践行"最低碳"理念,开始为虹桥商务区以及入驻企业楼宇提供各项综合性服务。

2019 年是平台自上线以来接入楼宇数量最多的一年。接入楼宇和数据规模都逐步扩大，并呈上升趋势。未来还会将国家会展中心（上海）、虹桥枢纽交通中心（虹桥火车站和虹桥机场公共建筑部分）及商务区拓展区的重点楼宇能耗分项计量数据进一步接入平台。平台接入规模见表 2-5。

平台接入规模以及未来预测值　　　　表 2-5

年份	接入楼宇（幢）	接入数据点位规模（个）	接入年能耗规模[*1]
2016 年前	8	8145	806 万 kWh/ 年
2016	87	75523	7088 万 kWh/ 年
2017	106	95093	7351 万 kWh/ 年
2018	163	100344	1.2 亿 kWh/ 年
2019[*2]	318	102783	1.4 亿 kWh/ 年
2020 预计 [*3]	352+1	130000（预计）	1.8 亿 kWh/ 年（预计）
2021 预计 [*4]	352+N	150000（预计）	2.1 亿 kWh/ 年（预计）

*1. 接入规模是平台监测的用电规模。
*2. 数据截止日期 2019 年 12 月 19 日。
*3. 计划接入虹桥商务区核心区重点区域内 100% 楼宇。
*4. 计划开始接入虹桥商务区 151.4km^2 拓展区内的重点用能单位。

2.5.3 功能效果

虹桥商务区低碳能效运行管理平台接入资源端包括入驻建筑、智能电网和能源站，通过多元数据接口将不同的数据通过预处理系统规整存储到核心数据库中。基于核心数据支持低碳展示、强度分析、数据共享等业务，从而为政府相关部门、广大业主和人民群众提供服务。平台功能架构见图 2-50。

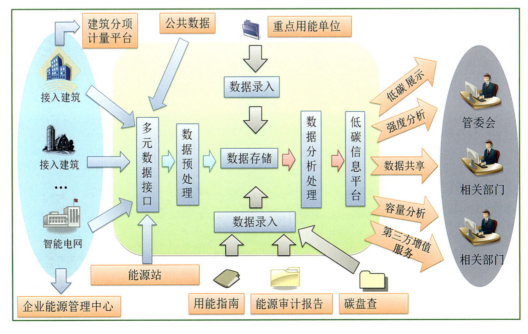

图 2-50　平台功能架构

（1）设计特色

低碳平台具有实用性、灵活性、时效性、安全性、适应性等特性，让能耗数据"采得到""看得见"，能耗使用"管得住""降得下"。设计具有以下特点：

1）能耗数据"采得到"，数据采集多元化

接入建筑本地能源管理系统、智能电网系统、建筑分项计量平台的数据，数据资源丰富、全面，提供强有力的、可靠的数据支撑。

2）能耗数据"看得见"，能源数据可视化

依据业务属性数据特点和决策关注焦点，提供丰富的展现形式（透视表、饼图、柱状图等），将数据指标形象化、直观化、轻松解读，提供可视化决策分析。

3）能耗使用"管得住"，能源管理精细化

实现能耗分级、分项、分时统计分析，将能耗评审、节能计划、节能激励、节能备案等一并纳入管理，从粗放型"糊涂账"向"精细化、精益化"转变。

4）能耗使用"降得下"，节能策略智慧化

通过内嵌大数据分析模型，发现用能疏漏，挖掘减碳方法，寻找节能空间，提供管理、系统和技术节能辅助策略。

（2）实施内容

虹桥商务区低碳能效运行管理平台在建设之初，立足"超前思维、长远发展"的宗旨，广开思路、吸收国内外同行的创新经验，开创了"探索新方法、打造新平台、实现新应用"的设计之路，平台的总体设计规划和分类功能规格走在了同业前列，适当超前当时已有和正开发的能源监测类平台，因此，2016年平台建成之时，在全市范围内率先取得了"项目全绿建、能源全计量、数据全接入、多网融合"等一系列颇具开拓意义的创新特色，并将其落实在项目中。

项目全绿建

虹桥商务区内楼宇地块全部为新建建筑，均为绿色二星、三星级建筑，这种情况在上海市"1+17+1"平台中尚属首次。针对绿色建筑特点，平台建设了可再生能源、集中供能等多种数据接口。

能源全计量

虹桥商务区要求区域内建筑实现全能源计量，在上海市"1+17+1"平台中也属开创之举。不仅接入了用电量数据，而且水、冷热量、可再生能源都被列为要求接入项，确保楼宇使用能源种类全覆盖接入。

数据全接入

虹桥商务区细化分项计量颗粒度，除高低压配电间外，楼层间电、水、冷热量数据都纳入数据计量范围。所有计量监测数据实时接入平台，部分楼宇每5min数据采样上报多达1万个，最高并发量超过10万个，平台设计利用分布式处理模式，实现高并发性的支持响应能力，解决了数据全接入所带来的性能瓶颈。

多网融合

虹桥商务区在网络架构设计中，采用了互联网、政务网和能源专线多网融合。既充分考虑了政府涉及数据的高保密性，也保证了多网出口的高效性。同时利用故障转移集群减少了系统意外宕机所带来的风险，极大地提高了系统的稳定性。

（3）建立制度

平台在维护管理、信息沟通上也制定了相应的管理和沟通机制。自2019年起，每个季度都会由虹桥商务区管委会开发建设处牵头组织召开一次《虹桥商务区能耗监测平台及三联供供能工作会议》。季度例会可以作为平台方和楼宇单位之间沟通桥梁，主管部门、平台管理部门、楼宇业主单位可以充分交流沟通，分享经验教训。管理部门可以充分了解楼宇业主的实际情况，楼宇业主也可以通过例会深入理解管理方的要求和规章制度。例会制度有效地提高了楼宇业主单位对数据质量的管理水平，从而提高了平台整体数据质量。

除了建立平台季度例会制度，自2019年起虹桥商务区管委会开发建设处还组织牵头对虹桥商务区核心区重点区域内3.7km^2的楼宇的建立专项调研，每个月都会深入部分楼宇调研能耗系统建设情况。通过深入楼宇调研掌握了大量楼宇现场信息，结合相关数据质量，截至2019年一共出具了15份整改意见书和1份整改通知书。楼宇业主、能耗管理系统维护单位在接收到精确诊断后的整改意见书，有的放矢地进行相关整改工作，大幅提高了整改效率，从而提高了平台数据质量。

通过"例会制度"和"专项调研"，虹桥商务区低碳能效运行管理信息平台在运行管理、数据质量、用户应用方面得到了有效提升。

（4）实现功能

平台整体功能架构从用户使用角度出发，功能的设置与商务区管理工作实现无缝对接，让节能管理工作者从日常的计算、统计工作中解放出来，投入到更深层次的工作中。平台整合并集成不同来源的数据（楼宇建筑信息、电、水、冷热量数据等），通过大数据处理实现监测内容可视化解读。并基于采集的能耗数据，进行各个方向（分类、分项）的比较和不同角度（全范围、地块、单体建筑）的分析，为商务区节能工作的开展和决策提供有力的数据支撑。

平台按照全局概览、一体化能耗监测、公共信息融合展示设计，可通过地图、区域、单体建筑、重点用能单位进行数据查询、报告阅读、图表分析、统计对标等。平台的总体功能架构设计见图2-51。

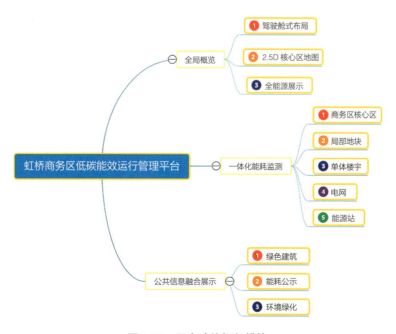

图2-51　平台功能框架模块

驾驶舱式全局概览

页面设计采用驾驶舱导览形式，通过各种常见的图表、悬浮框等突出标示入驻楼宇运行的关键指标，提醒警示异常指标，直观表达监测楼宇能耗及运营情况，以点带面地使得全局能耗状况一目了然，对商务区实时运营状况全面掌控，从而进一步开展数据运用、决策分析，为高层管理层的决策提供"一站式"（One-Stop）决策支持，使其更精准地做决策，促进业务发展。

数据总览

数据总览页面通过2.5维GIS手段，呈现商务区地理空间可视化效果，并提供对应的空间分析服务，以商务区俯视图为背景，展示整个商务区建筑的各项能耗数据，见图2-52。

图 2-52 数据总览

通过该页面可详细查看到分项信息、业态信息、绿建信息、接入信息和能耗排名情况，见图2-53。

图 2-53 数据总览卡片

数据面板

数据面板主要展示商务区各类应用信息，通过这些信息可以快速了解商务区内建筑类型分布情况、能耗负荷情况、分项分类能耗情况、建筑能耗或能耗强度排名，见图2-54。

图 2-54　数据面板

通过该页面可查看到建筑性质分布、电网架构、对标数据、总能耗及负荷、环境绿化、绿色建筑等详细数据，见图2-55。

图 2-55　数据总览卡片

数据地图

数据地图页面通过 2.5 维地图的形式向用户展示区域内各个地块的地理位置以及相关的基本信息，并辅以展示建筑的当日能耗信息，见图 2-56 和图 2-57。

图 2-56　数据地图

图 2-57　浮现式地块信息

一体化能耗监测

页面采用统一风格的一体化式工作区，分商务区、局部地块、单体楼宇层层推进展示。通过不同区域中查询数据的方式无缝连接，最大限度地减少了使用者对网站使用功能的学习和摸索时间，见图 2-58。

同时页面还提供电网和能源站的相关数据查询，让用户在同一界面风格中就可以完成大部分查询工作，见图 2-59。

公共信息融合展示

该页面融合了商务区内绿色建筑、环境绿化和楼宇能耗对标等信息。通过多维地图、表格等方式展示整个商务区低碳节能相关的公共信息，见图 2-60。

绿色建筑

该页面展示商务区内所有绿色建筑所在位置、星级、面积和绿建技术列表。

商务区

局部地块

单体楼宇

图 2-58　一体化式工作区

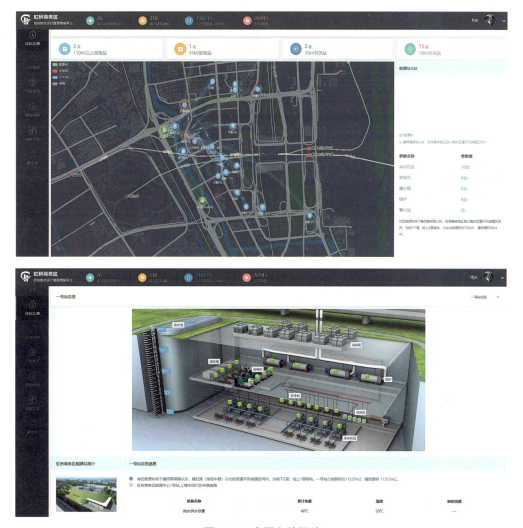

图 2-59　电网和能源站

2.5　低碳能效运行管理平台　｜　实践篇　｜　063

能耗公示

该页面将区域内建筑进行能耗对标,并将对标结果在此进行公示。

环境绿化

该页面将商务区内环境绿化区域以热力图的方式展示。还展示了商务区整体绿化面积、屋顶绿化面积、绿地面积等信息。

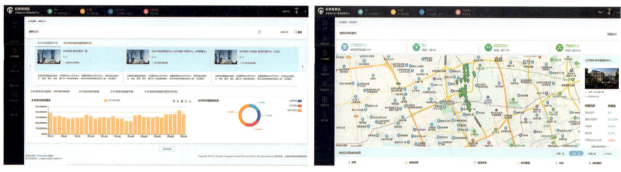

图 2-60　公共信息融合展示（绿色建筑、能源公示、环境绿化）

2.5.4　运营服务

（1）服务对象

虹桥商务区低碳能效运行管理平台的建成,开发汇聚了诸多功能,满足了低碳城区管理体系需求、低碳城区公共服务体系需求、低碳城区长效运营需求,实现了围绕商务区低碳能效的"监、管、控",可面向政府、面向园区、面向企业以及面向第三方接入业务（如目前已接入的电网、能源站）提供不同侧重点的运营服务,未来也可面向广大市民群众开放,有兴趣的民众通过个人持有的智能手机终端,就可以方便地了解商务区及周边的环境指数和碳排放情况,共同分享所营造的安全、健康、便利、舒适、节能使用空间,切实感受到工作与生活的品质提升。

（2）服务内容

不同的服务对象,都可以在平台上找到对应服务内容。政府部门可以实现更高质的管理,企业和群众可以获得更高效的服务。助力完善"让数据多跑路,让群众少跑腿"的优质营商环境。

面向政府管理部门

通过这个平台,政府管理部门可以对整个区域的建筑能耗和环境监测数据进行精细化管理。

1）可对区域综合用能情况进行了解,通过数据挖掘和分析掌握区域内楼宇用能的全过程路径,从而进一步实现对区域能效管理的全面控制、区域用能负荷的整体平衡和柔性调控。

2）能对每个楼宇在设计、建设和运行阶段的建筑能耗情况进行实时掌控，一旦出现报警状态或持续在警戒线徘徊，即可采取应对措施，确保其在设计、建设和运行全过程均达到绿建标准。

3）能对辖区内的单个楼宇建筑能效进行排名，为激励政策提供数据支撑。

4）通过预测能耗数据曲线对商务区的能耗数据进行分析预警；趋势预测辅助商务区管理者进行决策制定。

5）在符合相关法律法规前提下，将平台采集汇总的建筑能耗信息用于节能服务企业开展合同能源管理等节能服务，进一步促进合同能源管理等低碳节能服务产业的发展。

6）将"低碳虹桥""智慧虹桥"的成果进行多渠道、可视化的综合展示，使之成为商务区的名片，提升公共形象，营造良好营商环境，吸引更多企业和公众入驻。

面向入驻商务区企业

对于办公企业、物业管理公司，要求企业上传数据的同时，可将一些有助于楼宇进行能源管理的数据反馈给入驻企业和管理公司，让他们通过平台实时了解本单位的建筑能耗情况，并将自身能效与区域平均能耗、楼宇间能耗进行对比分析和诊断，推动楼宇自身节能措施的调整、执行和落实。

另外，运用自评表和在线申报系统，能够快速便捷地提交和获取建筑能耗数据相关情况，减少了不必要的沟通成本。

面向接入的第三方服务商

对于节能服务商和运营机构，可在政府引领下，获得相关企业许可后，通过平台获取相关数据资源，开展合同能源管理等节能服务，优化区域能源效率、促进节能减排。

对于电力公司，主要是可了解掌握园区环境、气象情况及各楼宇楼层的建筑能耗和温度情况，为其智能调度提供数据支持，也为其后续开展智能电网应用奠定基础。

对于三联供集中供能能源站，主要是了解掌握各楼宇楼层的建筑能耗情况，为区域三联供的合理资源调配提供数据支持。

（3）运营价值

虹桥商务区低碳能效运行管理平台提供7×24h在线运营服务，分阶段地从用能需求、用能供给、用能效率等各要素浸入渗透，有步骤、有方法地做到了全过程、全环节的"用能把控"，从而实现了对商务区内能源的供给、需求、效率、行为的全面监管。

平台的有效运营有助于推进虹桥商务区绿色生态城区的可持续发展，降低商务区不必要的能源浪费，实现商务区节能管理常态化、长效化；有助于加快形成多能共存互补的能源互联网保障体系构建，通过对多种能源的科学、合理利用，将来可发挥削峰填谷作用，确保商务区供能安全、可靠、稳定；有助于引导和促进区域低碳节能服务产业发展，最终打造"该用则用，能省则省"的人性化低碳商务示范区，营造更绿色、更安全、更舒适的低碳智慧虹桥。

（4）运营效果

平台运营至今，平台管理者、入驻楼宇用户的管理部门人员能实时监测生产能耗数据的变化，通过可视化的展现，能够更及时地对节能管控进行督促和指导，真正让商务区内楼宇能源消耗"看得见、说得清、控得住"。平台及其子系统已帮助虹桥万科中心、虹桥嘉汇等用能单位发现了用能过程中"跑、冒、滴、漏"等问题，并通过制定相应的措施降低了能耗和减少了用能支出。

平台的长期、稳定运营，实现了精细化、信息化长效管理，做到节能措施制定有依据，节能管理方式有基础，让节能管理考核制度真正落到实处，进一步提升了入驻楼宇的节能意识和积极性。平台实现了其他相关系统的实时数据交换和共享，提高了信息集成效率，从而更有针对性地给出节能分析诊断建议。政府和相关决策单位通过楼宇能耗对标方式，可了解商务区内商业楼宇单位用能情况，为日后制定相应政策提供依据。

2.5.5 平台展望

平台的建成为虹桥商务区核心区的低碳、绿色建设成果示范提供了展示的媒介，未来平台的建设和运管将始终围绕"最低碳"的理念，切实考虑虹桥商务区发展需求，进一步发挥平台的品牌作用、集聚作用，在碳交易、能源互联网、虚拟电厂、绿色金融等绿色领域尝试进一步拓展。

（1）开展区域碳交易：走市场化低碳运营之路

虹桥商务区作为上海市低碳发展实践区和绿色建筑群聚集的高端商务中心，在区域内展开碳交易活动，不仅契合国家层面"十三五"乃至未来长期的控制温室气体排放的战略，同时盘活了现存的碳资源市场，让绿色建筑为业主带来的社会效益和环境效益转化为经济效益，带动更多商务区走绿色低碳之路。

商务区区域碳交易系统的角色定位是"承上启下""积少成多"。通过实现"微交易"、设计"碳银行"，在区域范围内建筑载体中复制推广上海市碳交易成功模式，并形成独有的区域特色，通过碳"微交易"降低门槛引导、鼓励更多用户参与节能减排、低碳环保的事业，通过"碳银行"的设计，有效形成区域小额碳配额的批量管理，辅助金融化手段，积少成多形成规模化，减少交易费用以对接市级碳交易平台，形成碳配额的区域内分解循环和区域外集成循环。

通过区域碳微交易系统模式有机地将区域能耗分项计量监测系统、区域节能减排目标、上海碳交易体系结合起来，构建一个分层次、完整的、创新型模式的碳交易市场，从而进一步打造区级碳交易平台，以市场机制推动节能减排，同时延伸打造碳金融中心，服务于节能减排市场中金融资本的引入，走市场化低碳运营之路。

（2）创新区域能源互联网

随着我国能源体制改革的深入，能源互联网技术将获得巨大的发展空间，成为我国"十四五"乃至更长远期间的主要能源发展形势之一，也将对我国实现大规模节能减排做出重要贡献，而商务区将是未来中国能源互联网的项目主体。

虹桥商务区内企业林立，用能需求空间巨大，可进一步充分发掘区域内"互联网+智慧能源"的潜力，在用户与能源系统之间建立便捷的信息沟通渠道，使得包括能源生产、输送、分配、储存、调节、交易等环节趋于最优化，将结合当地负荷以及资源的实际情况，统一整合用户各自的能源系统、可再生能源系统、储能和分布式供能系统，以及信息互联网、电网、能源网，以园区为单位建设一个基础能源互联网系统，最终为每个用户提供更好的能源服务，先行先试，迈出能源互联网项目落地的第一步。

在以商业建筑能耗为主的虹桥商务区核心区，其用电负荷必然会随着企业入驻率的提升而上升，用电负荷"峰谷差"问题也会逐步增大，电力需求并不平稳。上海作为首个需求响应试点城市，可在虹桥商务区持续加大挖掘需求响应潜力。

例如在虹桥商务区内，对入驻汇聚的楼宇实施电力需求响应柔性控制，不仅可以降低区域的电力峰谷差，减少商务区整体用电峰值负荷，同时也可降低单体建筑的能源费用，从而构建极具规模化的商务区商业建筑虚拟电厂。通过整合商务区内商业建筑需求响应资源和自动化响应能力，实现智能化、自动化、规模化、资源多元化商业建筑需求响应，实践供需互动的智慧用能模式与负荷集成商等商业模式，并为电力调峰／调频和吸纳可再生能源提供服务，达到社会和经济效益最大化，推动相关技术和产业应用的持续发展和创新，走智慧型低碳发展之路。

2.5.6 小结

作为上海市"1+17+1"整体框架下的虹桥商务区低碳能效运行管理平台，实现了区域能源信息的可报告、可监测、可检查、可评估，使得虹桥商务区的绿色低碳建设成效可以用数字来说话。下一步，还将在碳交易、智慧能源网等方面进一步拓展应用。

2.6 智慧运营

长期以来，虹桥商务区始终将"智慧虹桥"作为商务区开发建设的六大核心理念之一，在优化"智慧虹桥"工作顶层设计、提升信息基础设施能级、深化行业智能应用、推进重点区域信息化建设等方面取得了良好成果。虹桥商务区管委会成立"智慧虹桥推进办"，引入信息化工作推进专业咨询机构，联合30余家部门单位成立推进智慧虹桥建设领导小组，分别与闵行、嘉定、青浦、长宁等四个行政区签订工作协议，共同推进"智慧虹桥"建设工作。先后制定了《"智慧虹桥"十二五规划》《推进"智慧虹桥"建设2013—2015年行动计划》《推进"智慧虹桥"建设2015—2017年行动计划》等规划，统筹推进商务区"智慧虹桥"发展。

2.6.1 虹桥商务区防汛监控系统

虹桥商务区横跨苏州河两岸，大部分区域在苏州河南岸属于上海市雨水排水水系分片的淀北片，小部分区域在苏州河北岸属于上海市雨水排水水系分片的嘉宝北片，区域范围内南北向河道主要有北横泾、蟠龙港、许浦港、新角浦、华漕港等，东西向河道主要有苏州河、张正浦、南虹河、北虹河、周家浜等。

为及时应对近年来日益严峻的气候极端变化、城市暴雨频发等水淹内涝形势，2017年，闵行区新虹街道水务站完成了虹桥商务区智能防汛监控平台建设，见图2-61。整个系统建设运用了"云计算、大数据、物联网、工业控制、WEBGIS"等现代信息技术，建成了科学、高效的虹桥商务区防汛指挥调度和防汛决策信息系统，汇集整合了下立交积水、台风路径等行业数据，并能够通过无线网络实现对辖区范围内各泵站运行情况、现场视频的远程控制，有效掌握相关汛情、灾情，及时处置各类突发事件。通过该系统，短时内即能指挥调度移动泵车和抢险队员抵达积水现场，开展抢险作业，以"智能化、精细化"系统筑起了虹桥商务区防汛新屏障。

智能防汛监控平台建成后，同步开发了手机APP，一线防汛干部可以随时随地查看汛情变化，为灾害抢险指挥、调度、决策、处置提供有效支撑。智能防汛监控平台手机APP界面如图2-62所示，图中显示绿色为正常状态，红色则代表有积水，为超警戒状态。

目前，虹桥商务区防汛监控系统集成整合了市气象局、市水文站、区水文站及市城投水务公司、市排水公司、区排水所等市、区两级水务部门40座泵站、60个雨量监测点、28个河道水位监测点、15

图 2-61 智能防汛监控平台

图 2-62 智能防汛监控平台手机 APP 界面

座水闸工况数据。实现了虹桥商务区范围内 12 座下立交道路积水的实时监测、监控以及 2 座下立交泵站和 3 座排涝泵站、5 座水动力装置、1 座曝气装置的远程控制。虹桥商务区防汛排水设施分布图见图 2-63。

图 2-63　虹桥商务区防汛排水设施分布图

虹桥商务区防洪排涝系统建有 6 座雨水泵站、一座污水泵站。服务范围东起虹桥机场西侧，西至北横泾，南起沪青平公路，北至吴淞江。共包括 8 个雨水系统，覆盖范围 13km²。

泵站维护运行班组属下 7 座泵站运用 VPN 实现远程监控管理模式。监控中心设立在虹桥商务区 4 号雨水泵站内，并对 7 座泵站进行可监可控，原则上设备的操作由监控中心完成，同时排水公司市南防汛分中心也可对 7 座泵站进行运行状态的监控，泵站监控系统界面见图 2-64。

泵站设有规定的水位高度，当水位超出规定值时，该泵站负责人将会与上级反映，确定后再开闸放水调蓄。每个泵站都建有初期雨水弃流系统，为本系统特色之一。下雨时，初期雨水水质较差，通过系

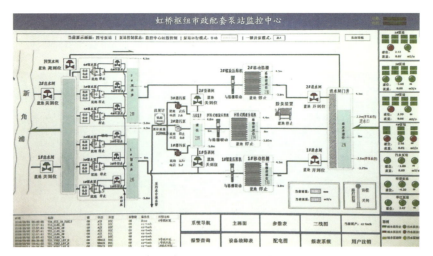

图 2-64　泵站监控系统

统自动控制，将初期雨水通过泵组排至市政污水管网，后续雨水则排入相应雨水管网或排入河中，减少了对市政雨水管网污染负荷和对河道水质的影响。

泵站还安装了先进的漂浮垃圾收集系统，可拦截体积较小的垃圾及浮沫，较大体积的垃圾则由格栅进行拦截，见图 2-65 和图 2-66。

图 2-65　虹桥枢纽 4 号泵站垃圾截留系统

图 2-66　虹桥枢纽 4 号泵站漂浮垃圾截留系统

为了保持周围环境整洁，防止不良气味逸出，泵站内还设置了除臭装置，见图 2-67。

2.6.2　虹桥商务区综合指挥平台

2013 年 7 月，上海市人民政府明确虹桥综合交通枢纽为上海市市级基层应急管理单元，虹桥商务区管委会作为牵头单位，负责枢纽运行管理和应急协调工作。应急响应中心是经市人民政府批准的，隶属于虹桥商务区管委会的事业单位，主要承担与虹桥枢纽各运营管理单位应急管理的日常衔接工作，承担虹桥枢纽应急工作的日常值守、信息共享、应急联动、综合协调和指挥平台等职责。

为提升枢纽应急信息系统水平，确保 2018 年首届进博会服务保障及枢纽应急值守处置工作，经与市发展改革委、申虹公司等方面沟通协调，虹桥商务区于 2018 年 9 月份完成了新建综合指挥平台建设

图 2-67　虹桥枢纽 4 号泵站除臭装置

项目，包含了综合应急指挥响应系统、应急视频采集与监控系统、融合通信管理系统等。

新建综合指挥平台实现了画面更清、信息更全、处理智能、解读直观的效果，它在原有 158 路模拟视频信号保持接入的基础上，新增了机场、高铁、轨交、长途、公交等高清视频的接入。平台可通过软件接口获取机场航班、火车列次的实时数据信息，并将信息获取方式进一步升级，通过关联分析等数据手段，对客流数据进行分析及趋势预测，在预案管理、辅助决策等方面更为智能。同时平台开发了多种呈现模式，将枢纽客流数据、各交通方式所占比例、重点区域视频等信息综合显示，可通过数据、图表、视频等多种方式直观地对枢纽运行情况进行解读。

2018 年 11 月，首届中国国际进口博览会在国家会展中心举办，上海市人民政府在虹桥商务区管委会设立"城市运行保障指挥平台"，市领导和相关部门进驻指挥保障，协调市公安局、市交通委、市环保局、市气象局、燃气公司等单位，做好了公安、交通、环保、水务、气象、燃气等视频系统的接入，完成了城市运行综合信息平台的搭建，将此平台作为市领导和相关部门靠前服务保障进博会、指挥协调城市运行的重要平台。平台在此期间应做好数据的采集、汇总、上报等工作，对通信部门获取的会展中心人流数据进行采集、汇总、报送，协调铁路、航空、地铁等部门提供数据并进行汇总分析。

虹桥商务区综合指挥平台全面接入公安、交通、环保、水务、气象等实时视频及数据信息，同时加强信息收集，尤其是即时事件和预警事件信息，通过视频全覆盖（管理手段结合技术手段）技术，可实现事件管理、预案管理、应急响应管理、评估管理等功能，为虹桥枢纽安全有序运行提供信息技术及分析决策支撑。见图 2-68。

在 2019 年春节期间，虹桥枢纽总客流达到 4344.19 万人次。为应对节后到达大客流，管委会依据应急预案，启动枢纽大客流应急预案Ⅰ级响应 2 次，Ⅱ级响应 2 次，Ⅲ级响应 3 次，协调交通、公安等部门共同做好旅客疏散等应急保障工作。

2019 年进博会召开期间，虹桥商务区管委会、市公安局、市交通委、市住建委、市应急局、市绿化市容局、市水务局、市环保局、市气象局、市通信管理局等近 20 家单位入驻指挥平台，靠前服务保障、协调指挥进博会期间城市运行相关工作。指挥平台密切关注国家会展中心周边地铁站点、人行天桥、地下通道、停车场等人流、车流密集区域的引导疏散及虹桥枢纽运行情况，建立了集中办公、现场协调、信息报送、每日例会、工作简报等机制，强化信息互通、快速协同应对。一个个数据在这里汇

图 2-68　综合应急指挥调度现场图

总、报送,第一时间接收分析、组织处理发现的问题。从 11 月 4 日各单位入驻、平台开始运行,到 11 月 10 日进博会圆满结束,10 多个部门 7 天的日日夜夜的默默坚守,为进博会城市运行服务保障工作画上圆满的句号。

2.6.3 新虹网格化管控中心

虹桥商务区新虹网格化管控中心作为闵行区新虹街道的管理服务部门,在进博会服务保障、"创全"、美丽街区等工作上,按照城市精细化管理"三全四化"的工作要求,主动对标"双最",创新开展"微网格"工作模式,以夯实前端管理、强化部门联动、加强培训和考核监督为手段,开展系列环境综合整治和治理,实现辖区内村居、道路街面"美丽"全覆盖,进一步提升城市智慧化精细化管理水平,全力打造环境一流的虹桥商务区。

虹桥商务区新虹网格化管控中心划分为 22 个微网格,对商务区核心区进行网格化管理。管控中心设有 200 多个治安高清探头,可实时监控商务区内的相关区域。管控中心巡查员发现问题后,可通过手机终端上报相应部门处理,并要求其在规定的工作日内完成。相关部门处理后,经巡查员现场确认,最终处理结果上传区网格化管控中心。新虹城市网格综合管理中心平台见图 2-69。

图 2-69　新虹城市网格综合管理中心监控页面

管控中心管理模式如下:

(1) 22 个"微网格"沉底到边,实现无缝隙式全天候全覆盖

管控中心可实现对新虹街道的无缝隙式全天候全覆盖管控,覆盖面积 19.26km^2,涵盖道路 54 条、商铺 500 余家,南北侧为主要居住生活区域,中部为虹桥综合交通枢纽和商务楼宇。

新虹街道有南、北、中三大街面网格,以 20min 步巡范围划分 22 个"微网格"。管控中心依托城管执法和市容、绿化、养护、环卫、交通等各方管理养护力量,对街面 3 类 11 项案件进行全天候巡查处置,特别针对"六乱一跨"(乱设摊、乱堆物、乱拉挂、乱晾晒、乱发宣传品、乱停非机动车、跨门营业)问题,形成城市管理"最小作战单元",实现小网格内"信息采集、任务派遣、任务处置、核查结案、考核评价"的五步闭环流程。

管控中心充分发挥基层党建引领下的"四位一体"自治功能，进一步明确以居村书记为第一责任人，明晰网格巡查员的工作职责和任务清单，深化居村前端管理，完善前端发现机制，做到积极预防、按时巡查、快速处置，实现"应发现、尽发现"。

管控中心实行"2+X"联勤工作机制，街道各职能部门、单位对辖区重点、难点和存量案件进行联动执法，给予居村网格、街面微网格及时力量支持，提高按时办结率和实际解决率，提升群众满意度，确保"微网格"无缝隙覆盖街道各个角落，"兜"起街道大小事。

（2）"市容管理＋综合养护"一体化，形成"大市容"格局

新虹街道依托"网格化＋"平台，不断深化城市综合管理一体化工作，推出以"微网格"为抓手的"多位一体"的综合养护及城市网格化巡查的新模式，形成"大市容"管理格局。

以进博会为契机全力提升街区建设管护标准。一方面，新虹网格化管控中心开展街区设施换装升级。重点做好进博会外围进出路段环境综合整治和提升，涉及道路红线至小区红线中间区域的公共绿化、市政设施、小区出入口、商铺停车区域以及小区围墙、工地围挡、房屋外立面、商铺外立面优化等工作。利用无人机、水上巡逻艇、天眼设备等信息生物技术手段，精准掌握水域环境动态情况，开展河道整治；通过建设观机长廊、樱花步道、亲水平台等"水上十景"，打造靓丽"水名片"。另一方面，新虹网格化管控中心着力提高综合养护标准。道路保洁上，从一级标准提高到特级标准，通过升级作业设备、延长作业时间，提高作业效率，逐步达到街面道路可席地而坐的管理目标；绿化养护上，虹桥商务区核心区域按照一级养护标准执行，其余区域按照二级养护标准执行，核心区域养护日常巡查1天全覆盖，其他区域3天全覆盖。

全力打造非机动车规范停放区。新虹街道秉承"规范服务、精细管理"的管理理念，依托网格化＋管理平台，以非机动车车辆分类管理与整治为手段，在核心区地上设置"禁停示范区"，充分挖掘高架旁、地下非机动车停放空间，加大自治共治力度，着力化解辖区非机动车乱象的同时，方便辖区群众、商务区工作人员停放非机动车辆。

规范重点进出路段沿线区域店招店牌。按照"控量、规范、美观、实用"原则，新虹街道依托管控中心全面整治各类乱贴乱画、一门多牌、有碍观瞻的广告和门店牌匾，规范管理沿街门店牌匾和户外广告，达到"规格统一、制作精良、美观大方"标准。

新虹街道落实定人定岗巡查制度，加强城管、管理公司等人员固守和巡查，形成长效监管态势，有效解决市场周边乱设摊等顽疾；对擅自占用城市道路停放卸货的行为，联合交警持续开展联合整治行动；定期组织养护力量开展路面清理保洁工作。管控中心为该项工作提供了强有力的支持，实时监控相关工作的开展。

（3）配套制度保驾护航，促进管理常态长效

新虹街道根据"五级治理"时总路段长、路段长、"路管会"、市场化管理公司、网格巡查员五个层面构成的治理架构，建立3条自治共治商业街，成立苏虹路（申虹路—申长路段）、天山西路（申滨南路—申长路段）、建虹路（泰虹路—兴虹路段）路管会，一条自治管理美食街（万科时一区）；对外公示组织架构、自律经营商户、执法管理力量、工作职责、网格管理事项和监督电话等内容，充分发挥社会各界监督、引导和服务作用，促进社会协同参与多元化，形成"人人参与街面管理"的良好氛围。

按照分类分层的原则，开展全覆盖精细化管理培训，建成华翔绿地城市精细化管理实训基地，同时设计制作城市管理"负面清单""可视化模型教学""标准化操作手册"等手段，确保一线作业人员全面

掌握各项管理业务。组织城管中队、市容管理公司、市政养护公司、网格中心等开展关于城市市政道路和设施养护、排水管道养护服务、城市绿化养护、环卫清扫作业服务、城市市容保障服务、违法用地控制和违法施工管理服务、安全生产管理服务、环境保护服务等八类专项培训，为加强城市精细化管理提供专业人力保障。

通过加强考核、督查和问责等手段完善绩效评价。在考核方式上，对各类街区管理问题，核实后参照市容管理"月考、月兑、月付"考核办法，扣除相应考核奖励。在结果运用上，加强对居村、物业等部门的考核，考核得分与年终奖励、物业管理经费等直接挂钩；对派驻执法人员采取手机微信扫码定位的方式，进行实时电子签到，对违反纪律造成不良影响的，追究当事人责任；对各职能部门未按要求处置的案件，经核实后交由街道监察部门约谈，处理结果纳入年度考核。

在管控中心的智能监控技术支持下，新虹街道根据完善的配套制度对该区域进行了监管，确保了新虹街道各项措施能够真正地落地，同时也保障了虹桥商务区良好环境的营造。

2.6.4 其他智慧运营设施

（1）信息通信服务设施

在虹桥商务区的规划建设中，信息通信基础设施的规划不仅先行而且先进。核心区内共新增建设15座宏基站，其中3个楼顶站，12个落地站，均于2016年上半年开通，具体位于虹桥商务区核心区西交通中心、04地块、08地块、北11地块、公共绿地（2个）、05地块、03北地块、南01地块、南04地块、北02地块、北06地块、北08地块、北13地块、北05地块等区域，通信信号基本覆盖了整个虹桥商务区主功能区区域，宏基站均已完成验收。

另外，根据《上海虹桥商务区智慧城区（地块与建筑）建设导则》，虹桥商务区要建设光纤宽带网络，实现"千兆进户，万兆到楼"，满足虹桥商务区信息通信服务需求。所以各地块均可实现100%的光纤接入，居民光纤到户率为100%。

在5G建设方面，虹桥商务区是上海5G"落子"的开始，区域自2018年起开始积极推进Wi-Fi全覆盖和5G试点工作。2018年4月，虹桥商务区与中国电信上海分公司联手打造长三角最大规模的5G组网建设示范区域和国内首个"5G示范商务区"，双方将合作推进5G示范网络建设，共同致力于在虹桥商务区内建设新网络、搭建新平台、开展新业务，见图2-70。如今，虹桥商务区内的虹桥火车站和国家会展中心均已布点5G。2018年首届国际进口博览会期间，虹桥火车站已部署5G基站，通过将5G信号转换为Wi-Fi信号，实现5G上网，现场可流畅收看8K高清视频节目。

进博会期间，中国电信上海公司在主会场、新闻中心、国家馆、消费电子及家电馆、智能及高端装备馆等主要场馆都建设了5G基站，可满足记者使用5G实时直播进博会。同时，在电信5G网络的支持下，诺基亚、英特尔等展商的5G+AI（人工智能）、人脸识别、5G+云游戏和5G+720°VR直播等也得到了酷炫地展示。

在推动5G网络建设的同时，虹桥商务区将推动核心区公共区域Wi-Fi全覆盖，引入超大链接和超大带宽的Wi-Fi设备，同时挖掘基于Wi-Fi技术的LBS服务（位置服务），为公众提供带宽高速、服务多元的公共Wi-Fi，推动商务区率先部署"物联、数联、智联"三位一体的城域物联专网组网建设。

（2）虹桥商务区·新型城域物联专网智慧信息平台

2018年10月，虹桥商务区新型城域物联专网智慧信息平台上线，平台见图2-71。在进博会期间，

图 2-70　虹桥商务区建设"全国首个 5G 示范商务区"

图 2-71　虹桥商务区新型城域物联专网智慧信息平台

虹桥商务区迎来了世界各地的重要来宾，作为上海的窗口，虹桥商务区肩负着各项重要的管理工作。该平台采用世界最先进的城市 3D 立体建模技术、物联感应呈现技术、大数据采集处理分析技术和多平台多功能融合呈现技术，将各类物联数据以丰富的图表形式呈现，并与虹桥商务区的城市精细化管理模式相结合，利用可视化的城市仪表盘，为场馆及周边区域的市容市貌整治提供专网保障和数据支撑，从而帮助各部门更有效的管理辖区，更好地发挥商务区大脑的作用。

项目目前已完成虹桥商务区核心区域内近 40 幢商务楼、18 条街道和 19 条地下通道的全面覆盖。完成包括空气质量、噪声、水质、视频监控等 13 类近万个物联网监测传感器设备的安装，同时对接了辖区内重要的消防、交通和各重点停车场数据，完成项目辖区内无线 4G 专网和物联网的全覆盖。该平台将上述数据进行处理和分析，以实现智慧虹桥的精细化管理。

项目计划于"十三五"末扩展到 21.6km²，为虹桥商务区提供更多精细化管理数据，三期将拓展到

86.6km², 并完成多部门、多平台的融合，真正实现信息资源的共享，助力虹桥商务区建设舒适、安全、便捷、高效的，宜商、宜业、宜文、宜游的工作环境和生活环境。

（3）无人便利店

2018年10月，国内机场首家无人便利店——"云拿无感支付人工智能便利店"虹桥机场店盛大开业，见图2-72。为建设"智慧+精品"的空港贡献一份科技力量。该便利店开业后，将为每年约4191万出行旅客提供智慧商旅出行购物体验，即拿即走，无感支付。

图2-72　虹桥机场云拿无人便利店

该便利店是国内机场首家无人便利店，不仅集合了云拿科技最先进的计算机视觉技术，更基于计算机视觉、深度学习和传感器融合，通过对购物者生物特征的有效辨识，以及通过对商品特征的多维度智能分析判定商品状态，有效解决了无人零售业最为棘手的货物盗损和遮挡等问题。

虹桥机场旅客在店内可现场体验智能购物模式。用户们只需要拿自己的手机扫码进店，随意挑选自己喜欢的商品后，直接走出商店即完成了购物全过程，其人工智能技术会自动完成扣款，并把用户的购物明细即时发送到其手机上。该便利店是一个不需要收银员、不需要用现金、拿了商品即走、出门自动结算的无感支付黑科技商店。

无人便利店通过人工智能技术能够为大人流场景提供不需要排队购物和付款的高效、完美的购物体验。通过人工智能技术在零售场所的应用，商店工作人员将不再为简单机械的收银工作而烦恼，腾出手来的工作人员可以为顾客提供全方位和更加细致的服务。而顾客们更不需要消费自己宝贵的时间排队等待结算，人工智能技术可自动完成结算。

2019年在虹桥丽宝广场内也开设了虹桥商务区核心区重点区域的第一家无人便利店——云拿无人便利店，见图2-73。丽宝广场云拿无人便利店是基于自有AI智慧零售方案并结合商街场景特点、融合梵高主题的特色型AI智慧型无人便利零售店。顾客只需扫码进入店，拿取想要购买的商品，直接出店即可完成结账付款，省去繁杂、冗长的购物流程，为都市生活提供一种差异化、个性化、场景化的方便快捷、省时省力的购物体验。

丽宝广场云拿无人便利店，通过全球领先的计算机视觉、机器学习等多种AI感融合技术，精准识别顾客购物行为，分析商品信息与动态，无感支付系统准确快速的自动完成商品结算并发送消费清单到顾客手机终端，丽宝广场云拿无人便利店内景图见图2-74。

图 2-73　丽宝广场云拿无人便利店

图 2-74　丽宝广场云拿无人便利店内景

（4）人脸识别

上海虹桥国际机场于 2018 年推出了中国首个使用人脸识别技术自助乘机通关系统，见图 2-75。虹桥 1 号航站楼经过三年多改造已全部完工，已于 2018 年 10 月 15 日起全面投用，在新改造的上海虹桥国际机场 1 号航站楼 B 楼，旅客扫描身份证或手机值机二维码，结合人脸识别等程序，便可自助完成

图 2-75　人脸识别技术自助乘机通关系统

从到达机场至登机的全程。

自助安检通过数据分析、肖像比对、自行通过，大幅提高安检的效率，基本 12 秒就可以完成一个人安检。旅客对自助设备的使用率越来越高，越来越多的旅客都可以体验这种自助便利性。

2.6.5 小结

智慧城区与绿色低碳城区既有区别，也有联系，更互为补充。虹桥商务区智慧城区的建设，为绿色生态城区的发展提供了技术支撑，增添了一道亮丽的风景。

2.7 生态环境

2.7.1 屋顶绿化

由于虹桥商务区地处虹桥机场的航空控制区内，建筑高度限高 43m，避免了建筑群之间屋顶相互遮挡的不利条件，为整个区域的建筑群屋顶采用屋顶绿化提供了有利的技术条件。为此，虹桥商务区管委会与市绿化市容局打破常规，明确对符合条件的核心区一期建筑，屋顶绿化可以 50% 折算为地块绿化面积，将核心区一期打造成了全面覆盖、错落有致、独具特色的屋顶绿化示范区。

上海市委书记李强同志在虹桥商务区调研时指出，要加强虹桥商务区“精细化管理”，打造城市“第五立面”。为此，虹桥商务区管委会专题研究商务区核心区南北片区屋顶绿化的提升工作，并提出要对标最高标准、最高水平推进工作，打造商务区城市的第五立面。

根据市领导要求，本着集约节约利用土地的原则，虹桥商务区管委会采取各种措施，全力推进南北片区屋顶绿化建设。在政策设计方面，虹桥商务区管委会于 2018 年 2 月发布《关于进一步加强虹桥商务区屋面绿化建设管理工作的有关通知》和《虹桥商务区核心区屋顶绿化景观提升实施方案》，要求建设项目在送审项目配套绿化方案时，应同时附有屋面绿化设计方案。在施工管理方面，建设项目在进行屋面绿化施工时，应选择既具有绿化施工资质，又具有屋面绿化施工经验的队伍进行施工，切实强化施工质监管理；在竣工验收阶段，对建设项目屋面绿化进行专项验收；在投入使用后，建设单位对屋面绿化的养护建立了长效管理机制，各运营单位确保屋面绿化的有效维护；同时鼓励除核心区以外的既有建筑实施屋面绿化。在专项资金方面，虹桥商务区管委会制定并发布了《上海虹桥商务区屋面绿化示范项目扶持资金申报指南》（图 2-76），对实施屋面绿化且未折算增加公共绿地面积的项目（核心区一期除外）给予低碳实践区建设专项发展资金支持。

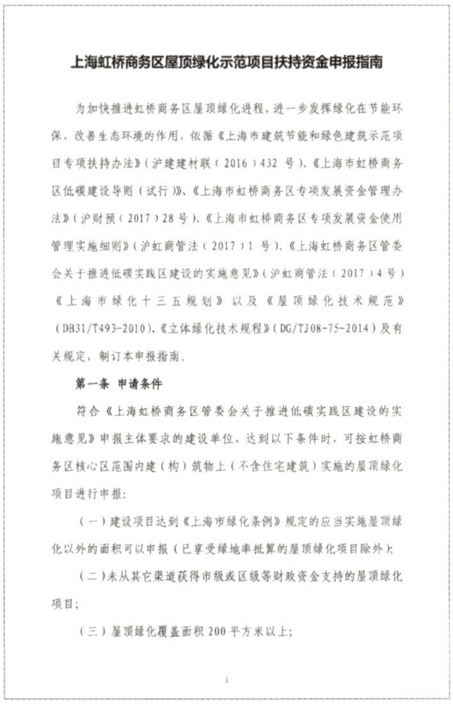

上海虹桥商务区屋顶绿化示范项目扶持资金申报指南

为加快推进虹桥商务区屋顶绿化进程，进一步发挥绿化在节能环保、改善生态环境的作用，依循《上海市建筑节能和绿色建筑示范项目专项扶持办法》（沪建建材联（2016）432 号）、《上海市虹桥商务区低碳建设导则（试行）》、《上海市虹桥商务区专项发展资金管理办法》（沪财预（2017）28 号）、《上海市虹桥商务区专项发展资金使用管理实施细则》（沪虹商管法（2017）1 号）、《上海虹桥商务区管委会关于推进低碳实践区建设的实施意见》（沪虹商管法（2017）4 号）《上海市绿化十三五规划》以及《屋顶绿化技术规范》（DB31/T493-2010）、《立体绿化技术规程》（DG/TJ08-75-2014）及有关规定，制订本申报指南.

第一条 申请条件

符合《上海虹桥商务区管委会关于推进低碳实践区建设的实施意见》申报主体要求的建设单位，达到以下条件时，可按虹桥商务区核心区范围内建（构）筑物上（不含住宅建筑）实施的屋顶绿化项目进行申报:

（一）建设项目达到《上海市绿化条例》规定的应当实施屋顶绿化以外的面积可以申报（已享受绿地率抵算的屋顶绿化项目除外）;

（二）未从其它渠道获得市级或区级等财政资金支持的屋顶绿化项目;

（三）屋顶绿化覆盖面积 200 平方米以上;

1

图 2-76 上海虹桥商务区屋面绿化示范项目扶持资金申报指南

截至 2018 年底，虹桥商务区核心区建筑实施屋顶绿化面积约 18.74 万 m^2，占整个核心区屋面面积的 50% 左右，其中商务区核心区一期屋面绿化面积现状是 96781.64m²，占核心区一期屋面面积的 50% 以上；南北片区屋顶绿化经改造提升后，屋顶绿化面积达到 90682.5m²，占南北片区屋面面积的 43%。由于虹桥商务区地处航空控制区域，且受上海台风、雨季影响，屋顶绿化以低乔为主，包括玉兰、龙爪槐、榆树、枣树、樱花、桂树、山楂等十余个品种。实施屋顶绿化后，不仅大大节约了有限的土地资源，实现了土地的集约利用，还提高了屋顶围护结构保温隔热的热工性能，为员工提供了休憩娱乐场所，而且提升了生态环境质量，增加了飞机起升降落时的观感效果，形成了虹桥商务区独具特色的第五立面，为虹桥商区的减碳、固碳起到了一定的效果。部分项目屋顶绿化实景图见图 2-77。

图 2-77　部分项目屋顶绿化实景图

2.7.2　河道水系

虹桥商务区范围内的水系布局为"四纵三横"，四纵即蟠龙港—小涞港、新角浦、许浦、规划外环西河，见图 2-78；三横即北横泾—张正浦、规划一号河、规划二号河。规划河道中主干河共有 6 条，即北横泾、蟠龙港、华漕港、张正浦、新角浦、规划二号河；次干河 3 条，即周家浜、许浦港、外环西河；支河 10 条，包括机场河、绥宁河、许渔河、南渔浦支流、南渔浦、午潮港、北夏家浜、夏家浜、南夏家浜、张泾港。其中虹桥商务区内主要水系为北横泾，从北至南流经北片区、核心区与南片区，此外还有周家浜、张正浦、华漕港、许浦港等，见图 2-79。

上海围绕"2019 年劣 V 类水体比例控制在 12% 以内"的工作目标，深入落实水污染防治行动计划、第七轮环保三年行动计划、"清水行动"计划，积极采用人工增氧、人工湿地、生态浮岛等科技手段，逐步修复受损水生态系统。

图 2-78　虹桥商务区水系布局

图 2-79　北横泾水域范围

为推进虹桥商务区河道综合整治，确保水质提升、建设宜人景观，水务部门联动各方，事先摸清河道底数，梳理出虹桥商务区 86km² 内的河道数量，开出河道养护单位、河长"两张清单"，落实河道整治和长效管理责任，推进实施河道整治、景观提升、水质提升等水环境综合整治工程；并委托专业第三方养护单位每月开展一次专项检查，及时将该段河道的管护问题反馈给相关区负责人。河道整治内容包括河道疏浚、清淤和 L 形挡墙和浆砌块石挡墙护岸等，有效地改善了河道风貌和水质。

"河长制"是指由各级党政一把手担任"河长"，负责辖区河湖保护管理和污染治理的制度。新虹街道通过积极推进河长巡河工作，对街道河道情况全面排查，排摸河道存在的各类风险，制定出符合街道实际的"一河一策"，为河道整治及景观提升制定了长远计划。

2017 年 5 月，新虹街道制定了"河长"名单并制定了"河长制"实施方案，河长公示牌完成 26 块。新虹街道辖区内共有河道 25 条段（含区级河道 2 条）。

随着新虹街道将"河长制"深入落实到"城市网络化管理"中，水务工作实现了"前端自治＋后端公治"，河道保洁、设施损坏、违法排污、擅自填河、违章搭建等问题都能得到了及时的改善。

在"河长制"的推进下，虹桥商务区内 25 条河道均得到了不同程度的治理。目前，北横泾、张正浦和华漕港河道整治工程已经结束，其他河道水体经过多年的整治有了较大的改观，水质处理前后河道图见图 2-80 和图 2-81。在虹桥商务区管委会的推进及"河长制"的管理下，虹桥商务区的水体水质总体可达到我国《地表水环境质量标准》GB 3838 规定的 Ⅵ 类。

同时，小涞港河、北横泾、南虹港观机长廊、华翔绿地水上运动基地、北横泾航华段等均建成为景观河道，形成了虹桥商务区"十大水景"，供当地居民游玩观赏。华翔绿地景观河道见图 2-82。

虹桥商务区"十大水景"是根据《虹桥商务区景观水系提升设想》，结合虹桥商务区河道功能达标完善和景观提升改造工程，围绕"亲和社区""科技商务""郊野湿地""旅游观光"等主题，建成的包括

图 2-80　水质处理前河道

图 2-81　水质处理后河道

图 2-82　华翔绿地景观河道

小涞港教堂景观段、南虹港观机长廊、张正浦亲水公园等水陆两栖的亲民活动水系。虹桥商务区"十大水景"由南片和北片两部分构成，其中，小涞港国家会展段（一期）、小涞港教堂景观段（二期）、南虹港观机长廊、华翔绿地水上运动基地、北横泾航华段属于南片区域；北横泾虹桥商务区段、北横泾爱博家园段、张正浦亲水公园、小涞港红星段（五期）、新家弄湖泊郊野湿地属于北片区域。小涞港教堂景观段，即小涞港二期工程，总长 2.9km，将依托历史文物建筑，实施小涞港综合整治，逐步完善公共绿地建设，提供市民休憩场所；南虹港观机长廊将为居民提供水陆两栖观看飞机的场所，建岸上步道与平台、水中木栈道，将虹桥机场的历史、飞机的起源与水系景观有机结合，寓教于乐；北横泾航华段通过亲水平台建设，使居民贴近水、珍惜水、保护水，将集中种植有季节特色的河道绿化，"变身"樱花大道和四季绿廊。

2.7.3 景观绿化

（1）主功能区滨河及绿地景观迎宾绿地工程

迎宾绿地工程东至高铁用地，西南至新角浦、申长路和申贵路，北至建虹路，由5个地块组成，总用地面积为112697m²，项目建设内容包含51837m²公共绿地用地范围内的景观绿化、配套建筑、小品以及60860m²防护绿地用地，总投资约3.1亿元。迎宾绿地以都市生态绿地为主题，重点体现生态效益，根据区域特征，通过植物、铺装、小品、设施等景观元素，突出不同功能城市公共空间的景观特色，利用合理的植物群落形成天然生态屏障，改善交通枢纽对城市环境的不利影响，塑造商务区别具特色的生态景观，满足周边人群休闲休息需求，极大地提高了商务区的绿化水平和环境品质，见图2-83。

图 2-83　主功能区滨河及绿地景观迎宾绿地工程

未来，虹桥商务区管委会还将运用更多现代化科技元素展现"特智慧"概念，突出主题，推进迎宾绿地的"智慧"功能进一步提升。

（2）核心区一期公共绿地

核心区一期公共绿地工程规划范围为北至扬虹路，南至建虹路，西至北横泾，东至申虹路，总规划用地面积96865m²，工程内容主要包括以上区域范围内所涉及的竖向、绿化、养护道路、游步道及广场铺装等。该工程的建设可以改善环境质量，起到消除粉尘废气、阻隔噪声的作用。通过虹桥商务区核心区一期公共绿地的建设，还可塑造大量的公共绿地缓解商务区热岛效应，为核心区的商务人士提供一系列开敞、自然的生态氧吧。

（3）华翔、天麓、云霞绿地

华翔、天麓、云霞绿地的建设是虹桥商务区建设的一部分，属于重大基础设施和公益性项目。三大绿地的建成大大提升了整个虹桥区域的对外形象，也为虹桥商务区地区的公共开放空间建设打下基础，产生了显著的社会效益、环境效益和经济效益。华翔绿地见图2-84，云霞绿地见图2-85，天麓绿地见图2-86。

图2-84　华翔绿地

图2-85　云霞绿地

图2-86　天麓绿地

三大绿地和建筑模仿了典型的江南水城的尺度和肌理，以水系为纽带，将大小组合的绿色空间、建筑和广场联系在同一个系统中，构建具有"景观观赏、休闲健身、文化娱乐、公共服务等多功能为一体的综合型城市公共绿地"。根据基地有河道围和的岛状肌理，将基地内的绿色空间与建筑形成有机的整体，二者的关系协调共生，商务建筑不仅建在绿地边，而且和绿色空间融合，形成具有江南水乡特色的现代化城市滨水空间。

三个绿地公园的建设改善了上海城市环境质量、增加了城市绿地面积、提升了当地的环境质量和居民生活质量。绿地公园对污染物具有净化作用，促使城市环境质量达到洁净、舒适、优美、安全的要求。

（4）公共绿地的认建认养政策

社会开发企业对项目周边公共绿地的绿化品质需求高与政府对公共绿地建设投入有限的矛盾，某种程度上影响了开发企业招商引资、招商引企。为妥善处理这一矛盾，虹桥商务区管委会积极探索政府投资与社会投资的合作建设模式，充分发挥开发企业资金优势和建设管理经验，鼓励支持开发企业认建认养公共绿地，实现了环境效益与经济效益的"双赢"，进一步提升了商务区环境品质。

①虹桥商务区核心区南北片区公共绿地认建认养情况

核心区南北片区公共绿地项目作为商务区核心区南北片区配套工程，对于构建绿色商务环境，打造环境友好、功能复合的高品质商务区，有着极其重要的意义。该片区占地面积约 15.17hm^2，工程建设内容包括景观绿化、公共厕所、硬质小品、土方造型、电器照明、给水排水工程等，项目共分为 29 个地块，其中有相当部分的绿地面积涉及多个地块开发商所处位置，公共绿地项目建设主体为上海申虹投资发展有限公司（商务区核心区基础配套工程代建单位）。

在公共绿地项目建议书编制期间，部分开发企业希望能够参与公共绿地的建设，使之与地块开发项目的整体设计风格相协调，从而进一步提升绿地品质、美化区域环境，为企业招商、项目运营创造更好环境。为此，虹桥商务区管委会多次与项目代建单位和开发企业沟通、协调，并征询相关部门意见后，采取了开发企业认建认养的模式建设公共绿地。

开发企业认建认养公共绿地模式，就是代建单位为项目主体、社会开发企业为建设主体，开发企业按照审核批准的方案，以高于政府投资标准建设公共绿地，并对其认建的公共绿地按照行业主管部门的要求进行一定年限的养护和管理，绿地的所有权属政府，建成后必须向社会开放；项目验收通过并在认养期满后给予开发企业一定的政府补贴。虹桥商务区核心区南北片区公共绿化认建认养分布见图 2-87。

通过统一规划设计，政府投资，开发商认建认养，提升了绿地品质。其中申虹路（润虹路—扬虹路）道路全长约 500m，路面宽度约 25m，两侧的人行道宽度各约为 4.5m，行道树之间用人行道绿带连接。道路隔离带内以美国紫薇为主，以樱花、桂花等花灌木及红叶石楠、金森女贞、彩叶栀子等色叶绿篱为辅，打造了两季有花、四季有色的绿化特色景观。2019 年 11 月 28 日，申虹路（润虹路—扬虹路）被评为 2019 年上海市绿化特色道路，见图 2-88。

②认建认养公共绿地的意义

一是提高了公共绿地建设标准。按照政府性投资，该公共绿地项目的工程费用标准约为 200 元/m^2。开发企业认建后，根据企业对绿化品质、设计风格的要求，工程费用标准提高到了 500～600 元/m^2，并且在建成后，由开发企业进行一定年限的养护和管理，既提升了区域环境品质，又减少了政府养护管理成本。

二是促进了公共绿地有序推进。公共绿地紧邻社会开发项目，绿地项目实施受各社会开发项目进

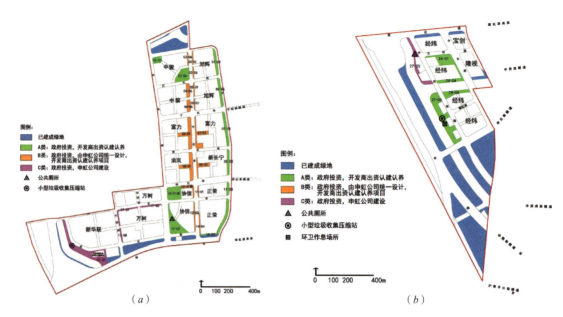

图 2-87　虹桥商务区核心区南北片区公共绿化
（a）北片区；（b）南片区

图 2-88　申虹路（润虹路—扬虹路）公共绿化

度、施工场地等影响，代建单位难以组织开展连续施工，可能会出现因工期延长而增加项目成本的情况。开发企业认建后，可结合自身项目实际进度，自行推进公共绿地的建设，减少了实施过程中的协调工作量，并且能避免因工期延长而增加项目成本。

三是调动了企业参与的积极性。公共绿地作为政府投资项目，开发企业认建认养后，可不通过公开招投标，由开发企业通过其他招投标方式选定项目施工单位，便于开发企业更好的组织实施绿地建设；此外，项目竣工后，以结果为导向，项目代建单位委托第三方对项目的绿化指标和经济指标进行审核，经审核合格并在认养期满后给予政府资金补贴 200 元 $/m^2$，充分调动了开发企业积极性。

③推广运用开发企业认建认养公共绿地的建议

开发企业的合理诉求，政府应积极回应并为开发企业建设、运营创造良好的发展环境，这是服务型政府的内在要求。探索、运用开发企业认建认养的模式建设公共绿地，是政府、企业通过平等的合作、协商、沟通等方式，依法对公共绿地建设运营进行引导和规范，最终实现公共利益最大化的过程。当前，上海正在迈向全球卓越城市的进程中，有必要推广开发企业认建认养公共绿地模式，实施中应把握好以下三个方面：

一是以需求为导向，企业自行选择。开发企业结合地块开发建设、项目招商运营需要，自行决定是否认建认养公共绿地。对于开发企业不愿认建认养的，由项目代建单位推进实施。

二是以企业为主体，明确各自职责。代建单位、开发企业协商沟通后，共同签订《公共绿地认建认养协议书》，明晰各自在履行项目建设管理流程、推进实施、维护管理、移交等方面的职责。政府相关部门作为鉴证方，需明确：公共绿地所有权属政府，开发企业对认建认养的公共绿地只有开发建设和维护管理权，建成后应向社会开放；同时，提出相关管理要求，并根据实际情况批复项目工程可行性研究报告。

三是公共利益至上，管理服务并重。根据"一次立项、总体控制、分块协调、按需实施"的原则，对项目进行审批管理，工程建设行政管理部门或代建单位重点应管好"两头"，即：开工前，对开发企业编制的初步设计（技术、经济指标）进行审批；竣工后，因给予开发企业政府补贴，需对项目绿化指标、经济指标进行审核。同时，建设行政管理部门也应积极协调解决开发企业在公共绿地认建认养过程中遇到的困难和问题，推进公共绿地高品质建设。

2.7.4 小结

生态环境是绿色生态城区建设的重要组成部分。虹桥商务区通过加大屋顶绿化建设，开展河道水系治理、建设"四大绿地"、实施公共绿地"认建认养"等多措并举，营造了天蓝、地绿、水清的良好生态环境，也产生了显著的社会效益和经济效益。

2.8 人文虹桥

"崇人文"为虹桥商务区六大发展理念之一。虹桥商务区绿色低碳实践也注重人文理念建设，区域内配置高标准的教育、医疗、居住、文化等公共服务机构，注重公园、绿化、水系等生态环境和建筑、交通、楼宇等物理形态的和谐统一。同时，虹桥商务区管委会不断加强区域内的绿色低碳理念宣传，使虹桥商务区绿色低碳理念深入人心。

2.8.1 产业发展

虹桥商务区的产业发展以第三产业为主，根据虹桥商务区的功能产业定位，大力发展商贸、会展、总部、研发等经济形态以及生产性服务业，在总体功能布局下，形成若干产业方向明确、产业特征明显的区域。

目前，虹桥商务区 3.7km² 核心区重点区域主要行业分类如下：商贸业占比 30.6%，专业服务业占比 32.78%，生活性服务业占比 27.72%，房地产业占比 4.45%，娱乐业占比 1.92%，广告业占比 1.39%，建筑业占比 0.61%，仓储运输业占比 0.52%。据初步统计，核心区外资总部类企业 24 家，长三角总部类企业 70 余家。其中代表性企业有以下公司：

（1）世界 500 强企业：罗氏、壳牌、大陆集团、丰田汽车、菲亚特克莱斯勒、蒂森克虏伯。

（2）跨国公司总部类企业：格兰富、基恩士、宣伟涂料、梅塞尔、光宝、文晔领科、科施博格、永恒力、西蒙电子、CJ集团、贺尔碧格等。

（3）长三角总部类企业：鱼跃医疗（丹阳/医药、医疗）、宝业集团（绍兴/装配式建筑、建设企业）、新湖中宝（杭州/金融投资、房地产）、神马电力（南通/输电设备制造、新材料研发）、卧龙电气（杭州/智能电气设备）、诚意药业（温州/制药、研发生产）、常州光洋轴承（常州/轴承）、好孩子集团（昆山/儿童系列产品）、爱康富罗纳（张家港/投资、金融）、浙江正裕投资（台州/投资）、富瑞集团（张家港/特种装备）、荣盛国际（杭州/国际贸易）等。

（4）纳税千万元以上企业：罗氏（亿元以上）、利星汽车（亿元以上）、梅塞尔、壳牌、科施博格、光宝、文晔领科、广汽菲克、日泰汽车等。

（5）创新型企业：阿里巴巴（虹桥中心）、神马电力（电力设备安装）、威马汽车（新能源智能汽车）、联陆智能（智能交通、物联网）、游侠汽车（新能源汽车）、唯品会（互联网）等。

2.8.2 服务设施

（1）公益性设施

虹桥商务区设立多处公益性设施，包括文化活动馆、图书馆、文化展示厅、体育中心等，公益性设施开放时间见表2-6。

公益性设施开放时间　　　　　　　　　　　　　　　　表2-6

项目		开放时间	公益性开放时间
文化活动馆	101	周一至周日 8:30～16:30	周一至周日 8:30～16:30
	103	周一至周日 8:30～16:30	周一至周日 8:30～16:30
	107	周一至周日 8:30～16:30	周一至周日 8:30～16:30
	剧场	周一至周五 8:30～16:30	周一至周五 8:30～16:30
	体育指导站	周一至周日 8:30～16:30	周一至周日 8:30～16:30
新虹图书馆		周一 8:30～11:30 周二至周日 8:30～20:30	周一 8:30～11:30 周二至周日 8:30～20:30
昌硕文化中心展示厅		周二至周日 9:00～16:00	周二至周日 9:00～16:00
体育中心	游泳	周一至周日 9:00～21:00	周一至周五 8:00～9:00
	健身房	周一至周日 9:00～21:00	周一至周五 8:00～15:00
	羽毛球	周一至周日 9:00～21:00	周一至周五 8:00～10:00
	乒乓球	周一至周日 9:00～21:00	周一至周五 8:00～10:00
	训练房	周一至周日 9:00～21:00	周一至周五 8:00～9:00 周六 8:00～9:00
新虹书场		周一至周日 12:30～14:30	周一至周日 12:30～14:30
东方信息苑		周一至周五 9:00～17:00	周一至周五 9:00～17:00

（2）养老设施

虹桥商务区新虹敬老院创建于2011年5月，坐落于闵行区润虹路798号。敬老院总建筑面积5592.9m²，占地面积1693.8m²，绿化面积2568.7m²，绿化覆盖率为45%，总投资420万元，目前拥有床位179张。院内1号、2号楼为老年公寓,3号楼为养护区。

老人居室有双人间、多人间,均有独立卫生间,24h提供热水。院内有多功能娱乐厅、棋牌室、阅览室、电脑房、心理咨询室、健身点,丰富多彩的娱乐活动可使老人的生活更加充实。院内有一支专业性强且业务熟练的员工队伍,装备精良的医疗区可随时为老人提供周到服务,药房与医保局联网便于使用医保卡。新虹敬老院是一所融住养、生活护理、医疗保健和文化娱乐为一体的综合型养老机构,为老人提供了幸福的老年生活保障。

(3)就业介绍和技能培训

虹桥商务区为了鼓励就业,制定了就业工作方法,具体内容如下:

1)依托"彩虹课堂"开展各项职介工作

①启航——23名锁定名单已经完成就业;

②招聘会——每月举办多次面试会和招聘会;

③微信平台——线上、线下求职并存的新虹模式,建立中心公众号,每周定期发布招聘岗位,同时通过微博、微信等模式帮助居民第一时间获得岗位信息;

④政策宣传下社区——定期邀请专业指导老师进社区宣讲政策;

⑤送岗上门——通过援助员上门推荐,足不出户就能得到岗位信息;

⑥青年见习——为青年搭建通往岗位的桥梁。

2)以服务企业为目标,走出去开展创业工作

①创业沙龙:通过与虹桥商务区企业扶持中心对接,收集企业信息,利用企业扶持中心搭建的平台不定期开展创业者沙龙活动,邀请创业专家针对创业风险、创业方向、税收政策等方面进行讲解,并与创业者互动交流。

②企业走访:通过与街道、工商等部门的横向合作,定期获得新成立企业的信息,进行上门走访送政策工作。

③横向联动深入企业:联合劳动监察网格员进行宣传资源的发放,达到政策宣传的目的。

3)残疾人就业工作

①政策支持,帮扶就业:根据残疾人员的残疾程度给予就业困难人员身份,增加残疾人员就业竞争力。

②帮助安置残疾人员。

③职业指导,厘清思路:每年以就业援助月为契机,组织参加人员参加职业指导活动,帮助残疾人员明确定位,并在活动现场组织企业进行现场面试及签约,见图2-89。

图2-89 就业指导

2.8.3 学术交流

在虹桥商务区十年的低碳建设过程中，虹桥商务区管委会作为绿色低碳的践行者和推动者，积极参与相关的学术交流，与行业内的专家、开发商等共同探讨如何建设绿色生态城区，分享交流建设过程中的经验，共同推进绿色生态城区的建设。

2015年11月，虹桥商务区管委会与美国绿色建筑委员会举行了战略合作备忘录签约仪式，双方在推进虹桥商务区LEED和WELL认证、绿色建筑、联合研发、教育培训、宣传推介等各方面建立战略合作伙伴关系，见图2-90。本次合作以签订战略合作备忘录为契机，进一步推动虹桥商务区南北片区以及物流片区、申昆路商务区片区等地块建设项目自愿申报、获得LEED绿色建筑和WELL建筑标准认证，推动商务区核心区（一期）区域整体申报LEED绿色认证城区。此次合作有利于推动虹桥商务区绿色低碳建设，有助于提高商务区楼宇建设品质，将虹桥商务区打造成为具备世界水准的商务区。

图2-90 战略合作备忘录签约仪式

2015年同月，虹桥商务区受邀参加了由中国建筑节能协会和上海市绿色建筑协会共同主办的"2015中国上海绿色建筑与建筑节能科技周"活动。作为华东地区最具影响力的绿色建筑与建筑节能展示平台，活动得到了各级政府部门的关心和社会各界的支持。

2016年6月，"上海绿色建筑国际论坛"召开，虹桥商务区管委会党组书记、常务副主任闵师林受邀做主旨演讲（图2-91），他以"虹桥商务区绿色建筑区域化推进实践之路"为题，从虹桥商务区的绿色低碳建设目标、区域规划、绿色建筑和管理措施等多个层面回顾了"十二五"期间虹桥商务区绿色建筑区域化推进的建设成果，并提出商务区"十三五"期间绿色低碳方面的重点工作。

2018年10月，在上海市绿色建筑协会举办的"2018上海国际城市与建筑博览会媒体通气会"上，协会对2017年度上海绿色建筑贡献奖的获奖个人和项目进行了表彰。该奖项是上海市绿色建筑协会为表彰对推动上海绿色建筑做出突出贡献的个人及示范性绿色建筑项目，鼓励积极参与绿色建筑活动，引导上海市绿色建筑工作健康快速发展而设立的奖项。上海虹桥商务区管委会党组书记、常务副主任闵师林荣获"2017年度上海绿色建筑贡献奖"，他在虹桥商务区的建设过程中大力推进绿色建筑，用专业与坚持为绿色建筑行业的发展与推进做出了积极的贡献，见图2-92。

图 2-91 "上海绿色建筑国际论坛"发言

图 2-92 绿色建筑创新奖颁奖

2018年11月,在国家会展中心(上海)举办的2018城博会"绿色生态城区与创新发展"主论坛上,国务院参事、中国城市科学研究会理事长(原住房和城乡建设部副部长)仇保兴专门为上海虹桥商务区核心区颁发了"国家绿色生态城区实施运管标识"证书,这标志着全国首个三星级国家绿色生态城区运营项目在上海诞生,见图2-93。这既是上海的荣誉,也是对上海绿色建筑发展的激励与认可,对上海市绿色生态城区的推进具有里程碑式的意义。上海虹桥商务区管委会党组书记、常务副主任闵师林接受了仇保兴理事长的授牌,并分享了上海虹桥商务区绿色生态城区建设的成功经验,就虹桥商务区绿色低碳建设中的亮点和创新,在规划先行、政策引导、区域集中供能、低碳能效运行管理平台、立体复式慢行交通、屋顶绿化、绿色建筑、绿色施工、共享单车精细化管理等方面进行了详细介绍。

在2018年11月份上海"城博会"活动中,虹桥商务区管委会设置了独立展厅,全面展示了虹桥商务区建设绿色生态城区的经验和成果,包括规划设计、绿色建筑、集中供能、低碳交通等先进理念,对商务区"一个目标,两大功能性项目,三个一体化,四个功能定位,五大优势"的发展战略目标进行全

图 2-93 2018 上海城博会"绿色生态城区与创新发展"主论坛发言和颁奖

方位解读,受到各界人士的广泛关注。

2019 年 4 月,"绿色生态城区建设管理经验及创新发展"论坛在深圳会展中心隆重举行,本次论坛是第十五届"国际绿色建筑与建筑节能大会暨新技术与产品博览会"重要同期活动。虹桥商务区管委会开发建设处刘华伟同志分享了虹桥商务区绿色生态城区的建设管理经验,从绿色生态城区的专项规划与技术策略探索、施工建造、高效信息化运营、绿色交通、政策支持等多个角度分享生态城区建设方面的经验,为我国绿色生态城区高质量发展提供了经验借鉴,见图 2-94。

图 2-94 "绿色生态城区建设管理经验及创新发展"论坛

2019 年 6 月,"全国低碳日·上海主题宣传活动"在虹口区花园坊节能环保产业园举行。上海市生态环保局、各区生态环境部门、市低碳发展示范区、低碳实践区、低碳社区、其他相关社会组织和机构代表出席了本次活动。为了让低碳走进寻常百姓家,让更多的低碳项目可体验、可阅读,虹桥商务区结合本区域特点,将区域内的低碳景点串联起来,将低碳建设与旅游观光有机结合。在"低碳生态之旅"路线图发布环节,由虹桥商务区、长宁虹桥、黄浦外滩—滨江、临港地区等低碳发展示范区和上海世博园区、杨浦滨江南段、上海国际旅游度假区等低碳发展实践区的代表共同启动了"低碳生态之旅"路线，成为"可阅读的城市"中不可或缺的一部分。

虹桥商务区自获得绿色生态城区实施运管标识后，已累计接待了全国几十个省市的生态环保主管部门、管委会、建设主管部门、科研院所等单位的访问交流，产生了良好的社会效应。

2.8.4 绿色生活

为了推广倡导绿色发展理念，虹桥商务区管委会制定了虹桥商务区《绿色生活与消费导则》，其中对于节能、节水、绿色出行、减少垃圾、绿色教育等方面均进行了倡导，并提出了具体的措施和建议，引导城区居民和上班族在生活工作中真正做到绿色生活。

垃圾分类是对垃圾收集处置传统方式的改革，是对垃圾进行有效处置的一种科学管理方法。人们面对日益增长的垃圾产量和环境状况恶化的局面，如何通过垃圾分类管理，最大限度地实现垃圾资源利用，减少垃圾处置量，改善生存环境质量，是当前世界各国共同关注的迫切问题之一。

通过垃圾分类，可以减少占地以及对土地及空气的污染，并且可以充分回收有利用价值的材料。进行垃圾分类收集可以减少垃圾处理量和处理设备，降低处理成本，减少土地资源的消耗，具有社会、经济、生态三方面的效益。

2014年2月，上海市人民政府发布了《上海市促进生活垃圾分类减量办法》（沪府令〔2014〕14号），确定了新的生活垃圾分类标准。该办法的制定和实施意味着上海垃圾分类减量推进工作进入了法制化的新阶段。2019年7月1日，《上海市生活垃圾管理条例》正式实施，生活垃圾按照"可回收物""有害垃圾""湿垃圾""干垃圾"的标准进行分类。未采用垃圾分类和未投放到指定垃圾桶内等行为会被罚款和受到行政处罚。如果个人没有将垃圾分类投放，最高可罚款200元人民币，单位混装混运最高可罚款5万元人民币。

除遵守相应法规条例外，虹桥商务区内的所有绿色建筑还需要满足《绿色建筑评价标准》GB/T 50378中垃圾分类的要求。因此早在《上海市生活垃圾管理条例》实施前，虹桥商务区就已开展了垃圾分类的工作。在进行垃圾回收处理的过程中，对于不同垃圾采用相应的垃圾车进行运输、回收，避免出现"前端分类，运输混合"的做分类无用功的情况，见图2-95。

位于虹桥商务区核心区的项目，在垃圾房中设置了干、湿垃圾及可回收垃圾、有害垃圾分类处理，建

图 2-95 分类垃圾运输车辆

筑垃圾分区堆放，并且设置了垃圾房冲洗管道，保证垃圾房整洁无异味，且垃圾分类制度上墙，见图2-96。

垃圾分类的实施除了条例的强制执行外，通过多途径宣传可以增强人们对于垃圾分类的意识，自主自觉地进行分类。新虹街道企业服务办牵头联合社区服务办、文来实验学校、新虹总工会、科瑞物业、德必文创中心、丰和日丽餐饮，以节能发展结合垃圾分类与城市管理在虹桥绿谷广场开展了"垃圾分类小能手、环境保护靠大家"的中小学生社会实践活动，旨在不断地增强中小学生的资源意识、节能意识和环境意识，活动现场见图2-97。

"垃圾分类就是新时尚"，为推进商务楼宇生活垃圾源头减量工作，进一步优化企业营商环境，建设美丽新虹商务圈，新虹街道阿里工作站分别在阿里中心T2的神鲸空间和富力悦都8号楼举办"做好

图2-96 分类垃圾桶

图2-97 "垃圾分类小能手、环境保护靠大家"活动现场

垃圾分类,优化营商环境"的主题宣传系列活动。工作人员向早高峰上班族们派发活动宣传资料及小礼品,吸引楼宇内各大企业的工作人员前来参与活动。

新虹街道为了向商务楼中的上班族宣传垃圾分类,进行了"四项措施":一是定制了10万个可降解的外卖塑料袋,袋子上印有垃圾分类的宣传内容,送给商户,送外卖时顺便送到工作人员手上;二是用瓷杯去换商务楼里的纸杯,倡导环保;三是针对虹桥商务区每天大约有1万单外卖,定制了一批不锈钢餐具,减少一次性餐具的使用;四是给办公室上班族送印有垃圾分类相关宣传语的布制购物袋,见图2-98和图2-99。

图2-98 印有垃圾分类宣传语的塑料袋

图2-99 定制分类垃圾袋

此外,街道团工委与企业联手,定制了分类垃圾袋。分类垃圾袋在普通垃圾袋基础上进行了加厚,并考虑到湿垃圾的重量,把湿垃圾垃圾袋的厚度增至0.018mm,干垃圾、可回收垃圾、有害垃圾垃圾袋厚度增至0.01mm。垃圾袋盒子上也标明何种垃圾以及应使用何种垃圾袋,用户能够在使用完一盒垃圾袋后,掌握基本垃圾分类的知识,并养成分类垃圾的习惯。

2.8.5 小结

绿色低碳建设不只是建筑形态的,还是人文形态的。虹桥商务区"崇人文"理念的推广,为绿色生态观念的引导和促进起到了良好的渲染作用,也使得绿色生态城区更加"以人为本",提升人民群众的幸福感和满意度。

2.9 综合效益

虹桥商务区作为低碳城区,注重在区域发展过程中的经济发展模式、能源供应、生产和消费模式、技术发展、贸易活动、居民和政府部门的理念和行为全面低碳化,由此带来一系列的碳减排、经济、环境和社会效益。

(1)碳排放和环境效益

2010年7月,上海市建交委、虹桥商务区管委会联合组织编制了《上海市虹桥商务区低碳建设导则

（试行）》，其中提出，虹桥商务区低碳建设的总体目标是较同类商务区 2005 年的碳排放水平减少 45%。同时，在《虹桥商务区低碳实施方案》中提出行动目标：预计到 2015 年，虹桥商务区核心区一期碳减排率达到 30% 左右，远景目标是较同类商务区 2005 年的碳排放水平减少 45%。

参照《中国绿色生态城区规划建设：碳排放评估方法、数据、评价指南》书中的绿色生态城区碳排放评估框架，以活动量乘以排放系数作为测算温室气体排放的基本程式，结合虹桥商务区的现状，把碳排放评估源头按主要政策领域和重要功能划分为 6 大类别（建筑、交通、水资源、废弃物、道路设施、绿色空间），我们对虹桥商务区核心区重点区域（3.7km²）碳排放进行了分类计算。

根据计算结果，建筑碳排放为 34.45 万 t CO_2e/a，交通碳排放为 18.48 万 t CO_2e/a，水资源碳排放为 1.70 万 t CO_2e/a，废弃物碳排放为 5.23 万 t CO_2e/a，道路设施碳排放为 0.21 万 t CO_2e/a，绿色空间碳消除量为 53.42t CO_2e/a。总碳排放量为 60.06 万 t CO_2e/a。根据规划调研统计可知，3.7km² 核心区内人口为 110458 人，面积为 3.7km²，GDP 预计为 207.5 亿元。因此，可计算单位面积碳排放量为 162.32kg CO_2e/（m²·a），单位人口碳排放量为 5.44t CO_2e/（人·a），单位 GDP 碳排放量为 0.289t CO_2e/万元。同类某商务区 2005 年碳排放量为 108.72 万 t CO_2e/a，单位面积碳排放量为 389.68 kg CO_2e/（m²·a）。与之相对比，虹桥商务区核心区单位面积碳排放减碳比达 58.35%，实现了原定 45% 的减碳目标。

通过集中供能、绿色建筑、屋顶绿化等绿色低碳工程的实施，虹桥商务区在建设和运行过程中的水、电、气、油等常规能源消耗大幅降低，从而节约能源并减少温室气体排放。温室气体和城市污染物排放的降低有效改善了商务区居住、工作环境，提供了健康、有活力的城市环境，产生的环境效益十分显著。

（2）经济效益

宏观上，虹桥商务区通过政策引导等建设现代高端服务业聚集区，核心区生产总值 2017 年就已超过百亿元，第三产业增加值在总增加值中所占比率达 95%，成为一个高附加值、高产值的区域。

中观上，商务区规划、建设和运营所需要的大量低碳技术、设备将极大促进长三角地区低碳产业链的发展。商务区建设中主要涉及的低碳能源、低碳建材、绿色照明、智能监测、节能服务等行业将借力商务区低碳研发成果和实践经验，提升产业服务能力和研发水平，并加速新产品商业化，扩大市场，同时为低碳产业发展培育大批具竞争力的人才。

微观上，区域集中供能提高了单体楼宇建筑的使用面积，低碳商务区的建设和运营主张节约能源资源和就地取材，从而使商务区的开发建设、运营维护成本大大降低，开发商和业主均从中获益。

（3）社会效益

虹桥商务区的绿色低碳建设亦带来一系列的社会效益。一是促进了建筑产业转型，虹桥商务区将聚集来自国内外的低碳产业入驻，不仅带动上海西部地区的经济转型发展，同时可为该地区创造众多的就业机会。二是改变了居民生活、工作习惯，通过低碳城区的建设和低碳理念的宣传，在虹桥商务区内形成了节能低碳的氛围，起到了引导商务区用户形成低碳的生活、工作方式和消费习惯的作用。三是增进区域认同感，区域低碳、高效运营极大提升区域竞争力，营造了良好的营商环境，从而使绿色低碳理念更深入人心，增加了商务区企业、人员的认同感和幸福感。

我们相信，随着时间的推移和绿色低碳建设的进一步推进，绿色生态城区产生的环境效益、经济效益、社会效益将进一步凸显出来，既促进城市发展转型升级，更大幅提升人民群众幸福感和满意度。这也是我们坚持绿色低碳理念，建设绿色生态城区的初心和使命。

03

三 案例篇

虹桥商务区绿色低碳建设的行为主体是各个地块项目。本篇精选了冠捷科技总部大厦、虹桥宝业中心、虹桥绿谷广场、虹桥天地项目等10个案例，介绍了它们在绿色低碳建设方面的具体情况，希望能对其他项目的建设以及绿色低碳建设工作的推进提供宝贵借鉴经验。

3.1 上海冠捷科技总部大厦项目

【项目概况】

冠捷科技总部大厦位于上海虹桥商务区申长路以东、舟虹路以南、申虹路以西、甬虹路以北，东侧为虹桥商务区公共事务大厦。总高度33.3m，地上7层，地下3层。项目用地面积为8205m²，总建筑面积为43244.82m²，地上建筑面积为22085m²，地下建筑面积为21159.82m²。

项目于2012年11月开工建设，2015年底竣工并投入使用。项目地下三层为地下车库兼2个二等人员掩蔽部，地下二层为车库和部分商业空间（健身房），地下一层为联合办公空间和员工餐厅，一层为商业轻餐饮，二层至七层为办公空间。大楼全部空间自持，其中六层至七层为集团公司自用。项目实景图见图3-1。

图3-1　项目实景图

【获奖荣誉】

项目于 2014 年获得三星级绿色建筑设计评价标识（采用《绿色建筑评价标准》GB/T 50378—2006 评价），于 2015 年竣工并投入使用，同年获得上海绿色建筑贡献奖，见图 3-2 和图 3-3。2017 年，项目获得上海市优秀工程设计奖三等奖，并获得三星级绿色建筑运行评价标识（采用《绿色建筑评价标准》GB/T 50378—2014 评价）。

作为上海市首个按照《绿色建筑评价标准》GB/T 50378—2014 评价获得的绿色建筑运行标识项目，同时又作为虹桥商务区的首个运行标识项目，其在上海市和虹桥商务区均具有示范性和典型性。它见证了虹桥商务区绿色建筑运行标识项目从零到一的突破，也为后续项目提供了借鉴和支持。

图 3-2　三星级绿色建筑证书（左为设计标识，右为运行标识）

图 3-3　项目获奖证书（左为上海绿色建筑贡献奖，右为上海市优秀工程设计奖）

【建设及招商引资情况】

项目已于 2015 年底竣工并投入使用，目前整体运营情况良好，入驻率已达 100%，主要入驻企业有飞利浦电视中国区销售总部、飞利浦显示器中国区销售总部、中国核工业集团上海分公司、日本先锋电子、深圳越海物流华东总部、碧桂园上海分公司、闵行区新虹空间等。

【绿色建筑技术亮点】

项目为了让员工切实体会到绿色生活的快乐，集中设计了员工休憩空间、屋顶生态农庄、生态楼梯等空间，让员工在办公的同时可以享受到种植植物、采摘果实、观赏动物、楼梯健身、休憩放松等休闲方式，大大提高了工作效率和幸福感。同时项目集中采用了太阳能光伏屋顶一体化、节水灌溉、非传统水源利用、废弃地利用、冷热电三联供、分项计量与楼宇自控、屋顶绿化等多项技术，全面践行绿色节能理念，见图 3-4。

图 3-4　绿色建筑技术措施

（1）可再生能源利用——太阳能光伏屋顶一体化

项目在屋顶安装太阳能光伏屋顶一体化系统，兼顾美观和节能的效果。安装面积共约 625m^2，每年平均发电量约达 8.2 万 kWh。光伏板主要位于屋顶咖啡厅屋面、屋顶农场棚屋面，见图 3-5。

（2）冷热源设计——冷热电三联供系统

本项目空调冷、热源由虹桥商务区能源中心提供，能源站设有天然气、电能及热能等计量表，同时设有现场显示屏，可通过观察控制室中显示的相关数据对其进行管控，发电量、供热（冷）量的瞬时量、累积量等数据齐全、详实，平均能源综合利用效率达 76.4%。本项目设置能耗监测系统，通过安装分类和分项能耗计量装置，采用远程传输等手段及时采集并上传能耗数据，实现了建筑能耗的在线监测和动态分析，见图 3-6。

（3）绿色生活——屋顶绿化+休憩空间

项目屋顶绿化布置在七层室外平台人行道路两侧及八层屋面北侧和西侧，见图 3-7。可绿化面积部分种植灌木及草坪，另设置菜地供员工种植。菜地内种植冬瓜、青菜、白菜等农作物，同时设有养殖

图 3-5 太阳能光伏屋顶一体化

图 3-6 冷热电三联供系统

图 3-7 屋顶农场

场，养殖兔子、鸡、鸟、鱼等动物，实现生态农庄的概念，同时可供员工在此劳作、休憩。

六层办公部分设置有室内休憩空间，有咖啡吧、乒乓球、台球、睡眠装置等，提升员工的工作幸福感，见图 3-8。

（4）大交通——地下空间联通

依托于虹桥商务区地下大联通的建设目标，项目地下空间与虹桥枢纽相连通，可从地下直接走到虹桥火车站，方便出行，地下空间联通见图 3-9。同时可通过地下通道方便到达其他地块项目。

（5）室外节水——非传统水源利用

项目充分利用雨水资源，回收利用的雨水主要用于绿化灌溉、道路浇洒和水景补水。同时项目收集厨房废水和盥洗废水，处理达标后用于建筑的冲厕用水，多余部分用于室外绿化浇洒、道路冲洗和地库冲洗，非传统水源利用图见图 3-10。

图 3-8　室内休憩空间

图 3-9　地下空间联通

图 3-10　非传统水源利用

（6）室内品质——空气质量监控

项目室内新风系统根据新风需求进行控制，可根据区域内的二氧化碳浓度调节空调系统的新风量。

项目地下机动车库设诱导机械送、排风系统，同时设置一氧化碳浓度监测，并与诱导通风系统联动。现场二氧化碳和一氧化碳监测点如图 3-11 所示。

图 3-11　现场监测点（左为二氧化碳监测，右为一氧化碳监测）

【公共绿地认建认养情况】

项目认建认养的公共绿地位于 07-01 地块与 07-02 地块之间，面积约 3500m^2，目前已建设完成并投入使用，植物生长良好，为商务区办公人员提供了良好便利的休憩空间，见图 3-12。

图 3-12　公共绿地实景图

【绿色生活及消费引导情况】

项目鼓励员工或租户参与绿色生活或消费的相关宣传及活动，如艺术楼梯、文化熏陶、垃圾分类教育等。项目设置了涂鸦艺术楼梯间，鼓励员工或租户通过楼梯上下楼，见图 3-13。同时项目建设方在建筑的设计中充分利用中华文化，采用大写数字标示楼层数。

图 3-13　艺术楼梯间

目前"垃圾分类"已成为新时尚，项目为了开展垃圾分类教育，在建筑内多处设置垃圾分类展示板，让垃圾分类的意识逐步渗透，见图 3-14。

项目屋顶设置屋顶农场，以天然绿色为理念进行耕种，农作物生长环境下不使用化学合成的农药、化肥、添加剂等物质，遵循自然规律和生态学原理，通过设置蚯蚓塔、施加生物有机肥、种植花草吸引有益虫鸟、填撒绿植茎叶提高土壤肥力以及使用鱼菜共生系统中富含营养物质的水进行灌溉等一系列措

图 3-14　垃圾分类宣传

施，以形成良好的生态循环，达到土壤和植物之间的协调平衡。屋顶菜园蔬菜采摘活动现场图见 3-15。

屋顶除屋顶农场外，还设置了养鸡场，同时配合饲养鹌鹑、兔子以及鸟类。员工可在屋顶种植、采摘蔬菜，饲养动物，体验农家乐的乐趣。屋顶鸡场、兔场见图 3-16。

图 3-15　屋顶菜园蔬菜采摘活动

图 3-16　屋顶养鸡场、兔场等

屋顶设置有鱼菜共生养殖场地,该技术是把水产养殖与水耕栽培两种技术通过巧妙的生态系统进行连接,使鱼儿、植物、微生物三者之间达到一种天然、和谐的自然生态平衡关系,实现养鱼不换水、种菜不施肥的生态共生关系。它不仅为员工提供了绿色蔬菜,同时让员工体验种植的新乐趣。屋顶鱼菜共生养殖场见图3-17。

图3-17 鱼菜共生养殖场

【结语】

冠捷科技总部大厦项目作为虹桥商务区内第一个通过绿色建筑运行评价标识的项目,也是上海市第一个执行2014版绿色建筑评价标准的运行标识项目,对虹桥商务区后续项目的绿色运行提供了良好的借鉴和示范。特别是该项目的屋顶绿化、员工农场吸引了众多参观者来交流学习,也为虹桥商务区基地项目开展屋顶绿化提供了借鉴。

项目见证了虹桥商务区绿色建筑运行从零到一的突破,同时也见证了绿色建筑标准的更替,在虹桥商务区绿色建筑的推动工作中具有重大意义。

3.2 上海虹桥宝业中心项目

【项目概况】

上海虹桥宝业中心项目位于上海市虹桥商务核心区南片区,东临申贵路,南临兰虹路,西至申长路,北至建虹高架路。建筑总高度22.8m,地上5层,地下2层。项目用地面积为8129.7m^2,总建筑面积为25472.8m^2,地上建筑面积为14019.8m^2,地下建筑面积为11453m^2。

项目于2013年7月开工建设，2016年底竣工并投入使用。项目地下二层大部分为车库，地下一层主要为多功能厅、设备用房和员工餐厅，一层至五层均为办公空间。大楼全部空间均为自持，其中A栋五层为总部办公自用。项目实景见图3-18。

图3-18 项目实景图

【获奖荣誉】

项目于2015年获得三星级绿色建筑设计评价标识（采用《绿色建筑评价标准》GB/T 50378-2006评价），于2016年竣工并投入使用。2017年，项目获选"The American Architecture Prize 2017"（AAP美国建筑奖）综合类建筑设计奖。2018年，上海虹桥宝业中心连获WA Award（世界建筑奖）、Archilovers 2017年最佳建筑项目，同年获得由美国绿色建筑委员会（USGBC）颁发的LEED C&S金级认证。2019年，上海虹桥宝业中心获得由美国绿色建筑委员会（USGBC）颁发的"能源与环境设计先锋奖之既有建筑：运营与维护"（简称LEED O+M：既有建筑）铂金级认证，该等级是LEED O+M既有建筑评估体系中的最高等级。2020年，项目获得三星级绿色建筑运行评价标识。项目获奖图片见图3-19。

作为上海市绿色建筑示范工程，同时又作为首个在地下空间采用装配式设计的项目，其在上海市和虹桥商务区均具有示范性和典型性。

【建设及招商引资情况】

项目已于2016年底竣工并投入使用，目前整体运营情况良好，主要入驻企业有浙江宝业总部、中美绿色基金、丝道恩服饰等。

【绿色建筑技术亮点】

项目在设计和运营过程中充分体现了以人为本的理念，集中设计了员工休憩空间、员工健身俱乐部、屋顶休息区等空间，让员工在办公期间可以享受到观赏植物、采摘果实、健身、休憩放松等休闲方式，大大提高了工作效率和幸福感。同时项目集中采用了屋顶绿化、合理设计建筑朝向和形体、高效的围护结构、排风热回收、空气过滤、照明节能控制措施、节水器具、土建装修一体化等多项技术，践行绿色节能理念，本项目主要绿色建筑技术见图3-20。

（1）绿色生活——屋顶绿化+休憩空间

项目屋顶绿化布置在五层屋顶平台。可绿化面积部分种植灌木及草坪，包括杨梅、青菜、枇杷、山

2017美国建筑奖（AAP）　　2017 Archilovers最佳项目　　2017 WA Award建筑奖

LEED 金级认证

LEED O+M v4.1 铂金级认证

绿色建筑三星级设计标识

绿色建筑三星级运行标识

图 3-19　项目获奖证书

图 3-20　绿色建筑技术措施

楂等农作物，同时设有休息区，可供员工在此休憩。项目室内设有休息区、咖啡厅等空间。在地下一层，该项目设置有健身房，供员工锻炼身体，提高员工的工作幸福感。屋顶绿化和休憩空间见图3-21。

图 3-21　屋顶绿化 + 休憩空间

（2）室内环境——充满阳光的室内空间

项目在设计中考虑了自然采光的相关技术措施，选用了透光性较好的玻璃和玻璃幕墙，各主要功能房间室内进深和窗地比设计合理，地下采用了下沉式庭院及采光庭院，保证了室内及地下空间良好的自然光品质，同时减弱了眩光现象，室内空间见图3-22。

图 3-22　室内空间

（3）室外节水——雨中水收集回用系统

项目充分利用雨水、中水资源，回收利用的雨水和优质杂排水主要用于绿化灌溉、地库冲洗、道路浇洒和水景补水。

（4）室内空气品质——空气质量监控

项目室内新风系统可根据区域内的二氧化碳浓度调节空调系统的新风量。同时，项目室内设置与通风系统联动的PM2.5监测系统，可根据室内PM2.5浓度进行新风量的调节。室内空气品质监控点如图3-23所示。

项目地下机动车库设置一氧化碳浓度监测装置，并与机械排风系统联动。

图3-23 空气质量监控

（5）GRC+PC外围护体系

宝业中心项目GRC+PC外围护体系由GRC+PC外围护（带固定窗）与幕墙组成，玻璃幕墙总面积约5000m²，外墙GRC纤维板及铝合金窗总面积约8000m²，外圈为GRC+PC单元板块所组成的凹凸有序的外围护组成，最高高度为22.8m。外墙GRC纤维板+铝合金窗主要分布于A、B、C楼的外围墙面，GRC纤维板采用钢架固定上墙，铝合金窗采用铝合金隔热型材，10+12A+10中空钢化玻璃。宝业中心项目GRC+PC外围护体系实景图见图3-24。

图3-24 宝业中心项目GRC+PC外围护体系实景图

【绿色生活及消费引导情况】

项目积极开展绿色生活或消费的相关宣传及活动，如城市意象办公室、文化熏陶、垃圾分类教育等，城市意象办公室见图3-25。项目利用透光混凝土、图像混凝土成像等技术，充分展示了企业文化，宣传了创新型建材和装配式建筑，透光混凝土现场见图3-26。项目多次接待高校、科研院所、政府机关单位等考察团队，向公众展示绿色理念并取得了广泛关注。

图3-25　城市意象办公室　　　　　　　　　图3-26　透光混凝土

目前"垃圾分类"已成为上海市新时尚，项目为了开展垃圾分类教育，在建筑内多处设置垃圾分类展示板，实时跟进上海市最新的垃圾分类政策，引导员工树立正确的垃圾分类理念。

【结语】

上海虹桥宝业中心项目作为虹桥商务区内的绿色建筑示范工程，获得了 LEED O+M 既有建筑评估体系中最高等级认证，同时也获得国家级三星级绿色建筑运行标识认证，作为虹桥商务区最美的装配式总部大楼，成为区域内一道靓丽的风景线。

3.3　上海虹桥绿谷广场项目

【项目概况】

虹桥绿谷广场项目（虹桥商务区核心区一期08地块D23街坊城市综合体）由上海众合地产开发有限公司开发建设，北临甬虹路、东临申贵路、西临申长路。地块为商办用地，共7栋地上建筑，地下共3层，总用地面积为43710m^2，总建筑面积为253456m^2，其中地上建筑面积137629m^2，地下建筑面积115827m^2。

虹桥绿谷广场是上海第一个以整街坊为单位的绿色三星城市综合体。项目借鉴的是德国波茨坦及老上海建筑的街区围合式布局，形成"城市街道+庭院社区"的双界面设计，既有严谨细致的德国城市街道的横平竖直，又有老上海里弄的庭院深深，获得了上海市2015年度优秀工程设计一等奖。项目共引入十四项绿色智能技术，通过了住房和城乡建设部的三星级绿色建筑认证，建筑节能率达到60.6%。

项目于2011年6月开工建设，2014年9月竣工并投入使用。其地下室整体联通，地下一层、地下二层为商业，地下三层为车库。地面七栋楼宇中，五栋已经整栋出售，两栋公司自用，整个园区的入住率已经达到80%。项目实景图见图3-27。

图3-27　项目实景图

【获奖荣誉】

项目于2012年获得"2012第二届国际景观规划设计大会荣誉证书"，并于2013年获得国家三星级绿色建筑设计评价标识（采用《绿色建筑评价标准》GB/T 50378-2006评价），2015年项目竣工并投入使用。2015年，本项目先后获得"上海市建筑学会第六届建筑创作奖优秀奖""2015年度上海市优秀工程设计一等奖""2015年度优秀工程设计结构专业二等奖"。2016年项目凭借其绿色生态理念，入围"中国人居环境范例奖"上海获奖案例，并于2017年获得"2017年度全国优秀工程勘察设计行业奖优秀建筑工程设计一等奖"。项目获奖证书见图3-28～图3-31。

【建设及招商引资情况】

虹桥绿谷广场目前整体运营情况良好，已出售办公楼A～E栋，剩余两栋自持办公楼约46500m²。入驻企业主要有申虹投资、蓝月亮、英特莱福、中达电通、观致汽车、合众新能源汽车、德必易园、科丝美诗化妆品、美乐家等。

【绿色建筑技术亮点】

虹桥绿谷广场项目积极倡导"营造绿色环境、建造绿色建筑、倡导绿色办公理念、引领绿色文化"

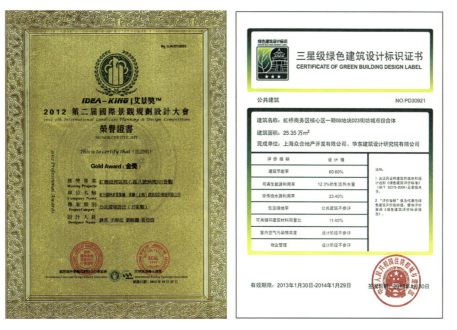

图 3-28 项目获奖证书（左为 2012 第二届国际景观规划设计大会荣誉证书，右为三星级绿色建筑设计标识）

图 3-29 上海市建筑学会第六届建筑创作奖优秀奖
2015 年度上海市优秀工程设计一等奖

图 3-30 2015 年度优秀工程设计结构专业二等奖
2017 年度全国优秀工程勘察设计行业奖优秀建筑工程设计一等奖

图 3-31 入围"中国人居环境范例奖"上海获奖案例

四绿生态理念,坚持绿色技术集成应用,采用自然采光技术、自然通风技术、区域雨水收集与利用技术、立体绿化技术、节能环保技术等绿色技术,全方位打造宜人、宜商、宜居的商务办公和生活社交的美好街区。项目主要采用的绿色建筑技术措施见图 3-32。

（1）室内舒适性

项目充分结合热环境与光环境,在充分保证室内自然采光的前提下,营造良好的人员舒适感受。

项目建筑外立面幕墙可开启外窗,有效控制和分散日照辐射,结合多形式的建筑遮阳,保证室内温度环境和光照的适宜。建筑外立面遮阳见图 3-33。

图 3-32 绿色建筑设计技术

图 3-33 建筑外立面遮阳

同时项目分散布置的屋顶绿化和高标准的屋面保温性能，杜绝了夏季日照辐射带来的屋顶效应。

（2）室内采光

项目通过建筑和空间的南北布局实现有效的自然采光。建筑单体运用中庭、边庭空间，增强室内照度，降低照明能耗，室内和中庭采光措施见图3-34。下沉式广场设计有效为地下空间增加了自然采光。

项目自然采光结合照明实现分区控制。合理利用建筑立面透明部分自然采光，同时采用集中或分散的自动控制照明系统，并做好系统分区，可有效减小照明能耗，且满足入驻客户对不同状态下的采光需求。

图3-34 室内采光措施

（3）室内空气质量

项目在节能的前提下，适当增加室外新风引入比例，在会议室、商场公共区域等局部设置CO_2探测器，做好报警与监控，营造室内良好的空气品质，保护人体健康。在地下车库局部设置CO探测器，并与排风设备联动，减少有害气体对人体的伤害。室内空气质量监控设备见图3-35。

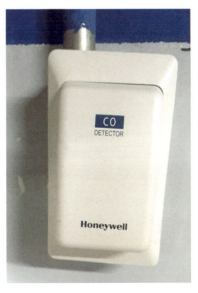 

图3-35 室内空气质量监控设备（左为CO探测器，右为CO_2探测器）

（4）节约用地

项目利用六栋单体建筑的多层屋顶平台空间，种植绿化带形成多个屋顶花园，并配以垂直绿化，形成富有层次的绿化空间。既节约了用地，又很好地营造了优美的花园式办公环境。屋顶绿化图见图3-36。

图 3-36 多层屋顶绿化

同时虹桥绿谷广场项目设置三层地下空间，地上、地下建筑面积接近 1∶1，地下空间包含商业、餐饮、机动车与非机动车停车等多种功能，并与下沉式广场相结合，充分合理利用了地下空间，实现了土地集约节约利用。下沉式广场见图 3-37。

图 3-37 下沉式广场

（5）全热回收新风处理系统

项目采用新风全热回收技术，部分回收余热并加以利用，同时充分考虑新风免费冷却的不同季节利用率，做到节能环保，新风全热回收机组见图 3-38。

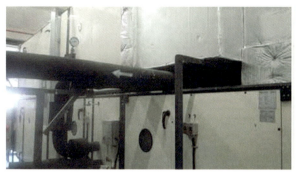

图 3-38 全热回收机组

（6）节约用水

虹桥绿谷广场对水源、给水排水、用水分配、水质和水量保证、雨水利用、节水浇灌、节水器具等都制定了系统的规划方案，用来统筹、综合利用各种水资源。

项目通过屋面、下沉式广场收集雨水，经过处理后用于景观补水、绿化灌溉以及车库冲洗等用途，实现了雨水的调蓄利用。

项目采用微喷灌及滴灌的绿化浇灌方式，最大程度节约灌溉用水。屋顶绿化及微喷灌节水措施见图 3-39。

图 3-39 节水措施

（7）可再生能源

项目采用集中太阳能热水系统供应商业餐饮等功能区域的热水需求，太阳能热水用量为区域生活热水用量的 12.3%，不但有效利用了太阳能，还调整了项目能源结构。屋顶太阳能集热器见图 3-40。

（8）立体绿化

虹桥绿谷广场采用屋顶绿化、垂直绿化、场地绿化等多种绿化形式，有效降低了场地内的热岛效应，营造了宜人舒适的微气候环境。立体绿化见图 3-41。

项目中使用了大量的透水铺装材料，增加了雨水渗透量，减小了雨水的尖峰径流量。

图 3-40　太阳能集热器

图 3-41　立体绿化

（9）运营管理

本项目内的空调冷热源、输配系统和照明系统等都设置自动监控系统，对整个项目的用电、用水、用气及集中能源供应进行分项计量，为能源的管理提供了数据，并接入虹桥商务区低碳能效运行管理平台。能耗分项计量与监测平台见图3-42。

图 3-42　能耗分项计量与监测平台

【绿色生活及消费引导情况】

虹桥绿谷广场项目曾积极组队参加新虹街道第二届"虹心照我去益行"主题公益活动，活动以"给垃圾−量、为心情＋油"主题活动献礼新中国成立七十周年。线路贯穿虹桥商务区5个楼宇卡点，参与者沿着8km线路徒步并在打卡点完成公益互动。虹桥绿谷近20余名工作人员参与本次活动，绿谷公益队共筹款约4000元，以公益徒步的方式，让更多人关注年轻人身心健康，身体力行践行生活垃圾源头减量。活动现场见图3-43。

闵行区南虹桥公司团支部、新虹街道团工委曾主办虹桥商务区篮球对抗赛决赛，在洛克公园协信店举行，虹桥绿谷队最终赢得篮球赛冠军奖杯，体现了公司一直提倡的注重培养员工综合素质的企业精神，增进了员工间的友谊，培养了团结协作的精神。篮球独特的魅力也展示了虹桥绿谷朝气蓬勃的青春气息和积极进取的拼搏精神。

此外，虹桥绿谷广场联合党支部还与建行上海第五支行第二党支部联合开展主题为"党建引领、创新驱动、促进绿谷服务新发展"的党建共建活动。同时，在B座与G座之间的长廊进行绿谷"小集市"活动，内容包括新版社保卡现场更换、垃圾分类闯关游戏、垃圾分类倡议书签名等，绿谷"小集市"活动进行得如火如荼，园区的入驻员工积极参与，氛围热烈。其中有不少亮点：垃圾分类的闯关小游戏寓教于乐，游戏的挑战让参与者收获满满，不知不觉学习垃圾分类小知识。"你的小习惯，我们的大变化"垃圾分类倡议书的签名，号召每个人都养成不随手乱扔垃圾的习惯。垃圾分类活动见图3-44。

图3-43 主题公益活动

图3-44 垃圾分类活动

【结语】

虹桥绿谷广场项目作为上海第一个以整街坊为单位的绿色三星城市综合体，以"绿"冠名，多层屋顶绿化、下沉式庭院形成花园式办公的"谷"，充分体现了虹桥商务区绿色、低碳、环保的理念。

3.4 上海虹桥天地项目

【项目概况】

虹桥天地项目位于虹桥商务区核心区（一期）06号地块，是虹桥商务区核心区重点区域最早开工建设的项目之一。项目占地面积约6.2万m^2，总建筑面积约38万m^2，其中地上建筑面积约24万m^2。项目定位为集办公、购物、餐饮、娱乐、展示为一体的城市综合体，为虹桥商务区的办公人群及高铁一小时经济圈所辐射的7500万人口提供商务办公及休闲等综合服务。

虹桥天地项目包括D17、D19两个街坊。D17街坊总用地面积29663.7m^2，总建筑面积为179090.22m^2，主要功能包括办公楼、商业和酒店。其办公楼绿色建筑三星级运行标识认证建筑面积达109611m^2。项目实景图见图3-45和图3-46。

图 3-45 项目实景图（虹桥天地 D17 街坊）

图 3-46 项目实景图（虹桥天地 D19 街坊）

虹桥天地D19街坊项目总用地面积32635.7m^2，总建筑面积为198143.73m^2，主要功能包括办公楼、商业和演艺中心。其办公楼绿色建筑三星级运行标识认证建筑面积为23612m^2，商场绿色建筑二星级运行标识认证建筑面积为143652m^2。

【获奖荣誉】

2019年，项目D17街坊办公楼获得三星级绿色建筑运行评价标识（采用《绿色建筑评价标准》GB/T 50378-2014评价），D19街坊办公楼获得三星级绿色建筑运行评价标识（采用《绿色建筑评价标准》GB/T 50378-2014评价），D19街坊商场获得二星级绿色建筑运行评价标识（采用《绿色建筑评价标准》GB/T 50378-2006评价）。运行标识证书见图3-47。

【建设及招商引资情况】

经过近5年的开发建设和招商引资，2015年12月，作为虹桥商务区核心区首个大型城市综合体项目的虹桥天地正式开业，这也是核心区首个全面开业的项目。随着虹桥天地的开业，大虹桥商圈逐渐进

图 3-47 运行标识证书

入全市消费者的视野。虹桥天地是区域内唯一与虹桥枢纽直接相连的项目，集购物中心、新天地、办公楼、演艺中心、酒店为一体，其餐饮娱乐一站式体验和丰富的文化内容，给上海乃至长三角消费者带来了全新的购物和休闲体验。虹桥天地办公楼于 2014 年 6 月入驻一批办公租户，目前入驻企业 70 余家，包括：罗氏诊断、壳牌、阿迪达斯、一汽丰田、博世马勒、好孩子、WeWork、Regus 等在内的众多世界五百强、国内外知名企业以及联合办公空间等。虹桥天地项目于 2015 年 12 月 12 日正式开业，目前有约 230 余家品牌商户入驻，其中有 80 多家餐饮公司，品牌囊括米其林到大食代，并引入了多家人气餐饮品牌，满足不同消费者需求。同时，项目拥有上海首家言几又品牌店、区域内首家 IMAX 影院英皇 UA、中高端本土设计师零售旗舰店 ICICLE，以及优衣库、无印良品、Champion、华为等众多人气品牌。

【绿色建筑技术亮点】

（1）室外风环境

项目布局充分考虑室外风环境，经模拟分析，冬季、夏季和过渡季工况下，建筑周边流场分布均匀；冬季建筑物周围人行区风速不大于 5m/s，室外风速放大系数小于 2；夏季、过渡季（春季、秋季）室外气流通畅；50% 以上可开启外窗，室内外表面的风压差大于 0.5Pa，建筑的立面压差利于自然通风。室外风环境模拟分析见图 3-48 和图 3-49。

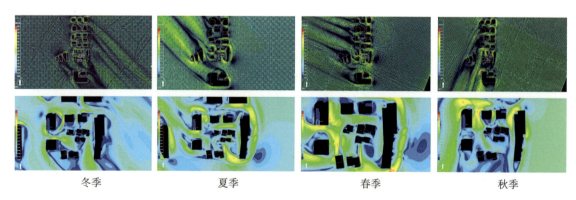

图 3-48 室外风环境模拟结果（D17）

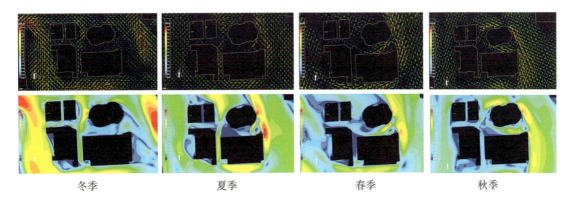

| 冬季 | 夏季 | 春季 | 秋季 |

图 3-49 室外风环境模拟结果（D19）

（2）场地绿化

项目采用大面积屋顶绿化。办公楼屋顶绿化主要采用草坪，植物种类主要是佛甲草，为景天科多年生草本植物。商场屋顶绿化植物种类包括乔木、灌木和地被。其中，乔木种类为女贞；灌木种类有蚊母、紫薇和垂丝海棠；地被植物有德国景天、佛甲草和胭脂红景天，见图 3-50。

项目场地绿化采用乔灌草复层绿化，并通过步行连廊、首层架空等形式为公共活动区域提供遮荫，见图 3-51。项目设置景观水体，有调节局部微气候与环境温度的作用。由于水蒸发吸收热量，在夏季能够起到良好的降温作用，调节建筑中局部微气候。经 CFD 模拟，项目的平均热岛强度为 0.6℃。在建筑运行过程中，物业单位对场地内的绿化设置有完善的管理制度，并进行相关记录，以保障植物长势良好。

图 3-50 屋顶绿化

图 3-51 室外绿化

（3）外窗可开启

虹桥天地办公楼玻璃幕墙设置可开启扇，见图3-52，办公楼玻璃幕墙可开启面积比例均大于10%，较大的可开启外窗面积有助于自然通风。

图3-52　幕墙可开启部分实景图

（4）节能电梯

项目选用节能型电梯，无齿曳引机的重量比传统曳引机的重量轻得多，加上新型节能控制系统，与传统曳引机相比，在提升同等载荷时节能明显。此电梯在闲置时，可自动关掉轿厢灯。

自动扶梯变频器有调速功能，当有乘客通过自动扶梯上下口的光幕时，将自动调至全速运行，在预设时间大约10s后，如果扶梯上没有乘客，扶梯将恢复待运行状态，可有效节约扶梯运行能耗。在建筑运行过程中，大大提升了电梯和自动扶梯的运行效率。

（5）新风热回收

项目充分考虑能量综合利用，新风机组设置全热回收系统，回收部分排风的能量，热回收效率＞60%。全热交换器冬季预热（夏季预冷）室外新风，降低空调系统能耗，经过预冷/预热的新风再送至各区域。热回收式空气处理机组见图3-53。

图3-53　热回收式空气处理机组

（6）楼宇自控系统

项目设置有楼宇自控系统，主要对建筑内的通风、空调、水泵、风机等设备进行自动控制，同时可实现对水表、电表等数据的采集和分析，并对能耗进行分项计量，大大提高了项目运行过程中的管理工作的效率，项目楼宇自控系统见图3-54。物业单位在楼宇自控系统的运行过程中不断完善此系统，使其更为完备。项目设置能源管理系统，项目的能耗数据已接入虹桥商务区低碳能效运行管理平台。项目能源管理系统见图3-55。

图3-54　项目楼宇自控系统

图3-55　项目能源管理系统

（7）雨水回用系统

项目收集屋面雨水、场地雨水进入雨水收集池，处理达标后用于绿化灌溉、道路浇洒、车库冲洗及水景补水。车库冲洗采用高压水枪。项目非传统水源用水点、供水管上均设置明显标识，防止误饮误用。在运行过程中，物业单位对雨水机房有完善的管理制度，并通过BA系统实时监测相关水表数据，对其进行严格管控（图3-56）。

图3-56　雨水机房

物业单位定期对其水质进行检测，系统出水水质满足《城市污水再生利用城市杂用水水质》GB/T 18920-2002 和《城市污水再生利用景观环境用水水质》GB/T 18921-2002 的要求。

（8）节水灌溉系统

项目场地绿化及屋面绿化均采用滴灌的节水灌溉方式，并配置土壤湿度传感器用于绿化灌溉的节水控制，见图 3-57。物业单位在建筑运行过程中定期对绿化植物进行灌溉。

图 3-57 节水灌溉（滴灌）

（9）大开间办公

项目办公楼区域采用大开间办公，可根据办公需求实现空间的灵活分隔。灵活分隔可有效减少建筑室内空间在再装修过程中的建材，实现节材的目的，见图 3-58。

图 3-58 大开间办公实现灵活分隔

（10）室内自然采光

项目主要功能房间采光系数满足现行国家标准《建筑采光设计标准》GB 50033 要求的面积 41802.98m²，达标面积比例 89.29%，可营造良好的光环境。项目模型和典型层平面采光系数分布见图 3-59 和图 3-60。

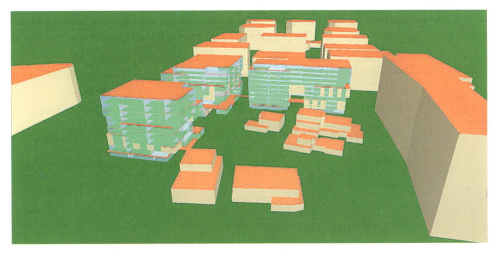

图 3-59 项目模型

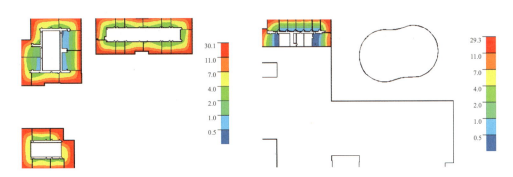

图 3-60 典型层平面采光系数分布

下沉式庭院为地下功能空间提供自然光源，有效改善了周边范围地下空间的采光效果，地下一层室内采光系数分布见图 3-61。

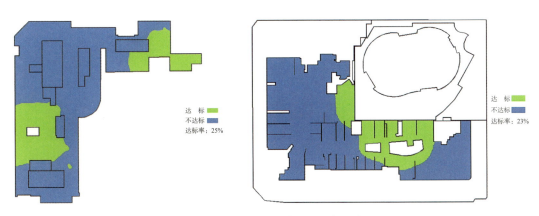

图 3-61 地下一层室内采光系数分布

（11）空气监测系统

项目地下机动车库设置CO浓度监测系统，并与通风系统联动。BA系统根据CO浓度对通风系统进行控制。地下车库CO监测点如图3-62所示。

图3-62　地下车库CO监测点

项目空调系统设置CO_2浓度传感器，并与新风系统联动。BA系统根据CO_2浓度对新风系统进行控制。CO_2监控界面见图3-63。

图3-63　CO_2监控界面

（12）运营管理

该项目的物业管理单位丰诚物业拥有完善的管理制度和丰富的物业管理经验，并通过ISO9001质量管理体系、ISO14001环境管理体系和OHSAS18001职业健康安全管理体系的认证，见图3-64。

图 3-64　物业管理体系认证证书

物业管理单位制定空调通风系统的定期检查和清洗的计划，并委托专业单位每年定期对空调通风系统进行检测，施工风管检测后，按照"上海市集中空调通风系统卫生管理办法"提供第三方检测报告。

物业单位制定了完善的节能、节水、节材、绿化、垃圾处理等管理制度，并严格执行。在运营过程中，不断完善相关制度，并对相关巡查记录进行留档，以便后期查看。

项目对空调系统、给水排水系统、智能化系统、材料管理、水量监测及绿化养护等方面具有相对应的管理制度，并针对电梯、给水排水、火灾、停电等情况设置有应急预案，为建筑内的人员提供安全的工作保障。所有操作的工作人员都符合国家相关要求，有对应的操作证书。

项目积极接待社会各界相关人士参观，宣传和展现虹桥商务区在绿色生态城区建设方面的成果；项目还制定了绿色设施使用手册，分别对用能设施和节能常识、用水设施和节水常识、垃圾分类收集、雨水收集利用、建筑设备管理系统分章节进行了详细的介绍和说明。项目还主办或承办各类绿色、环保、人文活动，倡导绿色健康生活。物业单位在建筑运行过程中致力于将绿色理念传递至每一个使用者。

项目智能化系统具有以下配置：建筑设备监控系统、安全防范系统、火灾防范系统、公共广播与紧急广播系统等。各系统维护良好、运行稳定，运行与维护记录完整。智能化系统记录可通过 BA 系统进行查看。物业单位在建筑运行过程中对智能化系统定期进行巡检，确保其正常运行。

【结语】

虹桥天地项目以国家绿色建筑三星级认证作为设计和运行目标，通过具有现代感的建筑与办公、商业有机结合，打造摩登的庭院式街区。通过精细化设计、因地制宜的选用绿色建筑技术以及全过程的管理控制，为用户提供真正舒适、高效、健康、环保的空间。在设计过程中综合考虑了建筑节能、节水、节材、节地、运营管理、室内环境等多个方面，应用了自然通风、自然采光、节水器具、中雨水回用系统等适宜且效果明显的多项技术，有助于达到节能降耗、保护环境的目标。

虹桥天地项目已成为虹桥商务区开发建设的典型标志性项目，也是践行虹桥商务区绿色低碳建设理念的示范标杆性项目。

3.5 上海虹桥尚品华庭、虹桥嘉汇项目

【项目概况】

虹桥尚品华庭、虹桥嘉汇项目位于虹桥商务区核心区北片区08号地块，项目基地南临润虹路、北临淮虹路、西至申虹路、东至申贵路，占地面积为43940.8m²，总建筑面积136499.4m²，地下一层、局部二层作为设备用房及汽车库，见图3-65。项目按使用性质分为商务办公地块（虹桥嘉汇）和住宅地块（虹桥尚品华庭）两部分。建筑在场地上错落布局，通过共同的空间形体处理，将各单体建筑融合成整体。通过因地制宜的场地生态环境营造、结合功能的被动节能设计，以及充分利用虹桥商务区设施条件，综合利用各种能源、资源，提高建筑能效，提升建筑品质。

图 3-65　项目效果图

【获奖荣誉】

2015年12月25日,虹桥尚品华庭项目获得绿色建筑二星级设计评价标识;2015年11月10日,虹桥嘉汇项目获得绿色建筑三星级设计评价标识;2017年9月,虹桥嘉汇项目获得上海市绿色建筑贡献奖;2019年,项目获得地产设计大奖中国优秀奖。项目证书见图3-66。

图3-66 项目证书

【建设及招商引资情况】

目前项目入住率66%,入驻企业包括中国航油集团、厦门国贸集团、七匹狼集团、宝沃汽车等,见图3-67。

【绿色技术亮点】

(1)室外风环境

对建筑布局进行优化,建筑错落布置,控制高度均不超过35m,场地中央设置绿化景观广场,使整

图 3-67　入驻企业

体环境有利于夏季室外通风和冬季防风。

（2）场地绿化

在建筑周边区域设置绿化花园，设计乔木、灌木及草地相结合的复层绿化，同时在各座建筑屋顶设置绿化，屋顶绿化面积占可绿化屋顶面积的比例为 41.78%，形成多层次绿化空间，为办公人员提供一个惬意舒适的活动空间，改善区域微环境，缓解热岛效应。室外绿化和屋顶绿化见图 3-68 和图 3-69。

图 3-68　室外绿化

图 3-69　屋顶绿化

结合车行和人行道设透水砖铺装 2249.76m²，与绿化共同作用，涵养水土，减少地表径流，有效调蓄雨水。

（3）采光设计

主要功能区采用玻璃幕墙充分利用侧窗采光，各栋楼至少 90% 主要功能空间面积满足采光标准要求；结合地下商业餐饮功能，设置下沉庭院，结合景观绿化为地下商业餐饮提供良好的空间环境，改善后的地下商业餐饮功能区域平均采光系数达到了 4.32%。下沉式庭院见图 3-70。

（4）外遮阳设计

结合上海地区的气候特点及建筑造型特点，首先，利用建筑本身形体取得自遮阳与互遮挡关系，如

图 3-70 下沉式庭院

设计朝向均为南偏东，以争取最佳日照与采光条件，同时尽量减小东、西向立面减少东西日晒；建筑错落布置，在 D 楼和 E 楼间设置连廊，建筑立面造型部分出挑，充分利用相互遮挡与自遮挡。其次，建筑内部功能布局尽量减少西晒影响，如长边朝向东西向的 D 楼内部功能布局时，尽可能将楼梯、茶水间等辅助用房设置在西侧。最终在各座办公楼主要功能的西立面设置活动中置遮阳百叶，以最大程度减少日照负荷。

（5）分布式能源利用

充分利用虹桥商务区配套设施条件，冷热源由虹桥商务区北区能源中心提供，采用分布式冷热电三联供系统，能源总利用效率达 87.5%。冷源设备由 4 台烟气热水型溴化锂冷水机组 +10 台电动离心式冷水机组组成，供回水温度 5℃/13℃，采用变频二次泵系统；热源设备由余热锅炉 + 燃气/油双燃料热水锅炉组成，效率达 96%。

（6）太阳能热水系统

项目 C 楼下部设有餐饮，部分办公区域也有热水需求，为此采用北区能源站提供的高温热水与建筑太阳能热水系统联合提供生活热水。生活热水通过太阳能热水系统预热后，经能源站三联供高温热水通过板式换热器再次加热。共设置太阳能集热器 55 台，总集热器面积为 199.65m²，太阳能供生活热水比例可达 21.58%，太阳能集热器见图 3-71。

（7）水资源有效综合利用

项目和东侧住宅部分紧临，共同开发，通过技术经济性合理性分析，统一设置一套雨水回用系统，收集 5 栋办公楼与住宅配套会所屋面的雨水，处理后供应项目商办和住宅两个地块地面绿化灌溉和地库冲洗使用。折算全年商办地块回用雨水量为 2470.41m³，非传统水源利用率达 8.33%。场地绿化浇洒采用

图 3-71 太阳能热水集热器

图 3-72 雨水处理系统

喷灌系统、屋顶绿化采用微灌系统的节水灌溉措施，用水采用多级计量，并根据水质，对自来水、雨水，冷水与热水分开计量，同时采用 1 级节水器具，有效节省传统水源消耗。雨水处理系统见图 3-72。

（8）合理的结构设计与节材设计措施

利用场地特性对桩长采用桩底标高及入持力层深度双项控制，优化桩长，减少混凝土用量约 8000m³；对柱截面和混凝土强度进行优化设计，合理选择梁板体系，结构使用效率高，合理布局，节约混凝土用量 33% 左右。同时项目全部空间土建与装修一体化设计、施工；所有办公空间均尽可能设置开敞式大办公空间，采用玻璃隔断与矮隔断，可灵活拆卸并重复利用，以节省材料与减少环境污染。

（9）高效排风热回收

空调新风系统设置排风转轮热回收，热回收效率大于 65%。空调水系统一次侧冷热水由地块外引入，分别换热至二次侧空调（冷热水）及生活热水的适用工况。空调二次侧水系统采用变频水泵，以适应部分负荷时末端流量改变引起的系统变流量需求。

（10）室内空气质量监控系统

办公室新风系统按楼层分区，在大开间办公室内设 CO_2 浓度监测，并可通过 BA 系统调节新风频率实现新风量自动调节。地下机动车库采用诱导风机方式，设 CO 浓度监测，控制相应区域的诱导风机及主风机启停。

（11）高效照明与控制系统

照明功率密度均满足规范的目标值。采用智能照明控制系统，公共区域纳入智能照明控制系统，各功能房间采用就地开关控制。办公工作区域根据使用条件和天然采光状况分区、分组控制，并可设置不同场景的控制模式。

（12）能源分项计量与智能化设备监控系统

用能监测系统对电量、水耗量、燃气量、集中供热耗热量、集中供冷耗冷量等进行监测，用电分项计量，采集能耗数据，动态分析，自动和实时上传。设置一套建筑设备监控系统（BAS），对电梯、公共照明系统、热交换系统、空调系统、给水排水系统、供配电系统进行自动化监控及管理。采用集散型控制，实现集中监控管理和分散控制。

（13）绿色施工管理与资源循环利用

项目施工过程中始终贯彻低环境影响、资源循环利用、节省能源的绿色理念。

1）绿色节能施工管理：现场用电实行分路供电、分路计量。施工区、生活区、办公区分别计量，用以每月统计对比相应能耗，分析阶段性能耗情况，寻求降低能耗的有效途径。在保证工期前提下，合理考虑土方出土量，地下二层与地下一层分两块区域施工，地下一层开挖时将部分土方回填至地下二层外墙区域，节省了大量土方外运及驳运工作，回填土方约2500m³，节约油耗约600L，从管理上大大降低了土方施工的能耗。

2）施工中的资源循环利用：围护结构栈桥上创新性设置沉落式洗车池，所有进出车辆均需经过洗车池，洗车水在重力作用下自动流回洗车池内，重复利用，有效节约用水。设置两个三级沉淀池，场地上雨水、基坑积水、井点水、施工废水等均流向沉淀池，经过滤后用于扬尘洒水及其他冲洗措施。回收废弃零星混凝土铺设临时道路，钢筋废料较长的对接加长使用；其他用于模板定位焊接短钢筋、下水道盖板及钢筋马凳支撑、车棚、电箱防护箱等，从而使废料得到有效利用。

【绿色生活及消费引导情况】

虹桥尚品华庭住宅项目作为垃圾分类试点全面推行落实各项工作。2019年3月，该项目管理部门按照《上海市生活垃圾管理条例》《上海市生活垃圾分类标准及投放要求》《上海市生活垃圾分类标志标识管理规范》等文件要求，参观学习示范小区，结合项目实际情况形成《尚品华庭垃圾分类试点推行方案》。

根据方案内容，2019年4月，着重落实垃圾分类宣传，上门向412户业主发放家用干湿垃圾桶和宣传《垃圾分类告知书》，同时在公共区域摆放易拉宝、播放宣传视频。并在小区引入了两组智能垃圾箱，减少了干湿垃圾桶，进一步提升小区的整体环境，增加垃圾分类工作的可控性，见图3-73。5月1日起，尚品华庭正式实施生活垃圾分类投放，并由志愿者轮班值守在智能垃圾箱旁，主动协助业主完成垃圾源头分类。通过一个多月的运行，垃圾分类工作取得了良好的开端。

【公共绿地认建认养情况】

项目认建认养的公共绿地位于09-01地块与09-05地块，面积约8300m²，现已建设完成并投入使用，为尚品华庭居民及虹桥嘉汇商务办公人群提供休憩场所，见图3-74。

【总结】

项目在设计中充分考虑被动式建筑设计，综合自然采光、遮阳、地下室自然采光等优化设计，减少建筑运行能耗。同时充分利用项目条件，采用虹桥商务区能源站三联供系统作为冷热源，合理配置建筑

图 3-73　智能垃圾箱

图 3-74　绿化认建认养

空调系统与末端，减少空调系统运行能耗。合理利用屋面，结合太阳能热水器布置、屋顶绿化以及雨水回收，实现较高的项目品质，综合节能率达到 65%，经测算可实现年节约能耗 1632.4MWh，节约标准煤 489.72t，减少 CO_2 排放 1714.02t。

3.6　上海虹桥万科中心项目

【项目概况】

虹桥万科中心位于上海虹桥商务区核心区，申虹路以西、申长路以东、锡虹路以南、苏虹路以北，基地面积为 32176.6m²。总建筑面积 19.6 万 m²，其中地上建筑面积 11.2 万 m²，地下建筑面积 8.4 万 m²。该项目由地上七栋 7～8 层单体建筑及 3 层地下空间构成了集办公、商业、文化娱乐于一体的大型商业／商务综合建筑群，及功能多元、交通便捷、空间宜人、生态高效、具有较强发展活力和吸引力的低碳综合商务社区。

项目通过裙房、连廊等建筑要素，以及架空、悬挑等建筑手法，化零为整，将七栋建筑有机塑造成一个整体，形成围合之态，构成了外紧内松的、具有完整临街界面的建筑场所。场地西南侧以一个高达 7 层的空中连廊和大尺度的外立面倾斜，形成一个雄伟的空中之门，将城市绿地公园的景观巧妙纳入入口广场的视觉范围，将视线直接引入内部中央庭院，创造出项目向城市开放的整体形象。多切面立面和

图 3-75 项目实景图

建筑群屋檐高度的起伏变化使建筑立面和沿街视角都呈现出动态的张力,为虹桥商务区营造出一个富于生命力的新建筑地标。项目实景图见图 3-75。

【获奖荣誉】

项目于 2014 年获得三星级绿色建筑设计评价标识(采用 GB/T 50378-2006),于 2016 年竣工并投入使用,2017 年本项目获得上海市优秀工程设计奖三等奖;其中暖通专业获得上海市优秀工程设计奖一等奖;水专业获得上海市优秀工程设计奖二等奖。2018 年获得国家三星级绿色建筑运行标识证书,并获得 LEED Gold 认证。项目获奖证书见图 3-76 和图 3-77。

图 3-76 获奖证书(分别为三星级运行标识和 LEED GOLD 认证证书)

3.6 上海虹桥万科中心项目 | 案例篇 | 137

图 3-77 获奖证书（左至右 2017 年市优秀工程设计三等奖、建筑环境与能源应用设计一等奖、水系统工程设计二等奖）

【建设及招商引资情况】

该项目为上海万科打造的首个持有型商业综合体，以"未来办公、创所未见"为理念，摒弃传统购物空间围合布局，引入餐饮、文化、生活服务等能量补给型业态，全面为顾客提供放松身心、补充能量的工作场所。办公大堂见图 3-78。

图 3-78 办公大堂实景

目前，伊顿幼儿园及长江商学院已同时引入到虹桥万科中心。8家世界500强企业已落户虹桥万科中心，主要有蒂森克虏伯工程技术有限公司、中国建设银行股份有限公司上海第三支行、三菱电机空调影像（设备）有限公司、韩国希杰集团等。其余知名企业有：西蒙电气（SIMON）、科施博格（KSPG）、广汽菲亚特克莱斯勒、三棵树等。截至2019年7月底，整体出租率已达95.55%。

【绿建技术亮点】

（1）屋顶绿化

项目在建筑屋顶设置屋顶绿化，屋顶绿化采用复层绿化的种植方式，以灌木、地被为主，局部点缀小株乔木。屋顶绿化面积占屋顶可绿化面积比例达到58.9%。屋顶绿化见图3-79。

（2）透水地面

项目室外透水地面面积6738m^2，由室外绿化面积和室外透水地砖组成，室外绿化面积为2336m^2，室外透水砖面积为4402m^2，有助于增加雨水渗透，防止水土流失。透水地面见图3-80。

图3-79　屋顶绿化　　　　　　　　　　　　　图3-80　透水地面

（3）节能措施

7幢单体均采用转轮式热回收装置对排风进行全热回收，排风热回收系统见图3-81。

项目设置太阳能热水系统，热水主要供应地下食堂使用。采用玻璃-金属U形管太阳能集热器，集热板设于T5楼屋顶，共198.8m^2，全日集热效率50%，辅助热源为三联供系统高温热水，屋顶太阳能集热器见图3-82。地下一层设热水机房，内设1台8m^3容积式水-水换热器，作为集热水罐，1台4m^3容积式水-水换热器，作为供热水罐。

（4）节水措施

所有节水器具均满足国家标准用水效率等级2级以上的要求。

项目屋面雨水与路面雨水、绿化径流雨水等汇集进入雨水池，雨水和中水采用同一处理系统，收集

图3-81　排风热回收系统　　　　　　　　　　图3-82　屋顶太阳能集热器

的原水进入到中水调节池，经提升泵进入到处理净化系统，净化消毒处理后，作为景观补水等，项目水景见图 3-83。项目绿化灌溉采用微喷灌形式，绿化灌溉见图 3-84。

图 3-83　水景

图 3-84　绿化喷灌

（5）室内环境

项目办公区域为核心筒构造，风道、电梯井等布置在中间，不与办公区域直接相邻；风机房、泵房等采用吸音内墙和吸音顶棚，能有效减小噪声污染；办公室内墙采用双面纸面/耐火纸面石膏板，用自攻螺丝固定在竖龙骨上，用 50mm 厚离心玻璃棉板填满缝隙，计权隔声量≥50dB，能有效保护室内办公声环境。

项目设置了空气质量监测系统，检测地库 CO 浓度，按照防火分区设置联动排风机排风；在人员密度相对较大且变化较大的房间（如办公区域），设置 CO_2 监测系统，新风机组、新风阀与之相应控制，使 CO_2 浓度始终在卫生标准规定的限制内。

（6）运营管理

本工程智能化系统设计包括语音通信系统、综合布线系统、背景音乐及紧急广播系统、建筑设备管理系统（BMS）、安全技术防范系统（SPS）、停车库管理系统、视频监控系统、巡更系统、紧急事故报警系统、门禁系统、访客管理系统、物业无线对讲系统、一卡通系统、机房工程等。

项目的建筑设备控制系统对大楼内的机电设备进行监控和管理，并将设备的运行情况收集、分析，以文本、图形、图表方式表达，将数据以数据库方式予以保存。楼宇设备控制系统具备设备的手/自动状态监视、启停控制、运行状态显示、故障报警、温湿度监测和控制，实现相关的各种逻辑控制关系等功能。建筑设备监控系统见图 3-85。

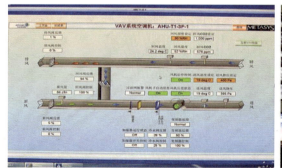 

图 3-85　建筑设备监控系统

（7）能耗监测管理

项目能耗监测系统竣工运营后，对能耗数据实行数据管理月报制度，即根据当月项目实际情况出具一份《数据质量报告》，月报制度有效发现监测系统故障点，并落实跟踪修复工作，降低了能耗数据异常的发生频率，减少了数据上传中断的发生，从而有效实现了能耗总量监测和能耗精细化管理等目标。

低碳能耗监测系统共采集1170块电能表，30块能量表，191块水表的数据。配电间智能电表见图3-86。监测点位涵盖了高低压配电间、楼层用电、三联供入户能量计、楼栋用水，主要由智能仪表和采集器终端组成，实现了全能源和全区域覆盖，自交付运营后，向虹桥商务区低碳能效运行管理平台发送数据。

图3-86　配电设备智能电表

低碳能耗监测平台符合《公共建筑用能监测系统工程技术标准》DGJ 08-2068-2017各项指标要求，包括基本档案管理、能耗设备实时监测、能耗统计汇总、能耗分析管理等多项功能。

【公共绿地认建认养情况】

虹桥万科中心项目认建的公共绿地项目位于虹桥商务区申长路—苏虹路的东北角处，占地面积约为1954.5m²，主要绿植有常绿树种香樟、春娟、四季常绿的果岭草草皮等品种，一年四季常绿，铺地材料主材为烧面芝麻灰花岗岩，在设计时充分考虑了观赏和使用功能。2018年又进一步实施提升了绿地绿化品质，绿化率73.7%，成为街区的一个小憩佳处。申长路—苏虹路口认建的公共绿地见图3-87。

图3-87　申长路—苏虹路口公共绿地

【绿色生活】

(1)绿色生活——足球赛

2018年6月,由虹万租户KT足球在虹桥万科中心下沉式广场举行KT足球赛,见图3-88。此次活动召集了虹万内部16支球队共同参与,受到了租户的一致好评,今后将每年定期举行。此外,还有针对各个节日举办的各种活动。

图3-88 KT足球赛

(2)绿色生活——休闲空间

包括各类餐饮、超市、咖啡馆、健身、生活服务业态等,并将楼栋的露台打造成绿色休息空间,舒适大气的大堂休憩空间,全面为顾客提供放松身心、补充能量的工作场所,见图3-89。

图3-89 休闲空间

（3）垃圾分类回收

项目根据垃圾的来源进行排摸、增配回收装置，按可回收物、干垃圾、湿垃圾、有害垃圾等进行分类，垃圾房每天有专人负责清扫，并对垃圾做好检查和必要的二次分类。保持室内外环境清洁卫生、桶体整洁，做到无臭味、无虫害、无污水和积水。垃圾由清运公司负责清运。

对于生活垃圾，各层设可回收物收集桶、湿垃圾收集桶、干垃圾收集桶，每栋楼一层增设有害垃圾收集桶。物业负责统一收集垃圾，再驳运至垃圾房。每日清运三次。对于餐厨垃圾，由商户自行分类后投放至餐厨垃圾房，餐厨垃圾房专人管理定时开放。垃圾分类桶见图3-90。

图 3-90　垃圾分类桶

【结语】

虹桥万科中心定位国家三星级绿色建筑、LEED金级建筑，综合考虑了建筑节能、节水、节材、节地、室内环境，全面符合绿色建筑的相关要求，打造了以人为本、适宜办公、生态绿色的建筑，在运营过程中应用先进的技术改善室内办公环境，降低暖通空调能耗等各类能耗，真正体现了绿色建筑的现实意义。

虹桥万科中心项目已成为万科集团精心打造的绿色、低碳、节能建筑的典范之作，产生了良好的经济效益和社会效益，在虹桥商务区也产生了标杆示范效应。

3.7　上海虹桥新地中心项目

【项目概况】

虹桥新地中心项目位于虹桥商务核心区一期04号地块，是集甲级写字楼、会展、商业为一体的城市综合体项目，基地南临绍虹路、北临苏虹路、西至申滨南路、东邻申武路，见图3-91。项目由2栋楼组成，用地面积为15700m²，总建筑面积为75706m²，地上建筑面积为50373m²，地下建筑面积为25333m²，其中新地中心1号楼总面积为66228m²，地上面积43271m²，地下面积22957m²；2号楼地上面积7102m²，地下面积2376m²。项目总高度43m。

项目于2012年11月开工建设，2017年6月竣工验收并投入使用。项目地下三层为车库，地下一、二层及地上一层为商业，地上二层以上均为办公，大楼全部空间自持。目前地下商业暂未开放，地上商业有星巴克、瑞幸咖啡等，地上办公有联通、瑞穗银行、东风汽车、海利达、大陆汽车等知名公司。

图 3-91 项目实景图

【获奖荣誉】

虹桥新地中心 1 号楼获得绿色建筑二星级设计标识证书、LEED 金级最终认证,虹桥新地中心 2 号楼获得绿色建筑三星级设计标识证书、LEED 铂金级最终认证。获奖证书见图 3-92～图 3-94。

图 3-92 LEED 证书

图 3-93　绿色建筑标识证书

图 3-94　施工市文明工地、区优质结构工程

【建设及招商引资情况】

项目已于 2017 年 6 月竣工，目前已整体运营，入驻率达 70% 左右，入驻企业主要有大陆汽车、瑞穗银行、东风汽车、海利达、联通等。

【绿建技术亮点】

（1）屋顶绿化

项目结合虹桥商务区对绿化率的要求配置屋顶绿化，屋顶绿化面积占屋顶总面积 50% 左右，屋顶绿化见图 3-95。

（2）下沉式广场

项目设计下沉式广场改善地下空间的自然采光，并充分利用了地下空间。下沉式广场见图 3-96。

（3）建筑外遮阳一体化设计

项目外观处理充分考虑与周边环境的协调，结合建筑自身的功能和绿色建筑特性，设置与建筑一体

图 3-95 屋顶绿化

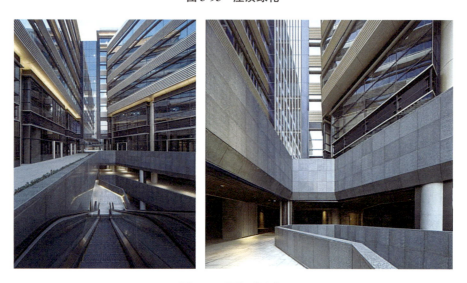

图 3-96 下沉式广场

化的水平和垂直的外遮阳装置,见图 3-97。

(4)雨水回收利用系统

项目收集屋面雨水,处理后用于绿化浇洒、道路冲洗等,汇水面积为 6330m^2,年可收集雨水量为 4643m^3,雨水处理机房在地下一层,蓄水池容积为 170m^3,雨水处理系统见图 3-98。

(5)太阳能热水系统

项目屋顶设置了太阳能热水系统,集热器面积为 116.9m^2,日产 60°热水 26.67t,太阳能热水集热器见图 3-99。

(6)无障碍设计

项目在各个主要功能区域的出入口都设立无障碍设施。基地内人行道设盲道,道路入口设缘石坡

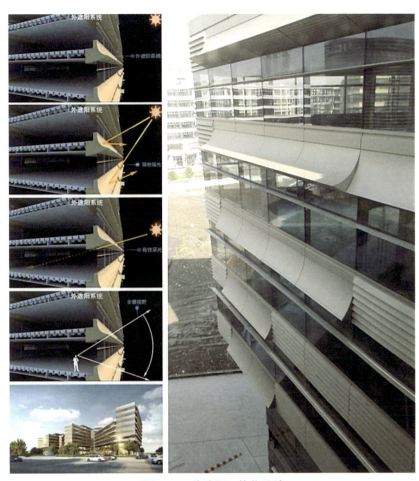

图 3-97 外遮阳一体化设计

图 3-98 雨水处理系统

图 3-99 太阳能热水集热器

3.7 上海虹桥新地中心项目 | 案例篇 | 147

道，各层入口处设坡道、盲道、盲文指示牌。

（7）地板送风空调系统

项目空调风系统采用地板送风形式（图3-100），新鲜空气从地板送入室内，再从顶部排风系统排出。空调系统设置内外空调分区，可提高室内空气质量，节省运行能耗，提升人体感觉的舒适度。

图3-100 地板送风空调系统

（8）节能光源及照明控制

项目室内照明采用T5荧光灯、紧凑型节能灯等高光效光源，配合电子镇流器，提高单位功率发光效率，降低电能损耗，达到《建筑照明设计标准》GB 50034-2004中照明功率密度目标值要求，即办公区在满足照度为300lx的条件下，照明功率密度不高于$9W/m^2$。

项目采用智能照明控制系统，办公区安装照明红外感应器，同时对不同环境、不同时间的照明设备进行合理管理，实现能源节约。

项目对车库照明、大堂照明、公共区域照明等进行程序控制，按上下班高峰、平时、夜间、节假日等不同时段、不同照明需求控制光源开启数量，在满足功能的前提下降低电能损耗。

【绿色生活消费引导情况】

为响应上海市推行垃圾分类，特地组织各小业主进行垃圾分类宣贯会议，由物业对各租户进行垃圾分类的教育和监督，并鼓励员工及租户进行绿色生活和消费，尽量少产生生活垃圾。垃圾分类宣传见图3-101。

【结语】

虹桥新地中心项目是虹桥商务区核心区重点区域的标志性项目。项目的绿色建筑技术特点明显，如外遮阳一体化设计、地板送风空调系统、高光效节能灯源及照明控制等。1号楼获得LEED金级认证，2号楼获得LEED铂金级认证，更是佐证了该项目在绿色低碳建设上的卓越表现。

图 3-101　垃圾分类宣传

3.8　上海虹桥万通中心项目

【项目概况】

上海虹桥万通中心项目位于虹桥商务区核心区一期 04 号地块，紧邻虹桥机场和虹桥高铁站。项目建筑使用功能包含商业和办公，地上共 9 层，地下 3 层，总用地面积 12193.5m²，总建筑面积为 82003m²，地上建筑面积为 52914m²，地下建筑面积为 29089m²。项目实景图见图 3-102。

图 3-102　项目实景图

【获奖荣誉】

上海虹桥万通中心项目已获得绿色建筑二星级设计标识和 LEED 金级认证，并获得绿色建筑二星级运行标识，标识证书见图 3-103。

【绿建技术亮点】

（1）场地利用

项目景观绿化面积占建筑占地面积的 22%；其中屋顶绿化面积 4010m²，占屋顶总面积约 50%。绿化物种选择适宜当地气候和土壤条件的植物，采用包含乔木、灌木的复层绿化，屋顶绿化见图 3-104。

地块充分利用地下空间，地块总地下建筑面积 29089m²，建筑占地面积为 7293m²，地块通过地下通道与虹桥天地等项目联通。

图 3-103　绿建二星设计、运行标识证书，LEED 金级认证证书

图 3-104　屋顶绿化

（2）节能措施

建筑立面采用玻璃幕墙，选择反射率较低的玻璃，有限减少幕墙反射对周边环境影响。建筑外窗可开启面积不小于外窗总面积的30%，建筑幕墙具有可开启部分或设有通风装置。外观处理充分考虑与周边环境的协调，以及建筑自身的功能和绿色建筑特性，设置与建筑一体化的水平和垂直的外遮阳装置。

万通中心办公区域采用风机盘管＋新风系统，各区域空调实行独立控制，风机盘管采用冷热独立变流量系统运行，新风系统采用 G4+F7+H10 高效全能热回收转轮全新风机组，新风机组热回收效率在75%～80%之间。大厅采用全空气定风量空调系统，设置新风比调节措施，在过渡季可实现全新风或增大新风比。

在变电所、每层强电配电间集中设置用户电计量表具，对照明插座、空调用电、动力用电及特殊用电进行分项计量。同时对商业出租（出售）单元、公共部位、大容量设备等进行分户计量。

（3）节水措施

采用雨水回收利用系统，收集屋面雨水，汇水面积 4600m^2，年收集雨水 3373m^3，雨水处理机房在地下一层，蓄水池容积为 165m^3。回收雨水处理用于绿化浇洒、道路浇洒、水景补水及地库冲洗，雨水

图 3-105　雨水回用系统

回用系统见图 3-105。景观绿化 70% 以上的绿化面积采用节水灌溉方式，以节约用水。

建筑给水系统按照绿化用水、道路浇洒用水、车库地面冲洗用水等使用功能性设置不同分项计量表具，以便监控其用水量状态。

所有用水器具均满足《节水型生活用水器具》CJ 164 及《节水型产品技术条件与管理通则》GB 18870 的要求。

（4）节材与材料资源利用

建筑物整体外形简单，地上建筑结构采用钢结构 + 核心筒形式，采用预制装配整体式结构，主体钢结构和肋板全部在工厂加工焊接完成，并与工厂加工好的 T 型码钢梁转接件在现场连接，有效避免现场施焊以及保证施工的安全性，并节约材料。

（5）室内环境

办公区采用风机盘管 + 新风系统，各房间可单独控制和调节，满足了不同用户的个性化使用需求。

项目结合建筑自身的功能和建筑特性，设置与建筑一体化的外遮阳装置，见图 3-106。75% 以上的主要功能空间室内采光系数满足现行国家标准《建筑采光设计标准》GB 50033 的要求。设置下沉式广场改善地下空间的自然采光，见图 3-107。

在办公区域安装 CO_2 浓度监控装置，并与新风系统联动控制，保证舒适的室内环境。

【绿色生活消费引导情况】

上海虹桥万通中心积极参与新虹街道垃圾分类宣传工作，并参与街道举办的公益活动，号召身边上班族青年走出办公室，关注自我身心需求、参与社区建设、推动社区发展，垃圾分类宣传见图 3-108。

上海虹桥万通中心服务中心协同新虹街道垃圾分类宣讲员及相关政府部门对大厦写字楼、商业租户进行垃圾分类宣传和指导，为租户推荐了上海绿色账户、分类查询公众号和小程序，分发《上海市生活垃圾管理条例》、垃圾四分类告示等相关学习资料。租户垃圾分类宣传见图 3-109。

上海虹桥万通中心已实现了 100% 正式开业租户的入户宣传工作，并落实了分类垃圾桶设施投放点设置工作及垃圾箱房改建工程。

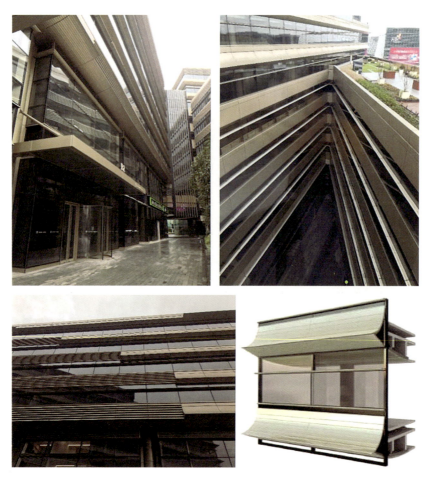

图 3-106 一体化外遮阳

图 3-107 下沉式广场

图 3-108 垃圾分类宣传

图 3-109 垃圾分类宣传告示

【结语】

上海虹桥万通中心项目响应虹桥商务区管委会号召，积极开展绿色运行工作，获得了绿建二星级运行标识和 LEED 金级认证，节地、节能、节水、节材等效果明显。

3.9 上海虹桥丽宝广场项目

【项目概况】

虹桥丽宝广场项目是由台资企业丽宝集团斥资近 50 亿元打造的虹桥商务区核心区内唯一的都市绿岛花园生态商业复合体、波谷式绿色商务复合体，见图 3-110。该项目以前瞻的规划理念、人文服务关怀、国际精工标准呈现了 4 座现代化办公楼与 1 座业态丰富的商业中心，项目西临申滨南路、东至申武路、南到苏虹路、北至申滨南路。

虹桥丽宝广场总占地面积约 45000m²，总建筑面积约 235000m²，容积率为 2.63。包含 D04a、D05 两个街坊。包括地上 6 栋 2～8 层的办公楼，建筑面积 10.5 万 m²；以及地上一层、地下一层及夹层的丽宝乐园主题精品商业中心，建筑面积 70000m²；地下二层为车库，可容纳停车位 1000 余个。D04a 街坊（北）总占地面积 11116.4m²，地上建筑面积 29185m²，地下建筑面积 25981.7m²，建筑高度 38m；D05 街坊（南1、南2）总占地面积 34165.7m²，地上建筑面积 96394.29m²，地下建筑面积 86156.27m²，高度为38m（8层）及33.7m（7层）。商务办公建筑共4座，以连续裙楼串联。

2012年6月虹桥丽宝广场项目正式动工，D04a街坊于2015年8月27日竣工，D05街坊于2017年1月9日竣工。项目全部由台湾丽宝集团自持，预计全部大楼办公人员约12000人，其中5号楼为丽宝集团总部。

图3-110　项目实景图

【获奖荣誉】

2014年虹桥丽宝广场项目荣获"AA级安全文明标准化工地""工人先锋号""第四批全国建筑业绿色施工示范工程"等；分期获得闵行区"2014年区优质结构""2015年区优质结构"。2014年4月取得了国家二星级绿色建筑设计标识证书，2015年获得了美国LEED绿色建筑银级认证。2018年，项目地下商业空间六大主题的设计方案获得新加坡室内设计大奖"方案类"项目银奖。2018年8月，北地块荣获市"白玉兰"奖，2019年6月南地块申报了市"白玉兰"奖。2019年9月12日，虹桥丽宝广场项目商业正式投入运营。项目获奖证书见图3-111～图3-113。

【建设及招商引资情况】

截至2019年下半年，丽宝广场项目入驻企业有麦格纳汽车技术（上海）有限公司、震坤行、印力集团、中国移动（上海分公司）、葛洲坝集团、正大集团供应链、绿城房地产建设管理集团等。同时虹

图3-111　绿色建筑设计标识证书

图 3-112　LEED 银级认证证书

图 3-113　北地块白玉兰证书

桥丽宝广场为承接中国国际进口博览会辐射功能，与虹桥商务区管委会合作成立"虹桥海外贸易中心"平台，吸引了一批知名或重要国际、国家级海外贸易机构入驻，致力于打造万国联合办公中心。20多个国家的商务代表入驻，预计入驻办公的外籍人士约 2000 名。2019 年 5 月份，虹桥海外贸易中心获得虹桥商务区"特色楼宇"称号，入驻率达到 60% 左右。

【绿色建筑技术亮点】

虹桥丽宝广场响应虹桥商务区管委会号召，坚持把绿色生态办公作为核心要义，致力于打造一个自然与商务共享的空间。项目将"绿色"作为办公楼宇的主题色，配合退台式的建筑设计，让整座办公楼宇尽情"沐浴"在自然光当中，"见缝插针、疏密有致"的屋顶绿化又在容积率不受影响的情况下提高了绿化率，释放绿色商务影响力，成为大虹桥风景线中的独特轮廓，真正做到了"将阳光、空气还给每一位上班族"，项目实景图见图 3-114。虹桥丽宝广场项目机电工程施工中采用了 BIM 技术，实现了各项施工任务的虚拟建筑（3D）、进度管理（4D）、成本管理（5D），达到了节约劳动力和施工成本、改善施工质量、缩短工期等效果。

图 3-114　项目实景图

（1）建筑节能

项目根据虹桥商务区绿色低碳建设的标准，贯彻全寿命周期的低碳建设理念和运营管理策略，体现了"节地、节能、节水、节材"的可持续发展理念，按照上海市工程建设规范《公共建筑节能设计标准》，虹桥丽宝广场为甲类建筑，节能标准达到65%。末端风机盘管采用温控、电磁阀控制，温度感应器达到预设温度后自动关闭水流量控制阀。LED节能灯具项目整体覆盖率99%，较之传统白炽灯节能效率达到90%。

（2）空调冷热源

空调系统冷热源由虹桥商务区北区能源站提供。冷媒由位于地下二层的管沟入口进入热计量室，经冷、热量计量后进入换热站，经冷冻水板式换热器机组换热后供应空调冷冻水（热水）。然后通过二次循环泵进入各区域末端设备实行供能。区域供能系统采用间接供能方式。大空间商业区域采用一次回风定风量全空气空调系统，采用散流器送风；办公室空调系统采用风机盘管加新风的形式。

（3）共享会议中心

虹桥丽宝广场共享会议中心配备了贵宾接待、会议礼仪、茶歇服务等多种功能，同时承办产品推广、培训、招商、商务洽谈、记者发布会等会议形式，共享会议室见图3-115。自2019年5月份投入运营以来，承接了戴德梁行2019虹桥核心商务区写字楼市场沙龙、中国商业零售总裁班公开课、上海聚水潭网络科技有限公司第一次会员（代表）大会等大型企业活动；承办了上海虹桥海外贸易中心说明会、上海市建筑工程"白玉兰"奖评选会、上海市台协台湾校友会联谊会等重大会议活动，均取得圆满成功。

图3-115　共享会议室

（4）非传统水源利用

本工程的水源来自市政自来水与雨水两部分。从市政管线接入一根$DN150$生活给水总管，于室外设置总水表计量（水表后设置止回阀）。一层和地下生活用水由市政直接供水；二层及以上办公生活用水采用变频加压供水系统；绿化浇灌、道路冲洗、车库（垃圾房）冲洗采用雨水回收利用系统。屋面采用虹吸排水系统，屋面雨水经雨水斗和管道汇合后重力流排至户外。屋面、退台、地面采用智能雨量探测自喷系统。屋面、地下庭院、车库入口等设计重现期为50年，屋面设置溢流口。空调冷凝水、消防排水、雨水等集中收集，至地下室集中收集池—生物过滤器—消毒—清水池，通过加压设备，供给绿化、水景、车库冲洗等使用。下沉式中庭及一楼喷泉采用雨水收集系统二次利用，以此达到水循环利用及节水的目的。节水灌溉见图3-116。

图3-116　节水灌溉

（5）空气质量监控

项目空调箱设备设有二氧化碳检测器，实时监控CO_2状况。空调箱采用初、中效过滤器，确保PM2.5浓度符合要求。

【绿色生活及消费引导情况】

虹桥丽宝广场打造了中国首创全主题式的精品商业，倡导绿色生活的同时，也给消费者带来了不同的消费体验，商业实景见图3-117。

随着办公入驻人员越来越多，丽宝公司联合闵行区新虹街道办事处，携手各品牌方举办了一系列

图3-117　商业实景

的环保公益主题活动，倡导商务区上班族绿色生活，共享公共资源，呈现了美好生活"新聚点"的初体验。环保公益活动见图3-118。

图 3-118　环保公益活动

虹桥丽宝广场还响应政府号召，积极开展垃圾分类，使每一个在丽宝办公、消费的人都能深入了解垃圾分类，并积极参与到垃圾分类中。

【结语】

虹桥丽宝广场作为大型台资企业丽宝集团精心打造的办公商业综合体项目，既有退台式建筑设计的绿意盎然，又有可持续发展的绿色生态办公，更在全主题式精品商业运营中倡导绿色生活，成为体现人文关怀和绿色低碳建设理念有机结合的绿色商务综合体项目。

3.10 上海龙湖·虹桥天街项目

【项目概况】

上海龙湖·虹桥天街项目地处虹桥商务区核心区一期05号地块，西临申滨南路、南临甬虹路、东临申长路、北至绍虹路，基地中有舟虹路穿过。以舟虹路为界，项目划分为南、北两个街坊，包含多栋多业态的建筑单体。项目用地面积为78751.7 m²，总建筑面积430563m²，地上建筑面积为254648m²，地下建筑面积为175915m²。

项目于2013年12月开工建设，分两期共6个组团进行建设，一期于2015年7月竣工并于2016年投入使用，二期主体工程为英迪格酒店，于2018年竣工并于10月份投入使用。项目包含A、B、C、D、E、F、G、H（1～6）、J、K、L等建筑单体，其中A、B、C、D、E、F、G、H（1～6）栋均为办公+底商的组合业态，J栋为酒店，K栋为酒店辅楼，L栋为商业。项目深度开发地下空间，整体地下室共3层，主要功能为超市、轻餐饮、停车库、设备用房等。地下空间通过地下人行通道与周边虹桥天地、虹桥富力广场等项目联通，并连通虹桥枢纽——国家会展中心地下通道。项目实景图见图3-119。

龙湖·虹桥天街在具体功能布局上分为三大区域：精品商业与文化娱乐区、精品酒店及酒店辅楼区、办公及特色商业区。三大区域地下室连成了一个完整的地下室区域，并巧妙地利用地下商业街及空中连廊进行衔接，形成开放、流畅又紧密连接的功能整体。项目包含五大业态，分别是：体验式购物中心、铂金岛（商业街）、一展空间（联合办公）、英迪格酒店、总部型写字楼。

图 3-119　项目实景图

【获奖荣誉】

项目于 2014 年获得三星级绿色建筑设计评价标识（采用《绿色建筑评价标准》GB/T 50378-2006 评价），于 2016 年底竣工并投入使用，2016 年度、2018 年度两度获得上海绿色建筑贡献奖。2019 年 11 月，项目南区办公组团，喜获三星级绿色建筑运行评价标识（采用《绿色建筑评价标准》GB/T 50378-2014 评价）。项目获奖证书见图 3-120～图 3-122。

图 3-120　三星级绿色建筑设计标识证书

图 3-121　三星级绿色建筑运行标识证书

图 3-122　上海绿色建筑贡献奖

【建设及招商引资情况】

龙湖·虹桥天街项目 2016 年 12 月竣工投入使用，办公组团整体出租率良好，截止到 2019 年 11 月整体出租率超过 80%，客户行业分布前三为金融、科创、实业。商场目前日均客流稳定在 4 万人次，通过不断地进行业态调整与创新，已经逐渐成为虹桥商务区标志性的体验式购物中心。英迪格酒店作为本项目的特色亮点，通过精致的服务、人性化的设计和特色的文化情怀，已经成为虹桥商务区高端酒店的名片。

【绿色建筑技术亮点】

龙湖·虹桥天街项目按照绿色建筑三星（局部二星）要求进行设计、施工、营运，坚持以人为本和环境友好，不仅在内部设计上考虑了办公舒适性、购物就餐的体验感，同时项目集中采用了屋顶绿化、节水灌溉、中水回收利用、太阳能热水系统、可调节外遮阳、分项计量与楼宇自控、室内环境监控等多项技术措施，全面践行绿色节能理念，主要绿色建筑技术措施见图 3-123。

图 3-123　绿色建筑技术措施

（1）室外景观设计

采用构筑物、乔木遮阴，场地内各楼栋间采用连廊相连，为大部分室外场地提供遮荫，见图 3-124。在中央庭院和迎宾广场种植乔木遮荫，乔木数量为 119 株，项目取成年乔木的冠幅计算树冠正投影面积约为 1995.89m²。

合理采用透水铺装，减少地表径流，透水地面面积比例为 50.1%。

项目办公楼屋顶设置绿化，屋顶绿化比例为 61.46%。

图 3-124　构筑物遮荫、乔木遮荫

（2）能量综合利用——排风热回收

办公楼屋顶进行热回收的新风、排风接力风机均设变频控制，根据各楼层新风空调器变频器的平均值进行联动控制，排风热回收新风机组见图 3-125。新回风设电动调节风阀，在冬、夏季，根据房间

CO_2 浓度检测，控制新风阀调节新风量，过渡季可采用 50% 新风比供冷，节省运行费用，回风阀相应反向联动调节；在必要时，新回风阀可根据需要关闭。排风机设变频调节，与新风阀正向联动控制。新风、排风设转轮热回收，并在空调箱内设转轮电动旁通阀。

图 3-125 排风热回收新风机组

（3）节水灌溉

本项目地面和屋顶绿化灌溉均采用微喷灌，微喷灌喷头见图 3-126。根据设定时间实现自动灌溉，并配有雨量传感器，实现雨天关闭。

图 3-126 微喷灌

（4）中水回收利用

项目回收办公盥洗中水和酒店盥洗淋浴用水，经处理后，用于场地绿化灌溉、道路冲洗、地库冲洗和办公区冲厕用水。中水处理机房位于地下一层南侧 E 号楼地下，见图 3-127。中水原水池为 60m³，清水池为 30m³。

（5）室内节材——灵活大空间

项目充分利用可灵活变换的大空间作为办公和娱乐场所，满足活动场所随时简易更换的要求，节约建筑材料（图 3-128）。

（6）室内品质——空气质量监控 + 可调节外遮阳

为保证健康舒适的室内环境，本项目设置一套空气质量监测系统，检测地库 CO 浓度，按照防火分

图 3-127 中水处理机房

图 3-128 灵活隔断空间

区设置，联动排风机排风。

在地上主要办公区域设置 CO_2 监测系统，新风机组、新风阀与之相应控制，使 CO_2 浓度始终在卫生标准规定的范围内。CO_2 浓度监测器安装在离地 1.5m 左右的墙上，并结合装修设置。当监测到 CO_2 浓度大于 800ppm 时，则发出报警信号，通过系统自动调节新风量，使 CO_2 浓度降低到 750ppm 以下。

项目设有多种形式的外遮阳，可调控外遮阳的比例达到 25%。

办公部分立面采用竖向铝合金格栅幕墙系统，利于减少夏季室内得热。办公南立面设置中空百叶玻璃，室内人员可根据日照情况自由调节；西向局部采取中空彩釉玻璃，有效降低玻璃遮阳系数。外遮阳和中置百叶遮阳见图 3-129。

（7）垃圾分类

项目严格按照上海市垃圾分类制度执行垃圾分类，积极开展垃圾分类教育，在建筑物内多处设置垃圾分类展示板，垃圾分类意识已深入人心。垃圾房垃圾分类见图 3-130。

（8）绿化管理

项目绿地率为 21.8%，绿地向公众开放。绿化管理制度明确并建立了现场绿化养护感观标准，项目现场绿化观感良好，草坪平整、灌木体形优美、乔木挺拔，无枯枝、石块及杂草等，无病虫害。室外绿化见图 3-131。

图 3-129　外遮阳和中置百叶遮阳

图 3-130　垃圾分类

图 3-131　室外绿化

对草坪进行及时修剪，清除杂草及杂物，保证草坪整体平整，无病虫害，无杂草；灌木定期修剪，造型灌木形状轮廓清晰，表面平整，基部无土块、石块及杂草等杂物；乔木定期检查树干枯枝、树干萌蘖等，进行修剪、抹牙，保证乔木树形优美，树姿挺拔，无病枝、枯枝。

【结语】

上海龙湖·虹桥天街在立项及设计之初，就以绿色三星级认证为目标，根据项目自身特点和定位，因地制宜打造适合上海地区应用的绿色三星级建筑群。融合了多项综合技术，BIM 设计及施工应用技术、围护结构保温隔热技术、中水回收利用、外遮阳、透水地面、屋顶绿化、节水喷灌、室内环境 CO_2

监控以及建筑智能化技术等为一体。项目在设计阶段、施工阶段、运营维护阶段注重管理,并充分调动了设计咨询、施工管理、物业管理的主观能动性和技术专业性,历经千锤百炼,通过不断的实践和总结,提升项目品质,赢得了客户的高度认可,实现了建筑与人、环境的和谐共生,成为虹桥商务区绿色建筑的典范之作。

04 四 感悟篇

绿色低碳建设工作是一项有情怀的工作。虹桥商务区绿色低碳成绩的取得，凝聚着不少人的智慧和心血。本篇选择了虹桥商务区管委会领导、干部职工、市建科院相关专业人员、入驻商务区的企业员工等人的感悟，汇集成篇，既是记录那段难忘岁月的点点滴滴，更是感慨事非经过不知难，体现虹桥商务区绿色低碳建设工作的人文情怀。

2017年度上海绿色建筑贡献奖获奖感言

闵师林

——上海虹桥商务区管理委员会党组书记、常务副主任

甘会长、刘总、各位嘉宾、各位同行、记者朋友们：

大家下午好！金秋送爽，丹桂飘香，在这个充满着希望、意味着收获的时节，我很荣幸获得"2017年度上海绿色建筑贡献奖"，并作为个人获奖代表发言。

借此机会，首先感谢上海市住房和城乡建设管理委、上海市绿色建筑协会等单位对我的信任，颁给我这个大奖，也感谢大家一直以来对虹桥商务区绿色低碳建设工作一以贯之的指导、支持和帮助！

一晃之间，我从事城市建设管理工作已经30多年了。从浦西到浦东，从浦东到新疆，再到"大虹桥"。这30多年，既是我对城市开发建设规律不断认识把握的过程，也是我对绿色低碳理念从认知到理解，再到亲身实践、着力推动的过程。特别是近几年到虹桥商务区工作后，我亲历了"最低碳"上升为虹桥商务区六大发展理念之首；亲历了虹桥商务区从绿建设计标识认证到运行标识认证；从地块、楼宇的绿建到城区整体的低碳运营；从政府主导、企业参与到全社会共同参与的转变；亲历了立体慢行交通系统成线成网；屋顶绿化、四大绿地、生态水系、"口袋公园"串起商务区绿色生态走廊等。

2017年，虹桥商务区在上海市首批低碳发展实践区的基础上又升级为"上海市低碳发展示范区"。2018年10月24日，虹桥商务区在经过近一年的申报评价工作后，获得了中国城市科学研究会颁发的全国首个"国家绿色生态城区三星级运行标识"证书，这是国内首家、最高星级，且已经实施运营管理的国家绿色生态城区运行标识，意义重大，影响深远。

"大鹏之动非一羽之轻，骐骥之速非一足之力也"。虹桥商务区核心区成为全国首个"国家绿色生态城区三星级运行标识"城区，取得今日成效来之不易，凝聚了管委会历任领导、广大干部职工的智慧和心血，在此向他们表达我最诚挚的敬意！

绿色、低碳建设是国家可持续发展战略的重要载体，是加快转变经济发展方式的关键，它需要我们有"咬定青山不放松"的精神，"功成不必在我"的境界，"功成必定有我"的历史担当，一代人接着一代人干下去，持之以恒、长抓不懈。绿色、低碳建设更是一项既要有"大写意"，又要从细处着眼、从小处着手的工作，我们将传承"工匠精神"，发扬"绣花精神"，继续做好虹桥商务区绿色低碳的基础性和开创性工作，围绕立体慢行交通、绿色建筑运营、低碳能效平台管理、屋顶立体绿化、共享单车管理、生态水系、"口袋公园"等做好文章，并在商务区86km^{2}范围内将"国家绿色生态城区三星级运行标识"的经验全面务实地推广。

各位来宾，今天获得上海绿色建筑贡献奖既是一份荣誉，更是一份沉甸甸的责任，我将以此来鞭策自己时时不忘初心，继续再接再厉，为将虹桥商务区建设成为绿色、低碳、生态、环保的世界一流商务区而努力！

再次感谢大家！

虹桥商务区绿色生态城区建设十周年感悟

陈伟利

——上海虹桥商务区管委会党组成员、副主任

党的十九大报告中提出："建立健全绿色低碳循环的经济体系，形成绿色发展方式和生活方式"，这既是我们做好虹桥商务区绿色低碳建设工作、推进国家绿色生态城区建设的重要理论指导，也是我们的使命担当。

不忘初心，方得始终。回望到 2009 年，上海市委市政府提出依托虹桥综合交通枢纽开发建设虹桥商务区这一重大战略举措之时，就树立了绿色低碳发展的重要理念。2010 年 4 月，根据组织安排，我离开中国浦东干部学院，来到虹桥商务区管委会工作。一晃 10 年，我亲自指导、参与了虹桥商务区绿色低碳建设工作，见证了绿色生态城区建设的成效。我对虹桥充满感情，更深知事非经过不知难，成绩的取得来之不易。

一、虹桥商务区绿色低碳建设情况

10 年前，虹桥商务区在成立之初就确定了"低碳虹桥"的开发建设理念。《上海市虹桥商务区管理办法》中明确提出"鼓励虹桥商务区通过低碳经济发展方式，建设成为低碳商务区域"。2010 年 7 月，管委会发布的《上海市虹桥商务区低碳建设导则（试行）》提出核心区建筑全部按照国家绿色建筑星级要求进行设计，50% 以上建筑按照国家绿色建筑二星级以上标准设计。2015 年，商务区"十三五"规划更是将"最低碳"上升为商务区六大发展理念（"最低碳""特智慧""大交通""优贸易""全配套""崇人文"）之首。围绕这一理念，多年来，虹桥商务区高度重视区域低碳发展，形成了一套充分体现管理时效性，贯穿土地出让、规划、设计、施工、竣工验收和运营管理全过程的政策体系和工作机制。

历经十年打拼，虹桥商务区核心区的绿色低碳建设工作取得初步成效，在集中供能、绿色建筑、屋顶绿化、低碳能效运行管理信息平台、复合慢行交通系统、生态绿化等各个方面均亮点突出、精彩纷呈。比如，核心区既有的 1 号、2 号能源站供能系统每年减碳量就达到 23793 吨标准煤，成为虹桥商务区绿色低碳建设的重要基础和载体。核心区重点区域 58.1% 建筑达到三星设计标识，41.9% 达到绿建二星设计标识，这在全国都是高星级、高比例，极为少见。2019 年，虹桥天地、龙湖天街、万科中心、冠捷科技等楼宇相继获得三星级绿建运营标识。核心区屋顶绿化面积达 18.74 万 m^2，占整个核心区屋面面积的 50% 左右，既节约了宝贵的土地资源，提升了生态环境质量，也为商务区雨水调蓄、节能减碳起到良好作用，真正打造了虹桥商务区的"第五立面"。此外，虹桥商务区功能复合、地下空间深度开发，集约节约使用土地以及组团分布、立体分层、成线成网、发达完善的复合慢行交通体系，地上有二层步廊、空中连廊，地下有人行通道、虹桥枢纽—国家会展中心"大通道"，也是绿色生态城区建设的一大亮点。

2011 年，虹桥商务区被上海市发展改革委列入上海市首批 8 个低碳发展实践区，并将建设成为上

海市第一个低碳商务社区。2014年，虹桥商务区核心区域3.7km^{2}被住房和城乡建设部批准为国家级绿色生态示范城区。2017年，经上海市发展改革委验收，虹桥商务区正式升级为上海市第一批低碳发展示范区。2018年9月26日，经中国工程院院士吴志强等9名全国绿色生态城区评价专家评审、现场答辩评价后，宣布虹桥商务区核心区重点区域成为全国首个三星级国家绿色生态运营城区。这在国内甚至国际上，都起到了标杆和示范作用。

除了核心区外，管委会还于2019年初发布了《关于在虹桥商务区拓展区进一步加强绿色低碳建设工作的实施方案》，全力在拓展区推广和复制核心区的绿色低碳建设经验，积极建设绿色生态城区。经过与各区积极对接联系，目前长宁区临空经济示范区机场东片区、嘉定区封浜新镇正创建市级绿色生态城区（试点），青浦区西虹桥商务区国家会展中心周边区域计划创建国家级绿色生态运行城区。

二、经验总结

虹桥商务区绿色低碳建设成绩的取得，是包括政府管理者、开发企业等各方努力的结果。我个人概括下来，主要有以下几点经验值得总结：

一是顺应了时代发展的要求。绿色低碳循环的经济体系和绿色发展方式是十九大报告中提出的，习近平总书记也指出："推动形成绿色发展方式和生活方式，是发展观的一场深刻革命"，要"推动形成绿色发展方式和绿色生活方式"，"让天蓝地绿水清深入人心"。绿色低碳发展是当今时代潮流，世界趋势，虹桥商务区的绿色低碳发展顺应了时代潮流，响应了时代发展的要求。

二是高起点规划引领、高水平开发建设。虹桥商务区在建设之初就强调坚持世界眼光，对标国际先进，高起点规划引领、高水平开发建设。规划过程中明确了地下空间深度开发、功能配比混合多元、尺度空间宜人舒适、环境绿化品质高尚等各方面的要求，特别是将绿色建筑的星级要求写入了土地出让合同中，并在设计方案、施工过程、竣工验收等开发建设全生命周期中深度把控，确保了绿色建筑技术措施要求的实质性落地。

三是专业团队的坚守。绿色低碳建设是一项有情怀的工作，"功在当代、利在千秋"，做工作时的成效体现不出来，但在今后会逐渐显现出来。我们的工作主要由管委会开发建设处、上海市建科院的一批同志负责，10年来尽管这个团队的人员换来换去，但他们一直在坚守着"最低碳"的理念，并持之以恒地做了下去，从未有过放弃，这才有了今天的成绩。我为这个团队默默无闻的辛勤付出、专业敬业高效的工作而骄傲。

四是专项发展资金补贴的保障。虹桥商务区对绿色低碳建设的资金支持是"真金白银"的。管委会出台了低碳发展专项资金的实施意见，制订一系列的申报指南，内容涵盖绿色建筑设计标识、绿色建筑运行标识、集中供能、屋顶绿化、绿色施工等方面，几年来的补贴金额超过了1亿元。由于资金补贴到位，很大程度上助推了绿色低碳建设的实质性进展。

三、国外经验的借鉴和启示

2019年6月16日至6月23日，我率团出访了瑞典和丹麦。在调研学习斯德哥尔摩、哥德堡、比隆等城市的发展经验中，感受到北欧城市先进的绿色低碳理念和做法。

皇家海港城是瑞典以及北欧最大的可持续城市发展区域。2009年，斯德哥尔摩市议会决定，将该区建设成为可持续城市发展的典范。该区原煤气厂区周围的工业区转变为与港口运营和住宅区相互作用的绿色城区，海港城在能源和环境技术的有效利用方面都做了探索和应用。其中，皇家海港城雨水过滤净化系统、真空抽吸垃圾回收系统、智能电网与智能垃圾回收系统的应用技术等都给我留下了深刻的印象。

瑞典的垃圾焚烧技术也非常先进，其垃圾焚烧厂清洁无味，粉尘全部吸附，二噁英排放接近于零，焚烧厂在燃烧产生的气体中灌入冷却水，然后用净化设备层层过滤，直至符合欧盟标准后再排入大气。在瑞典，大多数社区都有垃圾收集中心，放置着许多标有颜色标识的垃圾容器，每个小区的垃圾房和街区的大型垃圾箱都会张贴分类垃圾箱的具体说明，同时配有文字和图片。垃圾填埋率只有1%左右，垃圾回收利用率高达99%，资源循环利用极高。

在丹麦比隆，我们考察了丹麦水和能源公司。这是一家比隆市全资控股的公共事业公司，成立于2010年，包含供水公司、污水处理公司、能源公司三个子公司。其中污水处理公司是丹麦环境部和科学部（水部门技术开发基金会）选定的废水处理的合作伙伴，能源公司通过利用生活垃圾、污水污泥和有机工业废物生产沼气、电力和热能，实现循环经济发展。我详细了解了该公司在污水处理、废物处置循环利用的全过程先进技术，并深入公司各生产处理车间，实地学习了污水进入、净化除沙、化学处理、废物去除、达标排放、沼气储存、热能传送、发电上网等全流程实现循环经济发展的科学技术和先进经验。公司一天的污水处理量是1300吨，完全能满足当地城市污水排放的处理，且污水处理过程中的循环经济、再生能源利用达到了世界先进水平。这些都对我们进一步加强虹桥商务区的绿色低碳建设工作提供了有益的借鉴和启示。

四、下一步的工作打算

尽管虹桥商务区的绿色低碳建设取得了一些成绩，但整个区域（151.4km²）的绿色低碳发展水平并不平衡，管委会对四个片区的统筹力度还不够，管理体制机制还不完善，对标国际一流绿色低碳商务区的差距还不小，今后的任务仍任重而道远。

新时代，新机遇、新作为。2019年5月14日，李强书记调研时充分肯定了虹桥商务区的"最低碳"理念，并要求将虹桥商务区打造成"商务环境一流、生态环境一流"的区域。2019年12月份发布的《长江三角洲区域一体化发展规划纲要》，提出要重点建设长三角生态绿色一体化发展的示范区。在上海市落实国家长三角一体化发展规划纲要的实施方案中也明确提出"对标国际水准，全面提升虹桥商务区绿色建设和生态运行标准"。2019年底，上海市委市政府出台了《关于加快虹桥商务区建设打造国际开放枢纽的实施方案》，提出要"打造世界一流的绿色低碳发展商务区"，更为我们今后的工作指明了方向。

根据核心区的绿色低碳实践工作，结合我率团出访瑞典、丹麦学习两国在绿色城市、循环经济、垃圾分类处置、污水处理等方面的先进技术和成功经验，我提出了关于统筹虹桥商务区规划与建设管理、推进国家绿色生态城区建设的以下工作建议：

（1）落实好《虹桥商务区规划建设导则》。《上海市虹桥主城片区单元规划》和《虹桥商务区规划建设导则》近期正式对外发布。管委会将组织宣贯、落实好规划建设导则，作为各区具体推进绿色低碳建设工作的重要依据。学习借鉴国际先进经验和做法，并结合商务区实际制订绿色低碳建设分导则，统一绿色低碳规划建设标准，统筹指导整个商务区的开发建设工作，提升高质量一体化的绿色低碳建设水平。

（2）做好全生命周期的绿色低碳建设管理。借鉴核心区的经验做法，规划先行，理念在前，在土地出让合同中就明确绿色低碳建设的要求，并在设计方案审核、绿色施工监管、节能竣工验收的全生命周期中把控。以人为本，鼓励开展绿色建筑运营，实施全生命周期的绿色低碳建设管理。

（3）建立虹桥商务区规划建设联席例会制度。由管委会牵头，会同各区相关部门（规划、建设管理部门和开发公司等），建立虹桥商务区规划建设联席会议制度，定期召开联席会议交流工作，共同协调解决有关问题，管委会、相关区、开发公司、建设单位等形成合力，共同推动虹桥商务区绿色低碳建设和生态城区创建工作。

（4）加强后评估和考核工作。引进第三方专业单位，建立生态城区后评估机制。探索将相关拓展片区执行《虹桥商务区规划建设导则》和落实绿色低碳建设标准等情况纳入区政府考核指标，由管委会组织考核，并将考核结果报送市年度绩效考核工作领导小组。搭建信息平台，做好全区域范围内的绿色建筑、生态城区、低碳能效运行管理平台、碳排放量等方面的数据汇总、信息交流等工作，充分掌握虹桥商务区绿色低碳建设成效。

总而言之，绿色、低碳建设是国家可持续发展战略的重要载体，是加快转变经济发展方式的关键，它需要一代人接着一代人干下去，持之以恒、长抓不懈。我们将按照习近平新时代中国特色社会主义思想的指引，不忘初心、牢记使命，继续做好虹桥商务区绿色低碳的基础性和开创性工作，将核心区国家绿色生态城区三星级运行城区的经验和做法全面务实地在商务区 151.4 km^2 范围内推广、落实好，推动形成绿色发展方式和绿色生活方式，实现天蓝地绿水清。

难忘的虹桥十年

徐明生

——上海虹桥商务区管委会开发建设处处长

十年前，2009 年 8 月，闵行区有关领导征询我去虹桥商务区从事开发建设工作事宜。我当时在区农委工作了近两年，虽然一直在积极了解适应农村农业工作，但毕竟与所学的建筑行业相差较大，隔行如隔山，困惑不少，故愿意试一试。主要是三个考量，一是放弃建设行业继续从事农业，属改行，很是可惜；二是自己对商业经济一直很有兴趣，是业余爱好，并积累了不少素养；三是此前虽在建筑行业系统工作近二十年，但专业岗位偏窄、偏零碎，且工作变动多，事业感不够强。余生的十多年工作时间，有如此好的工作平台，完全可以有所作为、有所建树。9 月中下旬，管委会三个领导分别面试并认可了我。主要领导薛全荣同志还当场拍板，要我第二天即来上班。在移交原有工作后，9 月底我正式来虹桥上班了。

当初的虹桥商务区，被确定为全市六件大事之一、六个园区之首，是现代服务业集聚区、国际贸易中心的新平台，是企业总部和经济组织的汇聚地、服务长三角和长江流域的高端商贸中心，确实令人热血沸腾，跃跃欲试。前几个月的周六和周日，我不是查阅有关商务开发区资料，就是去陆家嘴、外滩、南京路、淮海路现场察看，尽快形成商务区的开发建设理念。2009 年年底，管委会在崇明开了个务虚会，当时我的发言稿有 38 页之多。开发建设处当时最主要的两件事，一是做好建设处的制度设计和安排，这是一个处室合理运行、科学高效的关键；第二件事，就是寻找做事的人。委领导和交通处很支持，把本应去交通处的李俊同志调入我处，朱水保同志在转业干部培训后即报到上班，这为建设处的制度设计工作增添了力量。所谓制度设计和安排，主要有以下几项工作。一是做好《上海虹桥商务区管理办法》中的建设篇章起草工作。二是做好处室"三定"方案。三是明确处室工作界面、职责、业务流程等。这其中涉及最重要、最操心的事，就是行政审批委托事项。在建设审批委托事项上，市住房和城乡建设管理委的领导和主办处长曾明同志是很支持的。在经过五六次沟通协调后，他们基本同意委托。但是因为建设处的编制才 4 个，管委会和市住房和城乡建设管理委都认为，建设审批事项很多，且多是事务性的（事业单位做的），而建设处属行政机关仅 4 人，有难度。我解释道：第一，《管理办法》已明确行政审批可委托。第二，事项越多，越需委托，与其去协调，不如自己去做。第三，建设上很多具体事项要去市中心多个部门办事，一定不方便，无法高效。第四，人员可借用，市住房和城乡建设管理委驻场办（当时是为枢纽建设临时设置的）马上要拆掉了，部分人员可留下来，人员经费可从交易服务费中列支。第五，涉及工程安全质监的，可属地化开展。建设上的一揽子审批事项委托很快就得到了解决。在投资管理上，社会项目的核准和备案，以及政府项目的项目建议书和工程项目可行性研究报告等事项的审批委托，就比较费劲。社会项目的核准和备案，在委领导多次走访沟通后，才勉强得到了委托，而政府项目的项目建议书和工程项目可行性研究报告审批委托，不仅委领导去了无数次，分管市领导也说了几次，最后才在时任市长韩正同志的关心下，获得了委托。

当建设正式大面积启动时，确实面临人手不足的问题，在委领导的支持下，我们从委内委外招录很多同志。对于招录事宜，我是极度重视的，坚守宁缺毋滥原则，因为一棵弯曲的树是不可能长成参天大树的。我也很幸运，来的每位同志都是德才兼备，他们都正直、诚实、勤奋和聪明。建设处取得的成绩绝非偶然，因为他们真正做到了敬业、专业和担当的有机结合！

具体到开发建设的具体工作上，比较难的有两件事。第一是开发进程。政府要求的"快"和开发企业的"慢"的矛盾很突出。市政府主要领导明确提出了"早出形象、早出功能、早出效益"的工作要求。管委会领导也希望快，因为商务区需要"一炮打响"，需要"店多成市"，最忌讳的是"独木难成林"。而开发企业，除了香港瑞安，基本上都很慢。慢的原因有五个，一是地产开发均有"捂地"的利益倾向，商业地产更是需要漫长的培育，谁都希望周边先动、自己慢动，谁都不愿为他人先做"嫁衣"、做铺垫。二是商业地产投入多，产出慢，而房产公司最在乎的是"现金流"。三是当时的房地产商擅长做住宅，商业地产开发都是新手。四是管委会要求高且多。方案设计阶段，还要求专家评审、委内会审。还有地下高强度开发、地上地下连通、绿色建设高星级等要求。五是商务区地下复杂，有既有的地铁和规划地铁线，还有密布的三联供地下管道。针对这个矛盾，我处全力以赴，会同规划等处室建立固定例会，针对每个项目都制定了一套完整工作推进图，方案设计和审批、初步设计和总体设计的评审和会审、施工图审查、勘察、设计、施工、监理承发包、合同备案、施工许可、桩基先行等路径图和时序图，迫使企业一步一个脚印完成各项节点工作，帮助协调委内委外审批部门，吃尽苦头。每月还召开月度例会，点评上个月各开发地块的工作进展，形成各开发企业的竞争格局，给出必要压力。针对故意施工拖延或"技术拖延"，走访开发企业高层，请求委领导出面约谈董事长等。第二是安全质量。安全质量是建设行业永恒话题，我们一手抓评优创优工作，走访市施工协会，形成"白玉兰"、优质结构、文明工地等创优工作推进机制，另一手抓检查，通过第三方检查、处里巡查、联合抽查等工作机制，及时发现并排查安全和质量隐患，确保安全可控、工程质量保优。

绿色建设和低碳示范城区建设是虹桥的亮点，也是商务区高品质的重要体现。在市级层面，虹桥商务区2011年被列为上海市首批八个低碳发展实践区，2017年5月经验收后，获评上海市低碳发展示范区。在国家层面，虹桥商务区2014年被授予国家级绿色生态示范城区。特别是，2017年11月，管委会明确要求开展申报"国家绿色生态示范城区三星级运营标识"工作。管委会主要领导闵师林同志带队专程赴住房和城乡建设部，拜访国务院参事、住房和城乡建设部原副部长、中国城科会理事长仇保兴，商议申报事宜。之后，建设处与城科会绿建研究中心多次联系沟通，并多次接受各专业领域的相关专家检查和问询，编制了申报报告。2018年9月26日，在吴志强院士领衔的专家组召开了评价会议，最终以85.53分的优秀成绩，达到实施运营阶段的"国际绿色生态城区三星级运营标识"的要求。这是全国首个最高标准，极大提升了虹桥商务区的品牌。

虹桥的这块土地和这段历史，我确实没有懈怠过，也没有辜负过。作为全程参与开发建设的一员，我倍感欣慰和自豪！今后除了力所能及的努力和贡献外，我也衷心祝愿她早日成为世界一流的商务区！

虹桥十年

刘华伟

——上海虹桥商务区管委会开发建设处副调研员

一晃之间,在虹桥商务区工作已经快 10 年了。

2010 年 4 月 12 日,我从一个比较大的市级机关,调到虹桥商务区管委会工作。先是在综合管理处,从事户外广告管理工作。2012 年底,开始转到开发建设处,从事工地管理、施工现场协调等工作。2017 年 3 月份,由于处里有同事离职,我开始负责三联供集中供能工作。2017 年底,由于又有同事离职,我开始具体负责绿色低碳建设管理工作。

绿色低碳建设工作"功在当代、利在千秋"。我很荣幸,亲自参与、推动了虹桥商务区绿色低碳建设和绿色生态城区发展,见证了最辉煌的时刻。2018 年 9 月 26 日,经中国工程院院士、同济大学副校长吴志强等 9 名绿色生态城区评价专家对照国家《绿色生态城区评价标准》评审,并现场答辩评价后,宣布最终评分为 85.53 分,达到实施运管阶段"国家绿色生态城区三星级运行标识"的要求。我很幸运,这次的专家评审答辩会,由我代表虹桥商务区向专家详细汇报虹桥商务区绿色生态城区建设情况。同年的 10 月 24 日,中国城市科学研究会向虹桥商务区颁发了全国首个"国家绿色生态城区三星级运行标识"。这是全国首个、最高星级的绿色生态城区三星级运行标识,标志着虹桥商务区的绿色低碳建设走在全国前列,达到了国内一流,起到了标杆和示范作用,其意义重大,影响深远。

事实上,虹桥商务区确实在绿色建筑、屋顶绿化、集中供能、低碳能效运行管理信息平台、复合慢行交通系统、生态绿化等各个方面均亮点突出、精彩纷呈。比如,核心区重点区域 58.1% 的建筑达到三星设计标识,41.9% 的建筑达到绿建二星设计标识,这在全国都是高星级、高比例,极为少见。核心区屋顶绿化面积达 18.74 万 m^2,占整个核心区屋面面积的 50% 左右,这既节约了宝贵的土地资源,提升了生态环境质量,也为商务区雨水调蓄、节能减碳起到了良好的效果,真正打造了虹桥商务区的"第五立面"。核心区既有的 1 号、2 号能源站供能系统每年减碳量就达到 23793 吨标准煤,为上海的节能减排任务立下了汗马功劳。此外,商务区组团分布、立体分层、成线成网、发达完善的复合慢行交通体系也给国内外的专家、参观考察者留下了极其深刻的印象。

成绩的取得,离不开领导对"最低碳"理念一以贯之的高度重视以及同事们打下的坚实基础;离不开规划先行,高起点规划的引领,高品质开发建设的坚守;也离不开专项发展资金"真金白银"的补贴和一系列政府管理制度文件的出台。当然,更离不开我们这个团队的辛勤努力。在近一年的绿色生态城区参评中,我们开发建设处会同上海市建科院仔细对照《绿色生态城区评价标准》,经常利用周末时间加班加点,想尽一切办法搜集大量资料,召开了 30 多次专题会,提供了 172 件附件材料,仅电子文档就有 6.22G 之多。实践证明,这个团队是敢打仗、能打仗,打胜仗的。我感谢这个团队,辛勤的付出、专业的工作最终让我们梦想成真。

人这一生,做点事不难,但做成事、成大事并不容易。我在虹桥这十年,一方面见证了商务区核心区从杂草丛生、一片荒芜到基坑遍布、塔吊林立，再到一栋栋楼宇拔地而起，一个个地块项目投入运营，到如今车水马龙、人声鼎沸，世界一流商务区的雏形绽露峥嵘，这让人热血沸腾；另一方面，在领导的支持和关心下，我亲自带领工作团队，推动虹桥商务区成为全国首个、最高星级的"国家绿色生态城区三星级运行标识"，做成了一件有价值的事。2019年，为了全面回顾、总结经验，我还组织工作团队编写了《上海虹桥商务区绿色低碳建设实践之路》，计划在《上海市虹桥商务区低碳建设导则》发布10周年之际，即2020年公开出版发行，我想，这是一件很有意义的工作，也是为这十年画上一个圆满的句号。

2019年底，上海市委市政府出台了《关于加快虹桥商务区建设打造国际开放枢纽的实施方案》，提出要"打造世界一流的绿色低碳发展商务区"，这无疑为我们今后的工作明确了目标。我自己在思考，虹桥未来10年的绿色低碳建设要紧紧把握两条主线：一是国际化，就是在目前国内一流的基础上，坚持世界眼光，对标国际最高标准（LEED标准、WELL标准、DGNB标准等），高起点规划，高标准建设，打造世界一流的绿色低碳发展商务区，并将中国绿色低碳建设的制度化、理念化的东西传输到国际上，发出中国的声音，让世界认识到中国推进绿色转型发展、改变全球气候变暖危机的决心和信心；二是一体化，就是将核心区重点区域的绿色低碳建设、国家绿色生态城区建设经验在整个151.4km²虹桥商务区内复制推广，并与长三角生态绿色一体化发展示范区联动发展，最终助推长三角区域一体化高质量发展。

虹桥十年，让我对这片土地、这段历史充满感情，满怀感恩。我坚信，再经过若干年的努力，虹桥商务区必将成为国际化中央商务区、国际开放枢纽、世界一流的绿色低碳发展商务区。虹桥商务区的未来会更美好，也将更绿色、更生态、更低碳！

祝福虹桥。

绿色低碳建设实践中的工作点滴

安 宇
——上海市建筑科学研究院有限公司 副总工程师

虹桥商务区是上海的一片热土，本人有幸在过去十年间见证她的发展变化，并且能够在项目的规划设计阶段就参与了区域绿色低碳的策划，一步步看着图纸上和方案中的内容得到具体实施，抚今追昔，这十年间的工作过往、点点滴滴不断涌上心头，对其中印象特别深刻的事迹记录如下。

大约在2010年，当时商务区的总体规划方案还在讨论确定中，但是低碳商务区的目标已经明确，摆在我们技术团队面前的问题就是如何在区域层面满足低碳发展目标，这个问题在当时其实不仅是上海甚至是全国没有可以参考的先例，我院接到了上海市住房和城乡建设管理委的任务，开展商务区低碳建设导则的研究编制工作，在我院徐强总工和杨建荣博士的带领下，技术团队开展了广泛的案例调研和技术指标研判工作，基本明确低碳商务区要从建设全寿命周期着手，关注绿色建筑、区域供能、资源回用和低碳绿化等商务区的后续重点建设工程，同时在运行期需要对能耗、水耗和区域环境质量等关键数据进行收集记录，从而用数据说话，以满足后续对低碳商务区如何满足低碳的目标进行解答。在导则的基础上，又形成了指导商务区后续低碳实践的实施方案，在实施方案中进一步明确了商务区要建立统一的能耗监管平台，有了这个平台，就可以对商务区的能耗、水耗、区域环境质量等数据进行监测评估，从而进一步优化后续运行。值得欣慰的是从这个平台在实施方案中提出到2016年正式运行，前后经过了6年准备时间，终于上线运行，从某种程度而言，这也是虹桥商务区团队不忘初心的具体表现。

时间快进到2014年夏季，商务区的绿色低碳实践经过前三年的不断摸索，已经逐步走向常态化的工作状态，在这一年的夏天，商务区接到了上海市住房和城乡建设管理委的任务，要求商务区申报国家绿色生态城区，这个任务对于技术团队而言，既是机遇也是挑战，在当时的背景条件下，绿色生态城区申报评价的标准并不明确，需要对住房和城乡建设部相关的文件进行解读，提交绿色低碳城区的可研报告，时间进度要求也非常紧，只预留了两周不到的时间，另外，我们团队对于商务区的绿色低碳实践内容也比较自信，也希望借助国家层面的审核，为商务区下一步的绿色低碳实践提供方向和建议，在这样的背景条件下，团队按照要求按时提交了材料，并且由管委会领导带队，我代表团队在北京评审答辩现场汇报了商务区的低碳实践情况，应该说商务区的低碳实践工作得到了与会专家的充分肯定，在15分钟的汇报时间后，专家组组长王有为主任问了一个问题：商务区今年和后续几年准备做哪几项工作？正好我们团队刚刚商量确定了三年行动计划报给上海市发展改革委，我就简要地汇报了商务区后续三年的计划安排，应该说从这点细节来看，专家也能看出商务区的绿色低碳实践一直都是真实践，在年底的时候，商务区正式获批国家绿色生态城区，而且专家给虹桥商务区的分数是很高的。从这件事情的结果来看，一方面增强了团队的自信，另一方面也证明了我们之前绿色低碳实践的道路是正确的。

转眼到了2015年，在这一年中商务区的绿色低碳实践又迎来了新事物，那就是对商务区获得绿色建筑标识项目进行财政补贴，这个事情在当时是比较困扰团队的，主要问题集中在给谁补、补多少以及如何补的问题上，商务区由于控规文件中明确"100%满足绿色一星要求，50%满足二星要求，地标建筑满足三星要求"，也就是说商务区项目必须超过控规要求才能获得补贴，特别是二星级项目如何获得补贴，地下面积如何计入补贴面积等核心问题，团队和商务区领导经过反复讨论，终于形成了一个可操作的实施方案报给管委会审核，基本达成了共识，那就是本着鼓励优先的原则，对三星级项目进行全额补贴（不包括地标建筑），同时对二星级项目进行减半补贴，当时这个阶段还是商务区核心区推进项目建设的阶段，对前期获得高星级标识的项目进行补贴，也客观推动了核心区项目的绿色建筑的建设，对于后续项目的实践也有着激励作用，同时也体现了商务区政府言必行，行必果的工作作风。

2019年，虹桥商务区的区域发展与国家长三角一体化发展战略进行了对接，未来将站在更高的层面推进各项工作，看到新闻媒体对商务区对接长三角的报道，我正在和家人吃晚饭，当时放下饭碗认真听了电视新闻的报道，听完后对我的家人说："虹桥商务区是上海的一片热土，我在这里已经工作了十年，未来她的变化将充满无限的想象，希望今后她能越变越好！"我记得当初和管委会的领导开玩笑，说要在商务区干到退休，现在看来这个愿望并不是戏言，我们相信虹桥商务区的未来一定会建设成为国际一流的开放枢纽，并且成为我们这些亲身经历过大虹桥建设的人员心中一笔永恒的精神财富！

虹桥商务区绿色发展之路

李 远

——上海虹桥商务区管委会开发建设处原工作人员
现上海南滨江投资发展有限公司高级主管

作为一名亲历者、实践者，本人非常荣幸，倍感自豪，能够见证虹桥商务区绿色发展的全过程。细细回想，虹桥商务区现在的绿色发展成就，除了各级领导高瞻远瞩，准确定位之外，最主要的就是一张蓝图绘到底，不断完善、优化，打造系统工程。

早在 2006 年，虹桥综合交通枢纽在建时，建设指挥部就启动了建筑节能、低碳建设等综合性课题研究，这些研究放在当年并不能发挥示范引领作用，但通过综合研究成果，慢慢形成了低碳建设的导则和一些标准，我个人认为，前面的研究为后续虹桥商务区的绿色发展之路奠定了比较好的基础。

时间到了 2009 年，随着上海虹桥商务区管理委员会的挂牌成立，虹桥商务区也正式启动开发建设，区域范围按照不同层级划分为核心区、主功能区与拓展区，总共 86km^2，此时此刻，领导明确提出"低碳虹桥"的开发建设理念，紧紧围绕核心区展开实践。至核心区建设初见雏形之时，领导又提升目标，提出虹桥商务区"最低碳"的发展理念，逐步将虹桥商务区的绿色发展之路引向深入，全面发展。伴随工作的不断深入，当年的"上海市低碳发展实践区"悄然变身"上海市低碳发展示范区""国家绿色生态示范城区"也斩获全国首个"国家绿色生态城区三星级运行标识"的头衔。

应该说，虹桥商务区的绿色发展之路属于比较典型的政府主导模式，在前期规划阶段，管委会因地制宜地制定了商务区的低碳设计规划策略，制定低碳发展的指标，重点从城市规划布局、能源与资源管理、绿色交通和建筑设计等方面落实低碳绿色发展目标。实际上，仅核心区 3.7km^2 的 31 个地块内光独立的开发企业就超过 20 家，如何形成合力是一个大课题。那么，具体到实践中时，管委会通过行政管理、政策鼓励、基础设施先行，再配以专项发展资金支持等一套组合拳的方式，充分调动市场主体，最终形成了政府引导，市场主体参与，共同推动区域绿色发展的良性模式，仔细想想与现在习近平总书记提出的命运共同体的理念不谋而合。

可以讲，在虹桥商务区发生的故事，三天三夜都说不完，但令我最为动容的大概有这么四件事。

第一个就是绿色建筑。记得在 2010 年刚开始推动时，非常困难，当时绿色建筑也算是新理念，大多数开发企业基于成本、经验的考虑一般不大会据此设计，国内做的项目也不多，上海也很少。当时也只有瑞安和申虹公司两个项目要开工建设，一个外商投资，另一个是国有投资，通过不断的交流、协商，动用了一切管理手段，最终促成瑞安项目按照 50% 二星级和 50% 三星级绿色建筑标准设计，而申虹公司项目则按照 100% 三星级标准设计，起到了一个引领示范的作用。万事开头难，有了第一个后面就相对容易了，随后，管委会在政策上不断深入，强化了设计审查、过程管控，甚至把绿色施工都抓起来了。到了 2015 年，前面的努力转化为成果，当年就有 35 个项目取得绿色建筑设计评价标识，再到 2017 年，基本完成核心区所有项目的绿色建筑设计标识认证，总计面积达到 558 万 m^2。也就是说，上海市十二五规划期间一半的绿色建筑基本由虹桥商务区完成了。而且在核心区内所有绿色建筑的设计全部为二星级以上，三星级的超过50%，远超规划要求100%一星级以上的目标。

第二个是区域三联供项目。实事求是地讲，这个项目上马时还是有很多不同意见的，比如规模效应、成本问题、经济效益、发电不能并网等。根据规划，核心区内共有5座区域能源中心，1号、2号站已投运，3号站在建，4号、5号站后期还将分步实施、分期建设。现在来看，随着核心区比较快速的建成，用能需求迅速增长，经济效益应该好过预期，但我个人认为，区域三联供项目的发展，有其明显的社会效益。比如说，每年夏季，能够平抑近六百万建筑体量的空调用电负荷问题；在非供冷供热季节的过渡期，不供应冷暖气，无形中强制性地节约了能源；通过有效控制供冷供热温度，无形中促成使用人养成良好的用能习惯，让夏季空调保持在26度不再是句空话。对于这些方面，我觉得今后可以好好研究。

第三个是专项发展资金。俗话说有钱好办事，在虹桥商务区，对于在绿色、低碳上的支持可谓是真金白银，实打实的。专项资金的全程支持切实保障了绿色发展。管委会在制定扶持政策之初，对于支持什么、怎么支持都研究的很透，立足于问题导向，在每一个相对应的政策点上一一体现。比如，绿色建筑发展还不充分，那就分不同阶段予以补贴，鼓励先进，实施标准越高补贴越多；推行绿色施工，那就制定标准，评价通过的就给予补贴；怕申报单位弄虚作假，那就强化过程管理，通过验收后再发放全部补贴。而且把专项资金支持的范围扩大到技术、科研、项目等软的、硬的各个方面，其涵盖的行业涉及能源、建筑、交通等各行各业。

第四个是监测平台。未雨绸缪，上马低碳能效运行管理信息平台项目，为智慧城市精细化管理打造数据平台。将区域内各能源站、所有楼宇的能耗数据、系统应用等全面接入，通过一个"大数据"平台、一套"低碳运行管理"系统和一系列"第三方系统接口"，在商业楼宇"智慧用能服务"体系建设上，打造可报告、可监测、可核查、可评估的管理机制。同时，这个监测平台可以直接与上海市能耗监测平台进行数据交换，适时反映区域用能指标与水平，并且还预留了环境展示、碳排放核算、碳交易试点等公共服务拓展空间。

其实虹桥商务区还有很多率先，比如率先把鼓励低碳经济发展方式写进管理办法，率先开展绿色建筑设计文件审查与验收，率先启动低碳发展专项资金支持。

看到我们的很多政策、做法都已经在全国各地区复制、推广，也看到生态文明建设已经上升为国家"五位一体"的总体布局，回忆往昔，感到非常幸运，无上光荣。在此，衷心祝福虹桥商务区能够在国家长三角一体化新的格局下再创辉煌，走进新时代。

我与虹桥不得不说

陈 菲

——上海虹桥商务区管理委员会 工作人员

  在记忆的犄角旮旯里，把以前的画面拼凑起来。想起我 2015 年初秋来到虹桥，夏日的炎热还未散去。记得当时周围还是热火朝天的在建工地和来回运转的塔吊机。在这嘈杂的白天环境中，夜晚时却有着属于自己的一份别样宁静。加班到外面一片漆黑，闲庭信步般地走出去，皎洁的月光一泻千里，星星也不知道从什么时候钻了出来，还眨着俏皮的眼睛，像是在和我打招呼，在夜色的笼罩下，映照在眼里的像是静止着的工地，其效果真是发挥得淋漓尽致，使虹桥的阴柔之美和阳刚之气相互衬托而不矛盾。

  时间飞逝，从当时的第一家商业广场开业到现在，我已经在这里三年多了。工地和塔吊机不知在什么时候消失不见了，周围也早已改变了原来的风貌，宽阔洁净的马路，绿意葱葱的树木，还有一幢幢美丽且各有特色的楼宇。与其他地方不同是，这里是离机场高铁站非常近的地方，有一定的限高要求，所以不能像市中心那样高楼林立。这里虽然没有那样的高楼，但也毫不逊色。这里总能吸引世界 500 强企业、跨国公司、上市公司总部的到来。这里的店铺一家挨一家，国内外的商品各色各样，应有尽有，让人眼花缭乱。放眼望去，路上车来人往，相得益彰，这里果真是一个宜人、宜商、宜居的好地方啊！

  我办公的座位就在贴近机场高铁站的这边，向透明的玻璃外望去，每天都可以看见飞机如雄鹰般翱翔天际，高铁如游龙般穿梭在站点。那里有太多亲人、朋友的分离与团聚、不舍与欣喜。这里的客流量每天都非常大，每年有超过四亿人次的到来。这里没有水运和船只却毫不影响每天非常多的人来到这里，来到这个城市。当然，每天也有很多人离开。来来往往，大千世界，滚滚红尘，与你擦肩而过而并不相识的人很多，每个人的心中都装着属于自己的目的地，通向远方的目的地。

  在漫长的人生中，每个人的大部分时间都是在工作中度过的。可以说工作就是我们生命的舞台，工作的适应与否也一定程度上影响到我们的生活质量。我每天的工作就是接待来自外的领导人，还有来自长三角城市乃至全国的政府单位领导，他们都对虹桥商务区绿色生态节能和超强的地下开发等方面有很大的兴趣。不管是不是在大虹桥生活或是工作，哪怕是路过大虹桥的人，都会感叹这里的变化之快，并用他们自己的方式去表达对这里的喜爱。

  大虹桥，为我带来了一片栖息的园地，好让我这只漂泊的鸟儿安居乐业，更为我带来了一片蔚蓝的天空，好让我自由地飞翔在这广阔之地。东方的旭日缓缓升起，在朝霞的映衬下，我仿佛又看到了三年前的自己，看到了三年前的虹桥。我感怀着三年多前的大虹桥，也更向往着未来的大虹桥。这里，一定会越来越好。

大虹桥，见证你的美

麦 子

——上海正荣公司员工

上周，有个很久不见的朋友联系我，问大虹桥写字楼的价格，说现在公司扩张了，想要买一个自用的办公楼。无独有偶，这个星期又有朋友在看这里的房子，迫切地想买一个小面积的办公空间。还有寻找整栋办公做企业总部的，也不乏其人。

几年间，虹桥商务区俨然已经成为魔都商办市场的一张超级名片。这里因为规划起点高以及得天独厚的地理条件，更是成为很多知名企业总部的所在。

作为一个地产营销人，4年前我负责的项目开盘前夕，我曾经给朋友们推荐过这里的办公楼，那时候虹桥商务区还处于发展的初期，一切刚刚起步，价值和魅力还没有广为人知，当然，单价也十分美好。而今的虹桥商务区核心区，随着概念的深入人心、区域的不断成熟、2号、10号、17号线三条轨交的通达以及国家会展中心的强大辐射、虹桥机场和虹桥火车站交通枢纽的庞大引擎，已经越来越炙手可热了。

是啊，几年的时间，虹桥商务区发生了多少变化！

最早知道虹桥商务区，是在2013年左右。那年的万科时一区，外环外的项目竟然卖到了2.8万/m²，引起了市场的关注，它正是虹桥商务核心区四个住宅项目之一。到了售楼处，销售员讲解的区域价值和未来潜力让人热血沸腾。当时的我万万没想到，以后会与大虹桥结下不解之缘。

2014年因缘际会，我进入了商务区的一家知名开发商，负责项目的策划销售工作。那时候虹桥商务区就是一个大工地，除了核心区一期的虹桥天地、龙湖天街等项目外，核心区北片区都还处于刚拿地待建设的阶段。主干道申虹路还没有完全打通，规划中的7大星级酒店和几大商场还一个都没有投入使用。正荣、富力、中骏、旭辉等项目的定位都是企业总部集群，虹桥商务区一下子推出这么多商办，很多人担心，同样的区位，相似的产品，同样的入市时间，且都是花园式的办公环境，能吸引这么多企业进驻吗？但时间还是展示了它巨大的魔力。

台达电子、唯品会、红星美凯龙、阿里巴巴、广联达、欧普照明等一大批有远见的优质企业纷纷落户虹桥商务区，其中来自全国的地产公司就有将近30家把总部落在了这里。在虹桥商务区管委会和各大企业联合举办的发展论坛和签约入驻仪式上，有企业负责人谈起选择大虹桥的初衷，提到这里无比便利的交通：长三角都市圈的2小时畅达，东南亚各城市轻松起飞，台湾当天可以来回；还有这里优惠的企业税收及扶持政策。花园式的办公，低密度的环境，在寸土寸金的上海更是难能可贵。也有企业负责人开玩笑说，在市中心办公，出个差，一半时间花在火车站或机场到公司的路上，而在虹桥商务区，大可以提前半小时到一小时再出发，一刻钟的功夫就能轻松到达。

5年间，我们的项目经历过数次的热销，创造了数十亿的骄人业绩。商务区的其他项目也基本售罄，并交付入驻。洲际酒店、索菲特酒店、英迪格酒店等已经开业，虹桥天地、龙湖天街、协信星光商业、新华联商场等也投入运营，为在这片热土上的白领们提供丰富的商务配套。

不知不觉，5年了。从虹桥火车站到项目的这段路，我走了3000多次，如此熟悉又如此亲切。"新虹一公里"公交车也于近日开放，往返穿梭于虹桥枢纽与商务区各大项目之间，解决了白领们通勤的最后一公里。而夜幕下的商务区，褪去了白天的喧闹与忙碌，显得特别沉静特别美，楼宇的灯光绚丽而雅致，你方唱罢我方登场，给来往的人们提供了一场美好的视觉盛宴。

大虹桥，我们无数个普通的白领，见证了你的昨天，经历着你的今天，期待着你的明天！

虹桥商务区，培植人生信念的地方

董　昆
——上海虹桥商务区管委会开发建设处工作人员

我 2012 年参加工作，接触的第一个项目便是虹桥商务区的绿色建筑专项审查与评估。初来虹桥时，感官上的那种震撼至今难忘，不同于今天看到的满目繁荣，当时的核心区是一片塔吊林立的大工地，身临其境时却是被一种无以言表的孕育着新生力量的强大活力所感染。

参与虹桥商务区绿色建筑专项审查与评估工作的几年里，我逐渐感受到这片区域对于绿色低碳发展理念的重视，知道了虹桥商务区在上海市低碳发展实践工作中的重要地位，理清了商务区管委会为了实现绿色低碳发展目标所制定的六大低碳工程，认识到大开发环境下把住绿色建筑这道关口的重要性。当时，为了切实保障虹桥商务区绿色建筑的星级目标，管委会创新性地制定了一系列行之有效的管控措施和激励措施。首先是设计阶段，严格把关，通过绿色建筑设计文件的专项审查将绿色建筑的概念和重要性输送给各建设单位，共 31 个地块，352 幢楼宇的施工图纸承载的就是对这块土地绿色低碳发展的承诺；接着是施工阶段，一方面将绿色建筑设计评价标识证书作为施工许可证前置条件，确保绿色建筑的设计内容包含在施工内容中，另一方面是绿色施工现场管控，通过自评估、定期抽查等形式，将区域施工造成的扬尘、噪声等污染降到最低；然后是验收环节，管委会 2015 年开始就先行先试地开展了绿色建筑专项验收工作，并将其作为项目竣工备案的前置条件，确保了可再生能源利用、再生水回用、屋顶及场地绿化等绿色建筑相关的技术措施切实落在实体项目上。表面上看，在行政审批环节附加了两个绿色建筑相关的前置条件是增加了建设单位的负担，但实际效果却证明了这样的制度设计非但没有降低审批效率，反而督促项目在设计、施工、竣工验收的闭环中更快完成项目建设任务的同时，更加保护了项目的绿色基因，提升了项目的卓越品质。

2015 年到 2016 年，看着商务区绿色建筑数量呈现井喷式增长，这块区域 352 栋新建建筑能够 100% 达到绿色建筑二星级要求，其中半数以上达到绿色建筑三星级要求的成绩时，我惊叹于管委会领导的深谋远虑和管理艺术，正是这种制度设计的巧妙和政策施力的寸劲，使得虹桥商务区在不到十年的时间创造了全国绿色建筑区域化推进工作方面的一个里程碑，也使我对自身的工作思路和工作方法有了新的认识。可以说，虹桥商务区是我职业生涯的启蒙老师。

后来，我有幸进入管委会工作，成为开发建设处的一名公职人员，主要经办商务区绿色低碳建设发展的相关管理工作。从技术人员到管理人员的角色转变过程中，我更加近距离地感受到管委会领导在建设国际一流低碳商务区工作中的坚韧与智慧。基于虹桥商务区横跨长宁、闵行、青浦、嘉定四个行政区，管委会作为市级层面的统筹协调平台，宏观上要与四区联动工作，按照一个虹桥标准确保各区在商务区一张蓝图下高质量推动绿色低碳工作，微观上也要与单个项目的开发商和技术人员做好指导管理工作，确保政府服务和精准施策。区域在拓展，机制在转变，新任务在加持，虹桥商务区的绿色低碳发展迎来新的机遇与挑战，在一天天忙碌的工作中，在管委会领导一次次的谆谆教诲中，我更加明白了工作的真谛，树立起"功成不必在我，功成必定有我"的工作信念，同时也更加意识到我所投身的工作是一项"功在当代，利在千秋"的国家大计，感悟出"丰碑无语，行胜于言"的人生信念。

忆过往、看今朝、展未来。虹桥商务区的绿色低碳工作进程正在经历着巨大变化，祝愿虹桥商务区的绿色低碳实践之路持续向纵深发展，"只争朝夕，不负韶华"，迎接更加辉煌的下一个十年！

从旁观者到参与者
——记虹桥商务区十周年有感

熊真真

——上海腾天节能技术有限公司 员工

十年前我刚从大学毕业,"虹桥"对我来说还仅仅停留在她只是一个国际机场,那时的我还只是一个旁观者。十年后作为一个"智慧虹桥""低碳虹桥"建设的参与者,看到此刻的"大虹桥"内心是无比兴奋和激动的。虹桥建设者们用汗水和智慧,短短十年时间就将一片待开发的城市边缘,建设成了一座"最低碳""特智慧"的现代化城市商务中心。

——回顾

回顾十年前在新闻上看到虹桥火车站通车、虹桥机场 T2 航站楼的启用等消息,彼时"虹桥"二字对我来说还只是一个车站和机场的名词。那个时候心里想的是,出去旅行乘高铁、乘飞机是不是更方便了。随后虹桥商务区的挂牌成立,有关虹桥商务区的新闻也越来越频繁地出现在我的眼前。那时的我依然没有把"虹桥"和"商务"联系起来,火车站和机场怎么就成了商务区了呢?直到接待过一位友人,从机场下来前往商务区某个办公楼开会,原以为从飞机下来一定要乘坐不少时间的公交或地铁才能到,没想到竟然能够通过地下通道直接走到会议室,不禁感叹这才是真正意义上的"商务区"。他将"商务"和"交通"紧紧地结合在一起,让人们忘记了城市之间的距离甚至忘记了国与国之间的距离,感觉就像搭计程车一样便利。

——进行

我和虹桥商务区之间建立的关联源于 2014 年,当年虹桥商务区管理委员会印发了《上海虹桥商务区低碳监测平台建筑能耗分项监测实施细则》(沪虹商管〔2014〕011 号)通知。在此之后我们公司有幸中标建设"虹桥商务区低碳能效运行管理信息平台"。该平台也是在上海构建"全市统一、分级管理、互联互通"建筑能耗监测系统,在"1+17+1"(即"1 个建筑能耗监测市级总平台 +17 个建筑能耗监测区级分平台 +1 个市级机关办公建筑能耗分平台")整体架构下设计的系统,旨在打造一套覆盖全区域的集数据采集、传输、汇总、储存、综合利用和形象展示于一体的系统。刚收到任务的时刻我就感到了前所未有的难度,以往我们在建设实施上海市其他多个区级平台的时候仅仅将电作为监测目标,然而虹桥商务区除了电之外还需要将区域内水、供冷、供热、可再生能源等一并纳入计量监测范围,这无疑是一个前所未有的挑战,数据最高并发量是其他区平台平均水平的 100 倍。前期工作中我主要负责后台架构和数据处理,通过不断的努力创新,攻坚克难逐步将"高并发""高延迟""并行处理"等难题逐一解决,最终按时按量地完成了相关工作。

虹桥商务区低碳能耗运行管理信息平台是商务区发展绿色低碳经济的重要载体，也是楼宇评判节能效果的有效手段，通过低碳能耗平台数据分析，我们可以了解虹桥商务区内相同类型建筑的用能指标，通过对比可以和查缺补漏，让每一幢建筑都充分发挥其绿色建筑的特色，让虹桥商务区这个绿色三星城区越来越低碳，越来越节能。

——展望

在刚刚过去的2019年，对比十年前，虹桥商务区发生了翻天覆地的变化。此时此刻商务区内到处都是绿色低碳、科技创新。当航班在虹桥机场降落的时候，可以看见如草原一般的绿色从建筑物由内而外散发出来，白领在屋顶种菜养鸡这在以前都是不可想象的事情发生在我们身边；我们除了手机支付还可以刷脸支付，靠脸吃饭的时代就这么来了；24小时无人超市，连支付都省了，拿了东西直接走，人工智能自动结算，藏包里都没用；最先进的5G示范区，虹桥商务区"实力抢跑"5G新时代。"进博会"每年举办一届，商务区面积也由原来的86km^{2}扩展到了151.4km^2，这足以体现国家对虹桥商务区发展的重视，其影响力必然可以服务长三角、对标国际、面向全球，打造成为全世界最先进、最低碳、最具有国际竞争力的国际商务区。

附录 1　绿色建筑项目

虹桥商务区核心区重点区域获得绿色建筑设计标识项目汇总　　　附表 1-1

序号	地块	申报项目名称	星级	建设单位	申报面积（万 m²）
1	01	上海虹桥商务核心区（一期）01号地块虹桥丽宝广场（北）	★★	丽宝（上海）房地产开发有限公司	5.56
2	01	上海虹桥商务核心区（一期）01号地块虹桥丽宝广场（南1）	★★	丽宝（上海）房地产开发有限公司	9.35
3	01	上海虹桥商务核心区（一期）01号地块虹桥丽宝广场（南2）	★★	丽宝（上海）房地产开发有限公司	8.39
4	02	上海虹源盛世国际文化城A区项目4.1、4.3、4.5A、4.5B、4.6A、4.6B号楼	★★★	上海虹源盛世投资有限公司	26.30
5	02	上海虹源盛世国际文化城项目4.2、4.4、6.1、6.3、6.4、6.5A、6.5B号楼	★★	上海虹源盛世投资有限公司	25.97
6	03南	上海虹桥商务区核心区一期03号地块南块万科中心1～7号楼	★★★	上海万狮置业有限公司	19.71
7	03北	上海虹桥商务区核心区（一期）03北地块D21街坊	★★★	上海金臣联美置业有限公司	11.69
8	03北	上海虹桥商务区核心区（一期）03北地块D15街坊	★★★	上海金臣联美置业有限公司	23.90
9	04	上海虹桥新地中心项目2号楼	★★★	上海青庭新地置业有限公司	0.97
10	04	上海虹桥商务核心区（一期）04号地块万通中心	★★	上海万通新地置业有限公司	8.20
11	04	上海虹桥新地中心项目1号楼	★★	上海青庭新地置业有限公司	6.60
12	05	上海虹桥商务区核心区一期5号地块D、E、F、G、H办公楼	★★★	上海恒骏房地产有限公司	9.76
13	05	上海虹桥商务区核心区一期05号地块南区K栋酒店辅楼	★★	上海恒骏房地产有限公司	3.97
14	05	上海虹桥商务区核心区一期5号地块南区J栋酒店	★★	上海恒骏房地产有限公司	2.94
15	05	上海虹桥商务区核心区一期5号地块北区L大商业	★★	上海恒骏房地产有限公司	13.75
16	05	上海虹桥商务区核心区一期5号地块北区A～C、H1～H3号办公楼	★★★	上海恒骏房地产有限公司	12.48
17	06	虹桥商务区核心区（一期）06地块D17街坊1-3号办公楼	★★★	上海瑞桥房地产开发有限公司	10.96
18	06	虹桥商务区核心区（一期）06地块D17街坊新天地	★★★	上海瑞桥房地产开发有限公司	3.57
19	06	虹桥商务区核心区（一期）06地块D17街坊商住楼（酒店）	★★	上海瑞桥房地产开发有限公司	4.53

续表

序号	地块	申报项目名称	星级	建设单位	申报面积（万 m²）
20	06	上海虹桥商务区核心区（一期）06地块D19街坊西区项目D19号3号办公楼	★★★	上海瑞桥房地产开发有限公司	2.36
21		上海虹桥商务核心区（一期）06地块D19街坊项目D19号2A商场一区D19号2B商场二区	★★		14.36
22		虹桥商务区核心区（一期）06地块D19街坊会展及演艺中心	★★★		3.29
23	07-1	虹桥商务区核心区（一期）07-1地块上海冠捷科技总部大厦	★★★	嘉捷（上海）房地产开发有限公司	4.32
24	07-2	虹桥商务区核心区（一期）07-2地块	★★	上海兆德置业有限公司	10.47
25	08	上海虹桥商务区核心区一期08地块D13街坊城市综合体3～5号楼	★★★	上海众弘置业发展有限公司	17.19
26		上海虹桥商务区核心区一期08地块D13街坊城市综合体1、6、7号楼	★★		9.80
27	08	虹桥商务区核心区一期08地块D23街坊城市综合体	★★★	上海众合地产开发有限公司	25.35
28	09	上海虹桥商务核心区九号地块III-D02-07三湘湘虹广场（办公楼）	★★★	上海湘虹置业有限公司	3.40
29		上海虹桥商务区核心区（一期）09地块III-D08-03三湘湘虹大楼	★★		0.37
30		虹桥商务核心区（一期）09地块III-D08-05三湘商业广场	★★		2.92
31	南01	上海市虹桥商务区核心区南片区01号地块	★★★	博览会地产有限公司	8.58
32	南02	上海虹桥商务区核心区南片区02地块办公楼	★★★	上海紫宝实业投资有限公司	2.55
33	南04	上海虹桥商务区核心区南片区04号地块1～29号办公楼	★★★	博览会地产有限公司	16.49
34	南05	上海虹桥商务区核心区南片区05地块1、2号办公楼	★★★	上海隆视投资管理有限公司	6.10
35	北02、04	上海市虹桥商务区核心区北片区02、04地块03-05项目B1～B4号楼	★★★	上海旭弘置业有限公司	2.49
36		上海市虹桥商务区核心区北片区02、04地块03-02项目A1～A16号楼	★★★		7.30
37		上海市虹桥商务区核心区北片区02、04地块05-05项目E1～E9号楼	★★		5.10
38	北04	上海市虹桥商务区核心区北片区04地块05-04项目D1～D3号楼	★★★		4.56
39		上海市虹桥商务区核心区北片区04地块05-02项目C1～C5号楼	★★★		4.25
40	北01	北片区01地块项目中骏广场	★★	上海中骏创富房地产有限公司	18.37
41	北03	上海虹桥商务区中骏广场03地块B8～B23号楼	★★★	上海中骏创富房地产有限公司	10.47
42		上海中骏广场03地块中骏广场B1～7号楼项目	★★		11.61

续表

序号	地块	申报项目名称	星级	建设单位	申报面积（万 m²）
43	北 05	上海虹桥商务区核心区北片区 05 号地块 1~4 号楼	★★★	上海极富房地产开发有限公司	22.96
44	北 06	上海虹桥商务区核心区北片区 06 号地块 A01~A07、H01~H03 号住宅	★★★		8.11
45		上海虹桥商务区核心区北片区 06 号地块 1~11 号商办楼、1 号商业楼	★★★		9.89
46	北 07	上海虹桥商务区核心区北片区 07 号地块阿里巴巴上海虹桥办公楼	★★★	传富置业（上海）有限公司	14.15
47	北 08	虹桥商务区核心区北片区 08 地块商办项目	★★★	上海辰环房产发展有限公司	7.42
48		虹桥商务区核心区北片区 08 地块住宅 1~9 号楼	★★		5.90
49	北 09	上海新华联国际中心企业总部 3~21 号办公楼	★★★	上海新华联房地产开发有限公司	11.65
50		上海新华联国际中心 22 号酒店	★★		8.07
51		上海新华联国际中心 C 区商业广场 1~2 号楼	★★		10.90
52	北 11	上海虹桥商务区北区 11 号地块 15-01 住宅（1~7 号楼）	★★	上海万树置业有限公司	3.38
53		上海虹桥商务区北区 11 号地块 16-01 住宅（11~15 号楼）	★★★		1.71
54		上海虹桥商务区北区 11 号地块 17-02 住宅（21~23、26 号楼）	★★★		2.16
55		上海虹桥商务区北区 11 号地块 17-01 住宅（18~20、27~31、37~39 号楼）	★★		4.67
56		上海虹桥商务区北区 11 号地块 17-02 住宅（24、25、32~36 号楼）	★★		2.16
57		上海虹桥商务区北区 11 号地块办公楼（48~55 号楼）	★★		8.54
58		上海虹桥商务区北区 11 号地块商业（8、44~47 号楼）	★★		1.57
59	北 12	上海虹桥协信中心北区 T10 号楼	★★★	上海协信远定房地产开发有限公司	2.99
60		上海虹桥协信中心北区 T1-T9 号楼	★★		19.57
61	北 13	上海虹桥商务区核心区北 13 地块中区南区项目	★★★	正荣御品（上海）置业发展有限公司	14.46
62		上海虹桥商务区核心区北片区 13 地块 11-02 街坊 1-7 号商业楼	★★		7.92
63		上海虹桥商务区核心区北片区 13 地块 11-02 街坊 8 号文化展示楼	★★★		1.03
64	北 15	上海虹桥商务区核心区北片区 15 号地块商办项目 08-03 地块北楼	★★	上海岚渝房地产开发有限公司	3.5
65		上海虹桥商务区核心区北片区 15 号地块商办项目 08-05 地块南楼	★★★		4.27
66	/	虹桥商务区核心区（一期）供能能源中心	★★★	上海虹桥商务区新能源投资发展有限公司	2.10
67	/	上海虹桥国际机场扩建工程东航基地（西区）二期配套工程项目 1A~9 号楼	★★★	中国东方航空股份有限公司	24.49

续表

序号	地块	申报项目名称	星级	建设单位	申报面积（万 m²）
68	/	虹桥商务区 G1MH-0001 单元Ⅲ-T01-A02-02 地块租赁住房项目	★★	上海尚淦实业有限公司	3.24
69	/	虹桥商务区主功能区物流片区 1 号地块北片区（Ⅲ-F04-01）项目	★★	上海新地嘉兆物联网有限公司	14.46
70	/	虹桥商务区主功能区物流片区 1 号地块南片区（Ⅲ-F04-F06-01）项目	★★	上海新地嘉兆物联网有限公司	16.99
71	/	虹桥商务区主功能区物流片区 02 地块北区	★★	上海虹宇物流有限公司	7.66
72	/	虹桥商务区主功能区物流片区 02 地块北南区	★★	上海虹宇物流有限公司	5.04

虹桥商务区核心区重点区域获得绿色建筑运行标识项目汇总　　附表 1-2

序号	申报项目名称	星级	建设单位	申报面积（万 m²）
1	虹桥商务区核心区（一期）07-1 地块上海冠捷科技总部大厦	★★★	嘉捷（上海）房地产开发有限公司	4.32
2	上海虹桥商务区核心区一期 03 地块南万科中心 1-7 号楼	★★★	上海万狮置业有限公司	19.71
3	上海虹桥商务区核心区一期 05 地块南区 D、E、F、G 办公楼	★★★	上海恒骏房地产有限公司	11.37
4	虹桥商务区核心区一期 06 号地块 D19 街坊西区项目 3 号办公楼	★★★	上海瑞桥房地产开发有限公司	2.36
5	虹桥商务区核心区一期 06 号地块 D17 街坊 1 号、2 号、3 号办公楼	★★★	上海瑞桥房地产开发有限公司	10.96
6	虹桥商务区核心区一期 06 号地块 D19 街坊项目东区 D19 号 2A 商场一区、西区 D19 号 2B 商场二区	★★	上海瑞桥房地产开发有限公司	14.36
7	上海虹桥商务区核心区一期 04 号地块上海虹桥万通中心	★★	上海万通新地置业有限公司	8.2
8	上海虹桥国际机场扩建工程（西区）二期配套工程项目	★★★	中国东方航空股份有限公司	24.46

虹桥商务区核心区重点区域获得 LEED 认证项目汇总　　附表 1-3

序号	地块	申报项目名称	认证等级	建设单位	申报面积（万 m²）
1	01	上海虹桥商务核心区（一期）01 号地块虹桥丽宝广场（北）	LEED-CS 银级认证	丽宝（上海）房地产开发有限公司	23.3
2	02	上海虹源盛世国际文化城 A 区项目	LEED-CS 金级认证	上海虹源盛世投资有限公司	52.27
3	03 南	上海虹桥商务区核心区一期 03 号地块南块万科中心 1～7 号楼	LEED-CS 金级认证	上海万狮置业有限公司	19.71
4	03 北	上海虹桥商务区核心区（一期）03 北地块 D15 街坊	LEED-CS 金级认证	上海金臣联美置业有限公司	23.90

续表

序号	地块	申报项目名称	认证等级	建设单位	申报面积（万 m²）
4	03 北	上海虹桥商务区核心区（一期）03 北地块 D21 街坊	LEED-CS 金级认证		11.69
5	04	上海虹桥新地中心项目 2 号楼	LEED-CS 铂金级认证	上海青庭新地置业有限公司	0.97
		上海虹桥商务核心区（一期）04 号地块万通中心	LEED-CS 金级认证	上海万通新地置业有限公司	8.20
		上海虹桥新地中心项目 1 号楼	LEED-CS 金级认证	上海青庭新地置业有限公司	6.60
6	06	虹桥商务区核心区（一期）06 地块 D17 街坊	LEED-CS 金级认证	上海瑞桥房地产开发有限公司	19.06
		上海虹桥商务区核心区（一期）06 地块 D19 街坊	LEED-CS 银级认证		20.01
7	07-2	虹桥商务区核心区（一期）07-2 地块	LEED-CS 银级认证	上海兆德置业有限公司	10.47
8	南 02	上海虹桥商务区核心区南片区 02 地块办公楼	LEED-CS 金级认证	上海紫宝实业投资有限公司	2.55
9	北 07	上海虹桥商务区核心区北片区 07 号地块阿里巴巴上海虹桥办公楼	LEED-CS 金级认证	传富置业（上海）有限公司	14.15

附录2 绿色低碳重要政策文件

虹桥商务区绿色低碳重要政策文件　　　　　　　　　　　　　　　　附表 2-1

序号	政策文件
1	《上海市虹桥商务区低碳建设导则（试行）》（沪建交联〔2010〕665号）
2	《虹桥商务区管委会关于低碳实践区建设专项发展资金的暂行意见》（沪虹商管〔2012〕74号）
3	《关于虹桥商务区核心区一期申报绿色建筑设计标识管理工作的若干指导意见》
4	《关于加强绿色建筑实施以及建筑能耗分项监测平台建设管理的有关通知》（沪虹商管〔2014〕096号）
5	《关于推进实施建设工程绿色施工的若干指导意见》（沪虹商管〔2015〕57号）
6	《关于推进虹桥商务区核心区绿色建筑运行管理工作的有关通知》（沪虹商管〔2016〕70号）
7	《关于进一步加强虹桥商务区低碳能效运行管理平台建设和管理工作的有关通知》（沪虹商管〔2018〕3号）
8	《关于进一步加强虹桥商务区屋面绿化建设管理工作的有关通知》（沪虹商管〔2018〕14号）
9	《关于在虹桥商务区四个片区进一步加强绿色低碳建设工作的指导意见》（沪虹商管〔2019〕11号）
10	《上海市虹桥商务区专项发展资金管理办法》（沪财预〔2019〕15号）
11	《上海市虹桥商务区专项发展资金使用管理实施细则》（沪虹商管〔2019〕95号）
12	《上海虹桥商务区管委会关于推进低碳实践区建设的政策意见》（沪虹商管〔2019〕101号）

（附正文）

附录 2-1 《上海市虹桥商务区低碳建设导则（试行）》(沪建交联〔2010〕665 号)

上海市虹桥商务区低碳建设导则
（试行）

沪建交联〔2010〕665 号

组织单位：上海市城乡建设和交通委员会
　　　　　上海虹桥商务区管理委员会
编制单位：上海市建筑科学研究院（集团）有限公司
　　　　　华东建筑设计研究院有限公司
　　　　　上海市政工程设计研究总院

二〇一〇年七月

一、总则

1.1 为积极响应国家节能减排政策和上海市建设资源节约型、环境友好型社会的号召，围绕虹桥商务区的总体规划目标，使其成为全国性的低碳商务示范区，特制定《上海市虹桥商务区低碳建设导则》（以下简称为《导则》）。

1.2 虹桥商务区的建设将以全寿命周期内的减少碳排放为目标。本导则为虹桥商务区的开发、建设和使用过程中贯彻低碳发展理念，达到低碳实践要求提供方向性引导。

1.3 本导则适用于虹桥商务区规划、设计、施工和运营管理各个环节的低碳建设，并为虹桥商务区核心区一期设立土地招拍挂约束条件、规范开发建设行为等提供依据。

1.4 虹桥商务区建设体现"节地、节能、节水、节材"的可持续理念，贯彻"低能耗、低污染、低排放"的低碳建设和运营管理原则。

1.5 通过贯彻全寿命周期的低碳建设理念，虹桥商务区低碳建设目标为：较同类商务区2005年的碳排放水平减少45%。

1.6 虹桥商务区核心区一期的建筑将全部按照国家绿色建筑星级要求和公共建筑60%节能标准进行设计，其中50%以上建筑按照国家绿色建筑二星级以上标准设计。

1.7 商务区各地块的开发建设除应符合本导则要求外，还应符合国家和上海的相关法律法规和标准规范。

1.8 本导则由上海市建筑科学研究院（集团）有限公司负责解释。

1.9 本导则自发布之日起试行。

二、术语

2.1 低碳

狭义上指较低（更低）的温室气体（二氧化碳为主）排放。广义上是指以能源高效利用和清洁开发为基础，以低能耗、低污染、低排放为基本特征的经济发展模式。

2.2 碳汇

《联合国气候变化框架公约》（UNFCCC）中将碳汇定义为从大气中清除二氧化碳的过程、活动或机制。

2.3 绿色照明

指通过提高照明电器和系统的效率，减少发电排放的大气污染物和温室气体，改善生活质量，提高工作效率。

2.4 径流系数

指一定汇水面积雨水量与降雨量的比值，是任意时段内的径流深度（或径流总量）与同时段内的降水深度（或降水总量）的比值。

2.5 清洁能源汽车

指采用非常规的车用燃料作为动力来源，或使用常规的车用燃料、采用新型车载动力装置，综合车辆的动力控制和驱动方面的先进技术，形成的技术原理先进、具有新技术、新结构的汽车。

2.6 热岛强度

城市内一个区域的气温与郊区气象测点温度的差值，为热岛效应表征参数。

2.7 能耗监测系统

通过在建筑物、建筑群内安装分类和分项能耗计量装置，实时采集能耗数据，并具有在线监测与动态分析功能的软件和硬件系统的统称。

2.8 物联网

通过射频识别（RFID）、红外感应器、全球定位系统、激光扫描器等信息传感设备，按约定的协议，把任何物品与互联网连接起来，进行信息交换和通信，以实现智能化识别、定位、跟踪、监控和管理的一种网络。

2.9 绿色施工

指工程建设中，在保证质量、安全等基本要求的前提下，通过科学管理和技术进步，最大限度地节约资源与减少对环境负面影响的施工活动，实现节能、节地、节水、节材和环境保护。

2.10 合同能源管理

指合同能源服务公司通过与项目实施单位签订节能服务合同，为其提供包括：能源审计、项目设计、项目融资、设备采购、工程施工、设备安装调试、人员培训、节能量确认和保证等一整套的节能服务，并从节能效益中收回投资和取得利润的一种商业运作模式。

三、区域规划

低碳区域规划是商务区实现总体低碳建设目标的关键，虹桥商务区的低碳实践将从传统商务区只关注经济发展指标转向低碳经济的发展。根据国内外现有的低碳城市案例，结合商务区的功能特点，实践低碳的途径在于因地制宜地进行城市设计、优化能源结构、有效利用资源、合理配置交通、强化环境保护、提高碳汇水平等方面建设来最大限度地减少化石能源消耗和温室气体排放。

区域规划分别从城市设计、能源、资源、交通、环境、绿化、地下空间开发等方面提出相应的低碳建设目标和实施要点。

3.1 城市设计

建设目标：

1. 建成内部联系紧密、服务功能完善、综合性、高效率的现代商务社区，突出宜人尺度、强化功能混合并增加交往空间。

2. 形成小街坊、高密度、低高度的空间形态，混合布局的功能业态，多样性的办公空间。

实施要点：

1. 商务区核心区一期区域布局围绕东西向中轴线和南北向商务功能发展轴的"两轴"展开，形成包括西侧滨水休闲带、中心商业商务组团以及南侧和北侧的商务贸易组团的"两轴、一带、三组团"的结构。

2. 核心区一期区域开发强度遵循东侧靠近枢纽本体高、西侧靠近河流较低，中心商业商务组团高，外围南北商务贸易组团较低的原则。

3. 区域内建筑全部采用绝对标高控制的方式，建筑限高控制为吴淞高程48米，任何建（构）筑物均不得超过这一高度。个别建筑如因特殊需求超过这一高度的应进行相关可行性论证，并征得空管部门的同意，并设警示设施。

4. 商业商务组团及商务贸易组团中规划街坊建筑密度大多控制在50%左右，滨水休闲带中部分开发地块建筑密度控制在40%左右，最终指标以规划部门批复为准。

5. 城市公共开放空间系统由立体、复合、多元化的公共绿地系统、广场系统、步行系统、二层连廊系统以及地下公共通道系统等共同组成。

6. 地下空间综合利用围绕交通功能及公共功能的开发展开，开发区块集中在中心商业商务组团内，分地下一层和地下二层，地下二层以停车功能为主。

3.2 能源规划

建设目标：

1. 优化能源结构，提高一次能源利用效率，实现区域能源系统二氧化碳减排10%～20%。

2. 因地制宜优化可再生能源在建筑、市政等领域的利用。

3.2.1 供能系统

实施要点：

1. 加强能源梯级利用，提高一次能源的综合利用效率。

2. 合理预测各区域冷热负荷需求，优化区域能源中心的数量、位置和容量配置。

3. 区域能源中心应兼顾采用能量回收与蓄能措施，采用全寿命周期分析方法进行方案优选，提高效率并平衡尖峰负荷。

4. 区域合理采用太阳能利用技术，并结合建筑功能和地下空间规划，合理采用浅层地热等可再生能源。

3.2.2 输配系统

实施要点：

1. 合理规划能源输配线路和天然气调压站位置，平衡各输送管网支路，缩短能源公共输送管网长度，降低输送过程中能源损耗。

2. 在管线输配布置上，合理设置和利用商务区综合管沟，避免重复施工，减少运营管理成本。

3. 对配电网进行无功补偿，低压并联电容器装置的安装地点和装设容量应满足《并联电容器装置设计规范》GB 50227中有关要求。

3.2.3 用能系统

实施要点：

1. 商务区各公共建筑或设施的空调和采暖优先采用能源中心供能系统提供。若建设独立的空调采暖供能系统，需遵守区域的整体用能规划。

2. 建设具有监测、采集、处理、调配各种能源如电、热、冷、气、水等的网络控制系统，实现实时监测、在线分析与预测和负荷合理匹配，提高能源运行效率。

3. 市政公共照明根据各级机动车交通道路和人行道路照明标准要求与节能照明功率密度，合理规划灯具布置。

4.选用高效光源、节能灯具(如LED等)及可靠附件,结合先进的照明控制系统,通过合理分组、布线,实现实时智能调控。

5.合理选用太阳能光伏、风力发电等用于商务区公共照明。

3.3 水资源利用

建设目标:

1.强化商务区雨水入渗、收集和利用,降低区域雨水径流系数,减轻排水系统负荷。

2.按高质高用、低质低用的原则,生活用水、景观用水和绿化用水等按水质要求分别提供,梯级处理回用。

3.沿河周边绿化灌溉100%采用河道水,市政绿化灌溉宜优先采用回用雨水。

3.3.1 给水排水系统

实施要点:

1.针对商务区规划建设的水系、活力水街,构建集低碳河网水系、生态景观和亲水教育于一体的水系统。

2.保证各用户有安全可靠的水质、水量,确定合理的供水压力,并充分利用市政给水管网的可用水头。

3.根据规划雨、污水排放出路和市政雨、污水管道的排水能力,合理确定近远期地区内(包括地下空间)污水和雨水排放方案。

4.采取有效措施避免管网漏损。选用高效低耗的设备,采用管道涂衬、管内衬软管、管内套管道等以及选用高性能的阀门、零泄漏阀门等措施避免管道渗漏。

3.3.2 河网水系

实施要点:

1.根据沿水系周边结构功能划分的不同,并结合景观设计,选用"亲水平台""景石驳岸""湿地"型等多种护岸断面结构形式。

2.采用生态护坡技术,河坡种植草坪或灌木。硬质结构的直立式或斜坡式护坡,宜种植灌木及草本植物,截留雨水。

3.区域内水系连通,加强水体循环,提高自然净化能力。

3.3.3 水资源回用

实施要点:

1.采用绿化屋面、下凹式绿地、渗沟、渗渠、透水地面等雨水渗透综合利用技术,减小雨水径流系数,削减城市雨水洪峰流量。

2.非重型车道、硬质人行道等地面合理采用透水型地面。

3.绿地雨水采取就地入渗等措施,利用绿地滞蓄雨水。

4.非绿化屋顶雨水收集利用系统均应设置初期污染雨水弃流设施。

5.沿河绿化带可直接采用河水灌溉。

3.4 区域交通

建设目标:

1.通过系统优化,充分发挥道路交通功能,提高道路交通服务水平。

2.路基路面采用生态、环保型材料。

3. 鼓励采用清洁能源车辆，提高绿色出行比例。

4. 加强交通智能化管理，提高区域内道路通行能力、交通运输系统的管理能力及应对突发交通状况的信息收集、研究、发布能力。

3.4.1 低碳交通规划

实施要点：

1. 在现有交通系统规划目标中增加低碳控制目标，体现涵盖土地利用规划、道路网络设计、公交线网优化、慢行交通组织等各方面的综合交通系统低碳技术要求。

2. 在合理预测交通需求后，分出入境交通、境内交通和过境交通三个层次进行交通分级规划，对过境交通进行限制。

3. 提高道路网络的交通效率和畅通可靠度，增强道路路段和节点交通的通行能力，减少交通延误，进而降低机动车能耗和排放。

4. 交通出行倡导公交优先发展模式，合理配置公共交通站点，提高区域内公交站点覆盖率及公交线路密度，规划建设人性化公共交通设施，公交出行比例达到50%以上，到达最近公交站点的步行距离≤400米，到达最近快速交通站点的步行距离≤800米。

3.4.2 道路材料

实施要点：

1. 道路施工在保证沥青混合料路用性能的前提下，采用温拌沥青技术减少碳排放量。

2. 在交通功能较强的城市快、主、次干路采用低噪声路面，包括多空隙大粒径降噪路面材料、轮胎橡胶粉改性沥青路面材料等。

3. 采用废旧材料回收路用技术。通过在沥青混合料中添加废旧轮胎、塑料等固体废弃物以及废渣材料利用，实现废旧材料循环利用和节能减排的目的。

4. 沥青路面标线材料限制使用热熔性材料，推广使用水性标线涂料。

3.4.3 低碳交通方式

实施要点：

1. 大力推行使用清洁能源公共交通工具。

2. 根据区域路网密度，预留公交用地、建设清洁能源车辆配套设施用地，如加气站、变电站、充电场、充电桩等。

3. 道路交叉口应根据交通需求合理采用立交或渠化设计措施，信号灯采用协调控制方式，提高道路通行效率，减少拥挤和由此带来的碳排放。

4. 核心区内短距离出行优先发展慢行交通（如自行车、步行等），规划分布广泛、服务便利的自行车租用点，并结合公共交通站点规划建设自行车存放点。

5. 设置大型客运车辆及出租车专用车道，鼓励采用公共交通出行。

6. 设置明显、统一的道路交通指示标牌、标识引导系统。

3.4.4 智能交通

实施要点：

1. 发展区域内智能化地面公交系统。采用多媒体查询终端为社会公众提供公共交通信息服务；采用多种媒体发布道路交通状态、交通事件、各种交通工具换乘等信息，为出行者选择合理路径提供参考；

公交站点应为公众发布换乘车辆需等待时间或换乘车辆的当前位置等信息。

2. 建立区域内道路交通信息采集系统，并与市交通信息平台连接，完善区域内道路出行信息服务和交通监控系统。

3. 建立区域内停车管理和诱导系统，根据客流的换乘路线，采用显示屏为旅客提供动态的换乘信息服务。

3.5 区域环境

建设目标：

1. 核心区内日平均热岛强度不高于1.5℃。
2. 建筑布局满足人行区域的舒适性和建筑通风要求。
3. 城区规划和建筑设计避免光污染。
4. 区域集中和分散污染源实现达标排放。

3.5.1 风环境

实施要点：

1. 合理规划绿化和水域布局搭配，维护和发展城市景观的异质性，充分发挥植被和水体对改善城市热环境的作用。

2. 降低建筑立面、地面的反射率，弱化城市热岛效应。

3. 区域内建筑群布局应有利于建筑冬季避风与夏季自然通风，结合核心区小街坊、高密度、低高度的空间开发形态特点。

4. 可采用计算及模拟技术对核心区风环境进行模拟评估，比选合理的建筑组合方案。

3.5.2 声环境

实施要点：

1. 城区内各噪声敏感区噪声等级应满足现行国家标准《声环境质量标准》GB 3096-2008 的规定。

2. 在核心区东侧与交通枢纽区域之间设立声屏障，降低道路交通噪声的影响。

3. 根据不同类型建筑声环境要求，进行场地噪声预评价来优化建筑声环境控制措施。

4. 建立城市功能区噪声和主要交通噪声的监测预报系统，加强城市环境噪声管理、控制和治理。

3.5.3 光污染

实施要点：

1. 区域内玻璃幕墙设计满足《玻璃幕墙光学性能》GB/T 18091-2000 要求，避免在并列和相对的建筑物上全部采用玻璃幕墙。

2. 建筑物外墙应选择低反射装饰，颜色与周边环境相协调。

3. 根据建筑所在环境选择适宜照明方式，强调建筑物立面和主入口的可识别性、避免对建筑物周边的地块和街道造成光污染，并与景观及街道的照明相协调。

4. 区域内夜景及装饰照明满足上海市《城市环境装饰照明规范》的要求，不得产生光污染。

3.5.4 空气环境

实施要点：

1. 控制车辆尾气、建筑物污染物的排放与扩散。
2. 商务区内各类建设项目需严格进行环境评价工作。

3. 切实做好规划环评的监测与跟踪评价工作，建立大气污染物排放集中监测平台和相应监测配套制度。

3.6 区域绿化

建设目标：

1. 公共绿地率不低于20%，南北商务商贸组团绿地率不低于35%，中心商业商务组团绿地率不低于20%，滨水休闲带绿地率达40%。

2. 80%以上的建筑物屋顶进行屋顶绿化。

实施要点：

1. 绿化以乔木为主体，灌木、草坪相结合的方式，优化层次空间配置，提高绿地利用率。地面人行道、停车场绿化宜采用高大落叶乔木。

2. 绿化植物以本地物种为优先，结合外来引进的新优物种，提高物种丰富度。

3. 采用轻质屋顶绿化提高商务区内固碳能力，并鼓励建筑外墙采用垂直绿化。

4. 采用绿化与商业空间相结合的方式，形成商业绿化空间。

3.7 地下空间开发利用

建设目标：

1. 通过对区域地下空间统一规划，合理布局，让交通功能、基础设施、商业功能和环保绿化等各种功能设置得当，提高区域各功能的紧密度，因地制宜地提高地下空间的利用效率。

2. 充分利用自然资源，降低地下空间能耗和碳排放。

3. 采用合理措施、减少"三废"产生和环境影响。

实施要点：

1. 合理设置地下道路出入口，使地下空间与地面道路、公共建筑有效连接，形成网络化的地下人行道，并安装无障碍设施，减少对地面交通依赖。

2. 采用地下一层的人行通道，改善步行环境，减少对地面车辆的交通依赖，实现整体低碳效益。

3. 地下轨道交通站点出入口的设置应方便行人到达区域的任何位置，鼓励人们采用公共交通的方式进入商务区。

4. 增加地下车库之间的连通，实现资源共享，通过组织车库的出入口减少人车交织，改善地面环境。

5. 地下道路、建筑、车库可采用局部开敞设计，充分利用自然采光、自然通风、浅层地热等，并结合道路景观，营造绿色生态的地下空间系统。

6. 合理采取新工艺、新材料，优化结构体系以减少结构埋深、增加有效空间，优化地下空间低碳建筑的主体结构和楼盖体系，降低建筑材料用量。

7. 合理采用静电除尘、纳米新材料吸附污染物等技术，减少地下空间内废气对周边大气环境影响。

8. 采用综合管沟组织市政综合管廊体系，合理纳入给水、通信、电力电缆、燃气、热力等管线，减少后期的管线敷设对道路的影响，避免重复施工，减少能耗。雨水、污水管线不宜纳入综合管沟。

四、建筑工程设计

在建筑设计过程中贯彻"四节一环保"的绿色建筑理念，积极应用低碳、环保和智能建筑技术，核心区的建筑将全部按照国家绿色建筑星级以上要求和公共建筑60%节能标准进行设计，其中50%的建筑达到二星级以上；100%实现建筑智能化。

4.1 建筑节能

建设目标：

公共建筑设计达到60%的节能标准。

4.1.1 围护结构

实施要点：

1. 利用场地自然条件，合理设计建筑体形、朝向、楼距和窗墙面积比，使建筑获得良好的日照、通风和采光。

2. 采用建筑自保温或内保温方式降低建筑内冷热负荷。

3. 合理采用建筑外遮阳系统，应综合比较遮阳效果、自然采光和视觉影响等因素，考虑外遮阳与建筑的一体化。

4. 建筑外窗应具有良好的密闭性能，其气密性应不低于《建筑外窗空气渗透性能分级及其检测方法》GB 7107中规定的5级要求。

5. 建筑外窗可开启面积不小于外窗总面积的30%，建筑幕墙具有可开启部分或设有通风换气装置。

4.1.2 用能设备

实施要点：

1. 建筑物处于部分冷热负荷时和仅部分空间使用时，应采取有效节能措施。

2. 采用节能设备与系统。通风空调系统风机的单位风量耗功率和冷热水系统的输送能效比高于现行国家标准《公共建筑节能设计标准》的有关规定。

3. 全空气空调系统采取可调新风比、过渡季节全新风运行等措施。

4. 公共建筑的冷热源、输配系统和照明等各部分能耗进行独立分项计量。

5. 各房间或场所的照明功率密度值不高于现行国家标准《建筑照明设计标准》GB 50034规定的目标值。

6. 采用节能电梯设备，如无齿轮电梯、能量回收电梯，提高电梯管理水平。

4.1.3 可再生能源利用

实施要点：

1. 根据建筑类型和场地条件，宾馆类建筑鼓励采用太阳能热水系统，办公类建筑可结合建筑幕墙、遮阳板或屋面采用BIPV光伏发电系统。

2. 太阳能系统设计宜综合考虑日照、结构、采光、热工、耐久性等综合因素，并避免对周边环境产生光污染。

3. 结合建筑周边场地利用情况和地下工程情况，采用地源热泵空调系统。

4.2 建筑节水

建设目标：

1. 合理利用非传统水源，非传统水源利用率达到10%。

2. 选择节水型设备和系统，100%采用节水型器具。

实施要点：

1. 在方案、规划阶段制定水系统规划方案，统筹利用各种水资源，对用水水量和水质进行估算与评价，提出合理用水分配计划、水质和水量保证方案。

2. 在停车场和人形步道采用雨水入渗措施。硬质铺装地面采用渗水材质，采用景观贮留渗透水池、屋顶花园及中庭花园、渗井、绿地等增加渗透量、削减洪峰流量。

3. 合理收集利用建筑屋面雨水资源，用于绿化灌溉、景观补水和冲洗道路等。

4. 绿化灌溉采用喷灌和微灌等节水型灌溉方式，降低绿化灌溉用水水量。

5. 商务区内建筑全部采用节水型器具。

6. 按照使用用途分别设置计量水表，对厨卫用水、绿化景观用水，设备用水等进行分项计量。

4.3 建筑节材

建设目标：

1. 高性能材料占同类材料的比例超过70%以上。
2. 积极利用可再循环材料，可再循环材料使用重量占所用建筑材料总重量的10%以上。
3. 500km以内生产的建筑材料重量占建筑材料总重量的70%以上。

实施要点：

1. 建筑结构材料合理采用高性能混凝土和高强度钢。对于6层以上建筑，钢筋混凝土主体结构采用HRB400级（或以上）钢筋；混凝土承重结构中采用强度等级在C50（或以上）的混凝土。

2. 自用型公共建筑的装修节材，土建装修一体化设计施工，不破坏和拆除已有建筑构件及设施。办公、商场类建筑室内采用灵活隔断，减少重新装修时的材料浪费和垃圾产生。

3. 在保证安全、不污染环境和满足性能的情况下，积极利用可再循环材料。鼓励使用和利用建筑废弃物再生骨料制作的混凝土砌块、水泥制品和配制再生混凝土；鼓励使用和利用工业废弃物、农作物秸秆、建筑垃圾、淤泥为原料制作的水泥、混凝土、墙体材料、保温材料等建筑材料。

4. 积极采用本地化材料，降低运输过程资源和能源消耗、减少环境污染。鼓励使用以当地原材料生产的建筑材料及构件，工程中尽可能选择500km范围内生产的建筑材料。

4.4 建筑环境

建设目标：

1. 建筑室内空气质量和背景噪声值100%达标。
2. 办公、宾馆类建筑75%以上的主要功能空间室内采光系数满足标准要求。

实施要点：

1. 建筑设计和构造设计有促进自然通风的措施。在设计阶段对房间气流组织进行模拟计算以提高自然通风效率。

2. 室内采用调节方便、可提高人员舒适性的空调末端。

3. 建筑采取合理的保温、隔热措施，减少围护结构热桥部位的传热损失，保障围护结构内部和表面无结露、发霉现象。

4. 合理采用可调节外遮阳、内遮阳等遮阳设施，改善室内热环境。

5. 新风质量满足设计要求，提高室内空气品质。新风采气口的上风向不能有污染源；提倡新风直接入室，缩短新风风管的长度，减少途径污染。

6. 设置空调系统的净化装置和系统，保证健康舒适的室内环境。

7. 通过室内空间的合理布局，降低噪声对室内的影响，创造健康舒适的声环境。

8. 考虑各功能区域照度的水平，合理选择照明方式。考虑照度分布的均匀性和可控性以及防灯具眩光的措施。

9. 优化外窗、天窗、下沉式采光中庭、采光边亭等被动式采光设计，改善室内或地下空间的自然采光效果，必要时采用导光管、导光板、光纤等主动式导光或天然光强化技术增强室内采光。

4.5 智能化系统

建设目标：

1. 商区内所有的大型公共建筑主要用能设施安装能耗监测系统，实现能源分项计量和远程监测。

2. 建筑智能化系统定位合理，功能完善。

实施要点：

1. 商务区内建筑安装能耗监测系统。系统应包括建筑物内各类能源如冷热源、输配系统、照明、办公设备、热水、可再生能源等能耗在线计量及能耗数据的采集、传输、处理等部分，大型建筑群的能耗监测系统宜采用分区、分站集散式管理。

2. 设置合理、完善的建筑信息网络系统，能顺利支持通信和计算机网络的应用，运行安全可靠。

3. 设置对建筑通风、空调、照明等设备的自动监控系统。对建筑内的空调通风系统、冷热源、风机、水泵等设备进行有效监测。对于照明系统，采用感应式或延时的自动控制方式实现建筑的照明节能运行。

4. 在主要功能房间设计和安装室内环境监控系统。

5. 合理采用物联网技术对建筑物碳排量进行实时监测，并对其碳排放量进行阶段性评估。

五、施工建设

商务区在开发建设实施过程中应依照国家和《上海市建设工程文明施工管理规定》等有关法规以及绿色施工的总体要求，通过切实有效的管理制度和工作制度，减少资源和能源的消耗，实现可持续发展的要求。

5.1 施工管理

建设目标：

在工程建设中在保证质量、安全等基本要求的前提下，通过科学管理和技术进步，最大限度地减少建设过程中的碳排放量，最大程度地满足节地、节能、节水、节材和保护环境的要求。

实施要点：

1. 建设单位应向参建单位提供建设工程与绿色施工的有关资料及保障措施，协调参建各方的绿色施工管理工作；应会同建设工程参建各方接受工程建设主管部门对建设工程实施绿色施工的监督、检查工作。

2. 监理单位应审查施工组织设计中的绿色施工技术措施或者专项施工方案，并在实施过程中做好监督检查工作；应对建设工程的绿色施工管理承担监理责任。

3. 施工单位应对施工现场的绿色施工具体实施与管理负责；建立以项目经理为第一责任人的绿色施工管理体系，制定绿色施工管理责任制度，定期开展自检、考核和评比工作；应编制绿色施工技术措施或者专项施工方案，定期对施工现场绿色施工实施情况进行检查并做好检查记录。

5.2 施工节能

建设目标：

通过采取有效的节能措施，降低施工能耗。

实施要点：

1. 对于临时设施要进行合理的设计、布置与使用，办公生活区采取节能降耗措施。宜选用高效保温隔热材料制成的复合墙体和屋面以及密封保温隔热性能好的门窗。

2. 施工现场制订具体节能措施，使用节能机具，合理安排工序，提高各种机械的使用率和满载率。宜选用节能型器具和高效节能的电动机。

3. 施工应实行用电计量管理，严格控制施工阶段用电量。

5.3 施工节地

建设目标：

1. 有效利用施工场地内的场地资源和临时设施。

实施要点：

1. 生活及办公区域应合理规划。

2. 施工场地合理规划，施工材料、机具应在规定范围内堆放。

3. 施工所需占用的场地，应首先考虑利用荒地、劣地、废地。

4. 施工中挖出弃土堆置时，应避免流失，并应回填利用；有条件时应考虑邻近施工场地间的土方资源调配。施工场地内良好的表面耕植土应进行收集和利用。

5. 考虑施工道路和建成后运营道路系统的延续性，考虑临时设施在建筑运营中的应用，避免重复建设。

5.4 施工节水

建设目标：

统筹综合利用各种水资源，实现施工节水和非传统水源合理利用。

实施要点：

1. 合理进行雨水、基坑降水的收集和再利用。

2. 对清车用水、清洗场地用水进行回收利用。

3. 施工现场生产、生活用水应使用节水型生活用水器具，在水源处应设置明显的节约用水标识。

4. 施工现场分别对生活用水与工程用水确定用水定额指标，并分别计量管理。

5.5 施工节材

建设目标：

1. 现场临时用房、临时围挡材料可重复使用率达到70%。

2. 将建筑施工、商务区内旧建筑拆除和场地清理时产生的固体废弃物分类处理，并有效回收和再利用。

实施要点：

1. 合理采用清水混凝土等施工的新技术、新工艺。

2. 提高构件的工厂预制比例，提高工厂化施工水平。

3. 施工所需临时设施采用可拆卸可循环使用材料，并在相关方案中列出回收再利用管理办法，并提高施工临时设施与永久设施一体化水平。

4. 充分利用拆除的废砖、废钢筋、混凝土块，提高资源再利用率。

5. 对周转材料进行保养维护，维护其质量状态，延长其使用寿命。

6. 按照材料存放要求进行材料装卸和临时保管，避免因现场存放条件不合理而导致浪费。

5.6 环境保护

建设目标：

1. 施工现场的噪声满足《建筑施工场界噪声限值》GB 12523-90 的要求。

2. 在场界四周隔挡高度位置测得的大气总悬浮颗粒物（TSP）月平均浓度与城市背景值的差值不大于 $0.08mg/m^3$。

3. 光污染满足《城市环境（装饰）照明规范》的要求。

4. 施工污水执行排放标准，并达到施工污水排放满足《污水综合排放标准》GB 8978-1996 的相关要求。

实施要点：

1. 施工场地的强噪声设备宜设置在远离居民区的一侧，可采取对强噪声设备进行封闭等降噪措施。

2. 对噪声进行监测与控制，监测方法执行《建筑施工场界噪声测量方法》GB 12524-90 进行监测记录。

3. 施工现场设置围挡，其高度、用材必须达到地方有关规定的要求，并采取措施保障施工场地周边人群、设施的安全。现场扬尘满足《上海市扬尘污染防治管理办法》。

4. 临时道路应保持清洁防止扬尘。

5. 减少夜间对非照明区、周边区域环境的光污染，减少施工场地对周边区域的光污染。对施工场地直射和电焊眩光进行有效控制或遮挡，避免对周边区域产生不利干扰。

6. 在高处进行电焊作业时应采取遮挡措施，避免电光弧外泄。

7. 施工现场搅拌机前台、混凝土输送泵及运输车辆清洗处应当设置沉淀池。废水不得直接排入市政污水管网，可经二次沉淀后循环使用或用于洒水降尘。

8. 施工现场存放的油料和化学溶剂等物品应设有专门的库房，地面应做防渗漏处理。废弃的油料和化学溶剂应集中处理，不得随意倾倒。

六、运营管理

为保证核心区在实际运营过程中达到稳定、高效、低碳的目标，应建立完善的运营管理体系，可从区域运营管理、建筑物运营管理以及低碳人文三个层面建立相应的管理措施，从而形成区域内单位碳减排参与机制和实施节能、节水、节材等资源节约制度，为实现商务区的可持续发展提供有力保障。

6.1 区域运营管理

建设目标：

1. 区域建立集中智能化管理平台。

2. 区域内资源得到充分利用，废弃物实现分类的回收和再利用。

6.1.1 区域用能管理

实施要点：

1. 建立区域低碳信息平台，定时发布核心区用能状况和碳排放量信息。

2. 建立合同能源管理机制，采取相关的能源审计、节能改造、用能设备维护与管理、节能诊断等全过程和全方位措施。

3. 能源中心建立设备管理制度，其中包括系统的运营、维修、维护等制度。

6.1.2 区域资源管理

实施要点：

1. 建立运营管理的智能化控制平台，加强对地下交通系统、地下设备的管理和火灾报警与消防紧急处理、环境质量等方面的监视。

2. 建立节水、节材、绿化的管理制度，具有并实施资源管理激励机制，物业管理业绩与节约资源、提高经济效益挂钩。

3. 所有固体废弃物的管理应遵照"分类回收、集中保管、统一处理"的原则进行；将各单位产生的固体废弃物分类以后再回收，盛装固体废弃物的容器或场所等外面标明固体废弃物的类别、名称。

4. 栽种和移植的树木成活率大于90%，植物生长状态良好。

6.2 建筑物运营管理

建设目标：

1. 物业管理部门通过 ISO 14001 环境管理体系认证。

2. 建筑物智能化管理系统高效运营。

实施要点：

1. 建立物业管理激励机制，保证在建筑的使用性能要求、投诉率低于规定值的前提下，实现物业的经济效益与建筑用能系统的耗能状况、水和办公用品等的使用情况直接挂钩。

2. 建筑智能化系统运行可靠，对建筑内的设备系统进行有效监测，对关键数据进行实时采集并记录。

3. 区域内建筑安装分项计量系统，建立区域用能监控系统。针对高能耗的建筑采用合同能源管理方式降低其能耗水平。

4. 对空调系统进行定期全面检查、清洗或更换，清洗的具体方法和要求满足国家标准要求。

6.3 低碳人文

建设目标：

1. 利用各种媒介，通过举办活动，提高公众低碳意识。

2. 倡导低碳生活、工作方式，引导低碳消费模式，通过人们日常行为的转变，降低二氧化碳排放量。

6.3.1 低碳意识

实施要点：

1. 举办低碳经济会展，加强新闻宣传，建设低碳宣传教育基地，提高公众低碳意识。

2. 积极引导社会举办各种低碳理念宣传活动，通过宣传和教育，提高公众的低碳意识。

3. 在建筑内部和公交站台等处增加节能宣传媒介，强化人们的节能意识。

6.3.2 低碳行为

实施要点：

1. 为核心区一期制定碳排放标准，并对区内建筑进行碳排放量跟踪监测。

2. 入驻企业可设立节约能源、减少碳排放计划的建议表，鼓励员工参与，并选择可行的建议付诸实施。

3. 积极引导低碳消费行为，鼓励企业采用高能效办公产品和环保日常用品。

4. 在工作、生活中避免大量、无目的的采购，减少废弃物的产生，并对废弃物进行分类。

5. 合理引导商务区使用者更多选择公共交通、自行车和步行等绿色出行方式。

附录2-2 《虹桥商务区管委会关于低碳实践区建设专项发展资金的暂行意见》(沪虹商管〔2012〕74号)

虹桥商务区管委会
关于低碳实践区建设专项发展资金的暂行意见

第一条（目的和原则）

为充分发挥虹桥商务区专项发展资金对"低碳虹桥"的引导带动作用，推动绿色低碳技术在商务区应用和发展，推动低碳实践区建设，根据《上海虹桥商务区专项发展资金管理办法》（以下简称《管理办法》）和《上海虹桥商务区专项发展资金使用管理实施细则》（以下简称《实施细则》），制定本政策意见。

申报低碳虹桥建设专项发展资金的项目，是指对实现核心区全面低碳排放，局部区域或建筑实现"零碳排放"起重大带动作用，通过评审程序确定的，具有公共性、示范性和创新性的项目。

第二条（资金来源）

低碳虹桥建设专项发展资金是上海虹桥商务区专项发展资金的组成部分，由虹桥商务区专项发展资金专户统一管理。

第三条（支持范围）

1. 绿色建筑。对高于商务区相关规划要求的绿色建筑星级项目予以支持。鼓励项目主体申报国家绿色建筑示范工程。鼓励项目主体申报美国 LEED 和德国 DGNB 等评价标准。

2. 低碳交通。对提高绿色动力交通工具比例、建设和完善智能化交通系统的项目予以支持，包括具有节能减排效果的新能源公共交通建设和营运项目等。

3. 能源利用优化。对采用清洁能源、优化能源结构、提高能源效率的项目，予以支持，包括积极采用天然气等清洁能源，采用联供技术的能源中心，自愿参与试点绿电市场交易的方案，采用分项计量和电力监控的系统，智能楼宇用能监测管理系统的项目等。

4. 绿色碳汇。对提高绿色碳汇能力的绿化植被改善、建筑固碳相关项目，给予支持，包括以屋顶绿化等方式增加公共绿地面积、开发绿地廊道等开敞空间系统、建设生态网络及节点的项目。

5. 绿色照明。采用具有前沿性并具示范效应的节能灯具，包括风光互补等可再生能源照明系统，以及高效节能光源和智能照明控制系统的公共建筑照明建设项目等。

6. 节水与水环境改善项目。构建利用回用水和河道水为水源的生活用水、景观用水和绿化用水的水资源综合利用系统，以及区域雨水入渗和循环利用系统。

7.低碳软环境建设。对于举办具有全国性影响的低碳专业论坛予以支持，对于区域性碳排放及其衍生品的交易市场建设项目予以支持。

8.其他项目。对于管委会认可的其他有利于建设"低碳虹桥"和"宜商、宜居、宜人"的商务区的项目予以支持。

第四条（支持方式和额度）

低碳发展财政扶持方式，根据《管理办法》和《实施细则》，采取无偿资助、贷款贴息和奖励三种方式，按照本规定由申报主体选择一种执行。选择贷款贴息的，资金直接拨付项目贷款银行专项账户，不得挪作他用。选择奖励的，其申报主体需为工商注册和税务登记在虹桥商务区主功能区以内的法人主体。每个项目的扶持期限不超过2015年12月31日，单个项目资金支持比例最高不超过项目总投资额或截至2015年12月31日累计管理运营成本的20%；申报贷款贴息的，不得超过项目截至2015年12月31日贷款所需偿还利息的50%；同一申报主体申报的低碳虹桥类功能建设项目累计金额不超过8000万元。

对于申报的"绿色建筑"类项目，可按照实际超出部分的建筑面积和不同星级要求申请无偿资助，超出部分的绿色建筑二星级补偿最高不超过45元/m^2（超出部分的建筑面积，下同），其中对取得"绿色建筑设计评价标识"的，补偿最高不超过20元/m^2，对取得"绿色建筑评价标识"的，补偿最高不超过25元/m^2；三星级补偿最高不超过80元/m^2，其中对取得"绿色建筑设计评价标识"的，补偿最高不超过35元/m^2，对取得"绿色建筑评价标识"的，补偿最高不超过45元/m^2。项目正式获得国家绿色建筑示范工程后，项目可获得一次性补助，补助标准按建筑面积最高不超过5元/m^2计算。项目正式获得国外绿色建筑评价标识后，补偿最高不超过其程序性申报费用。

对于获得国家和上海市的绿色低碳类重大科技进步奖项的项目，包括获得"国家科学技术进步奖""国家技术发明奖""国家自然科学奖""上海市科学技术奖"的奖项，以及获得"国家重大专项""国家863计划""国家星火计划""国家科技支撑计划""上海市科技创新行动计划""上海科技小巨人""上海市科技创新行动计划"资质的项目，且注册或营运在商务区核心区内的企业，按照国家和市级奖励额度最高给予1:1的奖励。

第五条（申报主体）

申报低碳虹桥建设专项发展资金的项目建设和实施法人主体，须为工商注册和税务登记在虹桥商务区主功能区的具有独立法人资格的企业或社团法人等机构，项目须设立于《实施细则》规定的资金使用区域范围内，功能和作用主要发生在虹桥商务区。

第六条（申报材料）

申报主体应按照项目申报指南规定的时限要求，提交以下基本材料：
1.虹桥商务区专项发展资金申请表；

2.组织机构代码证、企业法人工商营业执照、税务登记证、法定代表人身份证明，非营利性机构还需出具事业单位法人证书或社会团体法人登记证书等；

3.单位盖章和法人代表签名的申报材料真实性承诺书；

4.项目立项文件，需经上级公司或政府批准的，还需出具立项许可和审批意见；

5.项目可行性研究报告或介绍书，内容应包括项目基本情况、对虹桥商务区功能建设的影响和作用分析、对政府政策和资金扶持需求、项目发展前景、实施进度计划安排、对扶持资金产生作用的预测等；

6.项目投资明细报告及证明材料、审计报告；

7.涉及贷款贴息的出具银行贷款合同，涉及规划的出具一书两证，涉及国际、国家和市级认证的出具认证相关材料；

8.其他根据《实施细则》和《功能建设项目申报指南》相关规定确定需要出具的材料。

9.对于申报的"绿色建筑"类项目，其出具的认证相关材料一般为"绿色建筑评价标识""绿色建筑示范工程验收证书""上海市新建建筑节能示范项目"标识及证书等。

第七条（审批程序）

在符合以上规定的基础上，对申请项目按如下6个步骤进行审批：

1.项目材料书面交由一口式窗口受理，进行形式审查；

2.项目预审和专家评审（可选）；

3.根据项目的进度情况，分为两类：符合申报指南要求的在建项目，预审通过后进入项目储备清单，待项目建设基本完成并提交验收后，再激活进入正式评审程序，需要提请国家和市级相关部门进行资质认定的，应等资质认定结束并提交认定材料后，再激活进入正式评审程序；基本完成和已经完成项目，预审后即可进入正式评审程序；

4.正式评审，对于申请项目按3000万资金为界，分为重大项目和一般项目两种；

5.评审通过后，拨付批准资金额度的50%；

6.项目跟踪和绩效评估，在项目正式运行6个月后，经绩效评估通过后拨付剩余资金。

审批流程示意如下图：

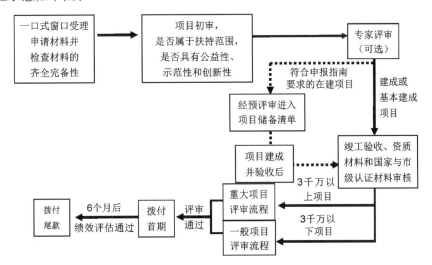

对符合申报指南要求的在建项目，若暂时无明确认证程序或材料的，可在项目可行性研究评估或设计文件审查阶段向管委会并行申报预评审，预评审通过后进入专项发展资金的项目储备清单，待项目竣工验收后，再进入正式评审程序。需要提请国家和市级相关部门进行认定的项目，应等认定结束并提交认定材料后，再进入正式评审程序。

第八条（附则）

用于虹桥商务区低碳实践区建设的专项发展资金部分，其监督管理和绩效考核按照《管理办法》和《实施细则》中的相关要求执行。

除按照规定与国家和本市相关政策进行按比例配套的政策外，同一事项不得重复享受虹桥商务区专项发展资金的各类资助、补贴和奖励。

第九条（实施期限）

本意见自颁布之日起至 2015 年 12 月 31 日实行。

附录 2-3 《关于虹桥商务区核心区一期申报绿色建筑设计标识管理工作的若干指导意见》

关于虹桥商务区核心区一期申报绿色建筑设计标识管理工作的若干指导意见

各开发企业：

为落实虹桥商务区核心区一期总体低碳和绿色建筑的建设目标，加强对绿色建筑评价标识的统一管理，对于绿色建筑设计评价标识工作，管委会基本建立了设计文件专项审查制度，并据此对符合要求的项目出具申报推荐意见，有关指导意见如下：

一、适用范围

本指导意见适用于虹桥商务区核心区一期已取得设计方案批复并准备申报绿色建筑设计评价标识的项目，与绿色建筑运行评价标识的申报管理相关的指导意见将另行制订。

绿色建筑设计评价标识管理工作包含三个阶段的过程管理，即：总体设计文件专项审核、施工图设计文件专项审核以及绿色建筑设计评价申报推荐。

二、职责分工

建设单位是绿色建筑设计标识申报的第一责任主体，对项目的申报、技术应用和设计管理全面行使管理责任。设计单位或绿建咨询单位应根据绿色建筑标准以及相关审查、预评审等意见，对设计文件予以优化和完善。

管委会委托专业机构对设计文件进行绿色建筑专项审查，专业机构对总体设计文件和施工图设计文件是否满足绿色建筑设定目标及采取的技术措施等方面提出有关指导与评估意见。

管委会开发建设处负责各项目绿色建筑的实施管理及协调工作。对符合要求的项目给予施工许可，并对绿色建筑设计评价标识申报工作给予推荐与支持。

三、关于设计文件专项审查

设计文件专项审查，旨在督促并指导各项目在各个设计阶段落实绿色建筑相关内容，全面保障绿色建筑目标的整体实现，其主要包括总体设计文件专项审查和施工图设计文件专项审查。

（1）总体设计文件专项审查

项目在总体设计文件完成后，建设单位应填写"总体设计文件绿色建筑审核申请表"（附件一），并携带相关资料，向管委会开发建设处申报审查。专业机构将对总体设计文件进行绿色建筑专项审查并出具《绿色建筑总体设计审核指导意见》。

（2）施工图设计文件专项审查

项目在完成施工图设计文件后，建设单位应填写《施工图设计文件绿色建筑审核申请表》(附件二)，并携带相关资料，向管委会开发建设处申报审查。专业机构将对施工图设计文件进行绿色建筑专项审查并出具《绿色建筑施工图设计评估报告》。

四、关于设计评价标识申报推荐

通过绿色建筑设计文件专项审查的项目，建设单位应上报管委会开发建设处审核，由开发建设处出具《绿色建筑设计评价标识推荐表》(附件三)。

在项目被推荐后，申报"一星"和"二星"设计标识的，由上海市绿色建筑促进会按照申报流程进行评审，申报"三星"设计标识的，由国家建设部按照申报流程进行评审。

附录 2-4 《关于加强绿色建筑实施以及建筑能耗分项监测平台建设管理的有关通知》
（沪虹商管〔2014〕096 号）

关于加强绿色建筑实施以及建筑能耗分项监测平台建设管理的有关通知

核心区各开发企业：

依据《上海市建筑节能条例》《上海市绿色建筑发展三年行动计划（2014—2016）》以及《上海虹桥商务区低碳监测平台建筑能耗分项监测实施细则》的要求，为进一步推进"低碳虹桥"建设，落实虹桥商务区"国家绿色生态示范城区"和"上海市低碳发展实践区"建设的相关要求，现就有关工作通知如下：

一、建设单位在项目建设过程中要严格按照上述文件落实建筑节能、绿色建筑实施以及建筑能耗分项监测平台建设的各项规范、标准，并组织好验收前的各项自查工作。一般应在项目竣工验收三个月前形成绿色建筑实施、建筑能耗分项监测平台建设的专项验收报告。

二、管委会将加强对各相关项目建设实施的全过程监管，并根据项目实施进度，组织行业主管部门和专业机构对项目执行《上海市建筑节能条例》的情况、绿色建筑实施以及建筑能耗分项监测平台建设情况予以专项检查和评估。检查评审合格的，方可申请项目竣工验收备案；检查不合格的，应在整改到位后，再行申请项目竣工验收备案。

附录 2-5 《关于推进实施建设工程绿色施工的若干指导意见》(沪虹商管〔2015〕57 号)

关于推进实施建设工程绿色施工的若干指导意见

一、适用范围

本指导意见适用于虹桥商务区主功能区内,由上海虹桥商务区管理委员会(以下简称"管委会")审批、核准和备案的建设工程项目。先从主功能区内闵行区部分实施,再逐步在其他区域实施。

二、职责分工

管委会负责协调、督促和指导绿色施工有关工作,组织检查工地现场并通报绿色施工实施情况,配合相关部门对违规行为进行查处等工作。

建设单位是建设工程绿色施工的推进主体,负责推进具体项目的绿色施工管理工作,应向参建单位提供与绿色施工有关的资料和保障措施,明确绿色建筑经济技术指标和绿色施工要求,确保实现绿色建筑运营标识的星级目标。

施工单位是创建绿色施工的责任主体。施工总承包单位对工程项目创建绿色施工负总责,项目经理是第一责任人;各专业施工单位负责其相应施工部分的创建工作。

监理单位负责绿色施工日常监管,确保各项管理措施的有效实施。

三、主要要求

绿色施工为在保证质量、安全等基本要求的前提下,通过科学管理和技术进步,最大限度地节约资源,减少对环境负面影响,实现节能、节材、节水、节地和环境保护的建筑工程施工活动。

(1)施工单位项目部成立绿色工作小组,设置绿色施工专职管理人员。在施工前编制项目绿色建筑施工专项方案,明确落实绿色施工的管理措施和技术措施。

(2)施工单位按国家和行业的绿色施工管理要求、施工技术规范、标准组织施工,做好节能、节水、节地、节材等施工技术措施,提高资源综合利用效率,牢固树立环境保护意识,践行有关环保要求。

(3)施工单位根据项目具体位置和施工特点制订噪声、光污染、扬尘、污水排放等控制措施,最大程度减少施工过程对自然环境的影响,执行绿色施工管理有关规定,最大程度降低作业过程中的"声光尘"的影响,最大程度降低对环境的污染。

(4)施工单位加强绿色施工的宣传,组织绿色施工教育培训,增强施工人员绿色施工意识,营造绿色施工良好氛围。

（5）施工单位要以创建绿色施工样板工程和达标工程为抓手，开展绿色施工示范工程创建活动。

四、考核认定

（1）绿色施工考核工作由各工程施工单位自评，监理单位、建设单位确认后，报管委会备案，由管委会组织市区相关部门开展认定。施工单位自评原则上每半年不少于1次。

（2）绿色施工考核与认定按地基与基础工程、主体结构工程、装饰装修机电安装及室外总体阶段分阶段进行。

（3）绿色施工考核与认定包括施工管理、资源节约和环境保护、分阶段的施工技术措施以及创新与提高措施等内容。

（4）建设工程绿色施工认定等级分为不合格、合格、优秀三个等级。得分低于60的认定为不合格；各阶段得分在60（含）以上及90以下认定的认定为合格；各阶段得分在90（含）以上的认定为优秀。

（5）建设工程发生下列情况之一的，认定等级为"不合格"。

a）发生安全生产重大死亡责任事故或重特大质量事故；

b）因污染排放、扬尘、噪声、扰民等问题，造成严重社会影响；

c）使用上海市明令禁止使用或者淘汰的材料、技术、工艺和设备；

d）严重违反建筑法律法规的规定，被有关建设行政主管部门处罚。

五、其他

（1）管委会定期组织"虹桥商务区绿色施工管理示范项目"创建活动。绿色施工考核与认定等级为优秀的建设工程方可参加。

（2）建设单位应积极支持施工单位开展绿色施工活动，对于创建为"虹桥商务区绿色施工管理示范项目"的，可以给予奖励；施工单位也可以建立节能减排激励制度，对于创建绿色施工过程中有突出贡献的项目部和有关人员，给予相应的奖励。

（3）绿色施工认定等级为不合格的项目，应按照相关标准整改，并达到有关竣工验收备案的要求。

（4）绿色施工认定情况将报送绿色建筑运营标识评定委员会。

附录2-6 《关于推进虹桥商务区核心区绿色建筑运行管理工作的有关通知》
(沪虹商管〔2016〕70号)

关于推进虹桥商务区核心区
绿色建筑运行管理工作的有关通知

各开发企业、物业管理企业、业主、物业买受人和使用人以及装修人等相关单位：

根据《上海市虹桥商务区低碳建设导则（试行）》、《上海市绿色建筑发展三年行动计划》、《绿色建筑评价标准》的要求，为进一步推进"低碳虹桥"建设，推进各项目绿色建筑的实质运行，落实虹桥商务区"国家绿色生态示范城区"和"上海市低碳发展实践区"建设的相关要求，现就有关工作通知如下：

一、绿色建筑是指在建筑全寿命期内，最大限度地节约资源（节能、节地、节水、节材）、保护环境、减少污染，为人们提供健康、适用和高效的使用空间，与自然和谐共生的建筑。建筑全寿命期包含了设计、建造、运行等阶段，绿色建筑不仅要体现在设计方面，更应在建造和运行阶段取得实效。

二、当前，核心区内在建项目和投运项目在绿色施工、二次装修以及绿色运营上还存在一些不符合《绿色建筑评价标准》的问题和不足，对此，管委会将继续加强各相关项目的建设管理全过程监管工作。同时，为保障商务区各类项目规范、有序地开展绿色运行，依据本市推进绿色建筑发展的各项文件精神，各有关单位应根据工程不同进度，按照各自职责做好以下工作：

（一）对于在建项目：在主体结构施工阶段，应按照《绿色建筑评价标准》及《关于推进实施建设工程绿色施工的若干指导意见》的要求，开展绿色施工，完成自评工作并定期汇总绿色施工相关资料。对于进入装饰装修、建筑幕墙、室外总体阶段等阶段的项目，还应按照职责分工另行编制有针对性的绿色施工方案；对于拆除原有绿色施工设施、设备的，也应及时更新各项绿色施工管理要求。在竣工验收阶段，应按照《关于加强绿色建筑实施以及建筑能耗分项监测平台建设管理的有关通知》的要求，对绿色建筑进行专项验收，验收不合格的项目，应按照相关标准整改，并达到有关竣工验收备案的要求。

（二）对于投运项目：在后续二次装修过程中，应避免随意破坏绿色建筑相关设施设备以及各项技术措施。对于独立使用的建筑单体或投资额在200万元以上的二次装修建设工程，其二次装修设计的施工图文件应通过绿色建筑设计文件专项审查，纳入施工许可、竣工备案的管理范围。审查、验收不合格的项目，应按照相关标准整改，并达到绿色建筑以及竣工验收备案的要求；在项目运行中，各开发企业、物业管理企业以及业主等单位应共同制定绿色建筑运营管理措施并建立健全各项工作制度，切实开展绿色运行，为后续开展绿色建筑运行评价提供保障。

三、管委会鼓励各相关单位做好绿色建筑的运行管理，申报有关运行标识。对按照绿色建筑要求运行，符合绿色建筑标准的项目，管委会将支持各单位申报绿色建筑运行有关的专项扶持资金。

特此通知。

附录 2-7 《关于进一步加强虹桥商务区低碳能效运行管理平台建设和管理工作的有关通知》
（沪虹商管〔2018〕3 号）

关于进一步加强虹桥商务区低碳能效运行管理平台
建设和管理工作的有关通知

各有关单位：

依据《上海虹桥商务区低碳监测平台建筑能耗分项监测实施细则》（沪虹商管〔2014〕011 号）以及《关于加强绿色建筑实施以及建筑能耗分项监测平台建设管理的有关通知》（沪虹商管〔2014〕096 号）、《虹桥商务区绿色建筑项目（设计评价标识阶段）专项发展资金扶持申报指南》的相关规定，为进一步推进"低碳虹桥"建设，落实虹桥商务区"国家绿色生态示范城区"和"上海市低碳发展示范区"建设的相关要求，现就进一步加强虹桥商务区低碳能效运行管理平台建设和管理工作通知如下：

一、建设单位在申请绿色建筑项目（设计评价标识阶段）专项发展资金时，需在申报材料中一并提供《虹桥商务区建筑能耗分项监测计量项目自评表》，并提供相关承诺函，书面承诺按照管委会的要求落实好建筑能耗分项监测子系统建设、数据上传、资料备案等相关工作。

二、建设项目在竣工验收前，应形成建筑能耗分项监测平台建设的专项验收报告，由管委会组织对建筑能耗分项监测平台建设情况检查评估，检查合格的方可申请项目竣工验收备案。

三、建设项目投运后，业主单位或业主委托管理单位应落实专人负责能源监测子系统的管理和维护，能耗分项监测子系统运行情况需通过虹桥商务区低碳能效运行管理信息平台专项测试，落实虹桥商务区低碳能效运行管理信息平台数据质量管理要求，确保系统正常运转、数据正常上传，应在系统质保期满与专业单位签署系统维护保养合同，并将合同报虹桥商务区管委会备案（具体要求参照《DG/TJ 08-2068-2012 公共建筑用能监测系统工程技术规范》-"9 系统运行维护"）。

四、业主单位或业主委托管理单位在申请绿色建筑项目（运营评价标识阶段）专项发展资金时，应提供连续一年正确稳定上传建筑能耗分项监测数据至虹桥商务区低碳能效运行管理信息平台的相关资料证明，管委会根据该项目建筑能耗分项监测数据上传情况及项目综合能耗情况分批次拨付相关专项资金补贴。

五、虹桥商务区管委会建立虹桥商务区建筑能耗分项监测平台例会制度，定期召开联席会议，通报平台建设、数据上传、区域能耗等情况，宣传解释相关政策并协调解决企业反映的问题。

六、对于能耗监测数据上传不及时、不符合要求或停止上传的建设项目，虹桥商务区管委会将公开通报，纳入失信名单，并依照相关规定取消有关政策支持，收回已补贴的相关专项资金。

特此通知。

附录 2-8 《关于进一步加强虹桥商务区屋面绿化建设管理工作的有关通知》
（沪虹商管〔2018〕14 号）

关于进一步加强虹桥商务区屋面绿化建设管理工作的有关通知

各开发企业：

根据《上海市虹桥商务区低碳建设导则（试行）》、《上海市虹桥商务区发展"十三五"规划》、《绿色建筑评价标准》的相关规定，为进一步推进"低碳虹桥"建设，落实虹桥商务区"国家绿色生态示范城区"和"上海市低碳发展示范区"建设的相关要求，切实做好虹桥商务区建筑物第五立面工作，现就进一步加强虹桥商务区屋面绿化建设管理的有关工作通知如下：

一、建设项目在送审项目配套绿化方案时，应同时附有屋面绿化设计方案。绿化设计要有新意，要有精品意识，要重效果，并积极引种适应性强的科研新品种，保证草坪式、组合式、花园式等各种屋面绿化建设方案在商务区得到积极的应用。

二、建设项目在进行屋面绿化施工时，应确保房屋结构安全，选择既具有绿化施工资质，又具有屋面绿化施工经验的队伍进行施工，切实强化施工质监管理。

三、建设项目在竣工验收阶段，应对屋面绿化进行专项验收。验收不合格的项目，应按照相关标准整改，并达到有关竣工验收备案的要求。

四、核心区南北片区项目，要加强屋面绿化建设工作，因地制宜，补种和完善屋面绿化，确保"第五立面"的景观性。

五、项目在投入使用后，应对屋面绿化的养护建立长效管理机制，各运营单位应确保屋面绿化的有效维护。

六、根据《上海虹桥商务区管委会关于推进低碳实践区建设的实施意见》（沪虹商管法〔2017〕4号），对实施屋面绿化且未折算增加公共绿地面积的项目（核心区一期除外）给予低碳实践区建设专项发展资金支持。管委会有关处室牵头制订申报指南并建立相应的工作机制。

七、鼓励除核心区以外的既有建筑实施屋面绿化，其建设管理工作参照此通知执行。

特此通知。

附录 2-9 《关于在虹桥商务区四个片区进一步加强绿色低碳建设工作的指导意见》（沪虹商管〔2019〕11 号）

关于在虹桥商务区四个片区进一步加强绿色低碳建设工作的指导意见

闵行、长宁、青浦、嘉定区政府：

根据市政府关于优化完善虹桥商务区运行管理体制机制的有关要求，按照领导指示精神，结合虹桥商务区实际，现就虹桥商务区"东、西、南、北"四个片区进一步加强绿色低碳建设工作制订如下指导意见。

一、背景、目的和意义

绿色、低碳发展是中国的重要战略，也是国际发展趋势和世界潮流，虹桥商务区一直坚定不移地将"最低碳"作为重要发展理念。《上海市虹桥商务区管理办法》中明确"鼓励虹桥商务区通过低碳经济发展方式，建设成为低碳商务区域"。在市有关部门的指导下，通过管委会和各区的共同努力，虹桥商务区绿色低碳建设成效显著：原 3.7 平方千米的核心区已被住房和城乡建设部批准为国家绿色生态示范城区；2017 年在成为上海市首批低碳发展实践区的基础上，又升级为"上海市低碳发展示范区"；2018 年 10 月份荣获全国首个、最高星级的"国家绿色生态城区三星级运行标识"，在国内甚至国际上起到了标杆示范作用，意义重大，影响深远。

为了在虹桥商务区 86 平方千米范围内进一步全面务实地推广原 3.7 平方千米核心区创建国家绿色生态城区、市级低碳发展示范区的经验和做法，管委会将在市委市政府的领导下，通过与各区政府形成合力、统筹推进、各司其职，切实落实好虹桥商务区规划建设导则，着力在绿色建筑、立体交通、屋顶绿化、共享单车管理、环境综合整治提升等各个方面实施精细化管理，提升虹桥商务区功能、优化营商环境，将虹桥商务区建设成为绿色、低碳、生态、环保的产城高度融合、世界一流长三角 CBD。

二、具体工作举措

1. 统一绿色低碳建设运营标准。在市有关部门的指导下，管委会会同相关区政府，以原核心区的绿色低碳建设水平为标杆，结合四个片区实际，统一制定商务区 86 平方千米范围内的绿色低碳建设和运营管理标准，并纳入《虹桥商务区规划建设导则》中，经市政府发布后，作为管委会、各区政府共同推进商务区绿色低碳建设工作的重要依据。

2. 全力推进绿色生态城区建设。根据国家《绿色生态城区评价标准》和上海市政府办公厅转发的市住房城乡建设管理委等四部门《关于推进本市绿色生态城区建设指导意见的通知》要求，积极借鉴原3.7平方千米核心区创建国家绿色生态城区、市级低碳发展示范区的宝贵经验，因地制宜，通力合作，全力推动4个片区至少创建2～3个国家级或市级绿色生态城区。

3. 拓宽低碳专项发展资金使用。修订《上海市虹桥商务区专项发展资金管理办法》，将原主功能区（闵行部分）的绿色低碳专项发展资金使用地域范围拓展到86平方千米及虹桥临空经济示范区，着力打通专项资金的申报、审批、拨付、监管等渠道，增加资金规模，重点聚焦支持绿色建筑运行标识、绿色施工、BIM、装配式施工、区域集中供能等低碳实践区和绿色生态城区建设项目，以专项资金为杠杆进一步推动商务区绿色低碳建设工作。

4. 编制虹桥商务区绿色低碳建设发展报告。由管委会牵头，会同各区相关部门，每年编制虹桥商务区绿色低碳建设发展报告并出版发行，充分展示虹桥商务区绿色低碳建设成效，宣传推广虹桥商务区，提升知名度和影响力。

5. 加强信息交流等工作。由管委会牵头，与各区相关部门共同建立相关平台，做好86平方千米范围内的绿色建筑、生态城区、低碳能效运行管理平台、碳排放量等方面的数据汇总、信息交流等工作，组织开展相关的论坛讲座、学习考察等活动。

三、体制机制保障

1. 建立绿色低碳建设联席会议制度。由管委会有关部门牵头，会同各区相关职能部门，建立虹桥商务区绿色低碳建设联席会议制度，定期召开联席会议交流工作，共同协调解决有关问题，推动绿色低碳建设工作。

2. 加强绩效考核。管委会将四个片区执行《虹桥商务区规划建设导则》和落实绿色低碳建设标准等情况纳入市赋予管委会对区政府绩效考核内容之中，报送市年度绩效考核工作领导小组。

附录 2-10 《上海市虹桥商务区专项发展资金管理办法》（沪财预〔2019〕15 号）

上海市虹桥商务区专项发展资金管理办法

第一章 总则

第一条 目的和依据

根据市政府优化完善虹桥商务区运行管理体制机制有关要求和《上海市虹桥商务区管理办法》，为进一步规范上海市虹桥商务区专项发展资金（以下简称"专项资金"）管理，发挥专项资金的引导和带动作用，提高资金使用效率，特制定本办法。

第二条 使用和管理原则

专项资金主要支持虹桥商务区、虹桥临空经济示范区内符合区域功能定位、产业政策、规划布局等要求的相关项目，按照"突出重点，注重绩效，加强监督，专款专用"的原则加强使用管理。对已享受其他市级或区级财政扶持政策的项目，专项资金不再重复支持，确保政策不重叠。

第三条 资金来源

2019年至2023年专项资金总量20亿元，由市级财政与相关区财政（即闵行、青浦、嘉定、长宁四个区财政）按1:1的比例共同安排，其中：市级财政预算安排10亿元，四个区财政安排合计10亿元，分别对专项资金支持的本区项目，按照支持金额的50%安排预算资金。对专项资金支持跨区的政府公共管理服务项目，涉及区财政应安排的预算资金，可按项目所在区的区域面积比例，由相关区财政分别安排。

专项资金采取总量核定、分年安排的办法，每年可根据年度专项资金支持项目的实际需要，由市财政和四个区财政在专项资金总额内分年安排。

第四条 部门职责

市财政局负责落实市级财政预算资金，监督专项资金的使用管理情况；四个区政府分别负责落实区级财政预算资金；虹桥商务区管委会会同四个区政府制定统一的产业与招商政策，制定专项资金实施细则，研究提出年度专项资金的重点支持领域，制定项目申报指南，组织开展项目评审，编制年度专项资金预算，对专项资金使用情况实施日常监督和绩效评价，负责公开专项资金使用情况，做好专项资金日常管理工作。

第二章 预算管理

第五条 资金用途

专项资金重点聚焦促进产业集聚、功能营造和人才吸引的商务、交通项目：

（一）促进产业集聚，提高商贸能级和竞争力。支持国际贸易、文化创意、航空服务、信息服务、新兴金融等领域的重大项目，促进商务区高端商务和现代服务业发展；支持引进企业总部、特色会展资源，做大做强商务、贸易、会展功能；支持"会商旅文体"示范区建设，支持社会化投资教育培训、健康医疗等领域的重大项目，促进商务区产城融合。

（二）提升服务功能，完善商务环境建设。包括：

1. 优化商务环境。支持虹桥商务区重点公共区域的高品质环境营造，支持打造贸易展示功能性平台，建设长三角企业服务和重点项目对接服务平台，提升公共服务质量的平台项目建设。

2. 推进低碳实践区和绿色生态示范城建设。支持绿色建筑、绿色能源、绿色照明、绿色交通、生态环境保护、区域集中供能项目、低碳节能和绿色环保输变电等项目，促进绿色低碳发展。

3. 推进智慧虹桥建设。支持社会化投资智慧城市建设运营类项目，包括：支持智慧政务管理，智慧社区、智慧园区和智慧商贸建设，促进智慧新城示范；支持智慧建筑、智慧交通、智慧会展、智慧能源，提升商务区功能品质。

（三）集聚创新创业人才，打造国际化人才高地。支持培育和引进急需人才，强化政策激励；支持人才创新创业，完善配套政策和服务；支持人才评价体系建设，推进人才制度创新。

（四）其他支持项目。支持经市政府批准的其他与虹桥商务区发展相关的重大项目。

第六条　支持方式

专项资金支持方式包括无偿资助、贷款贴息、政府补贴以及政府购买服务等，专项资金支持项目原则上只采取一种方式。

第七条　项目申报

虹桥商务区管委会会同四个区政府，根据虹桥商务区、虹桥临空经济示范区发展规划和阶段性发展目标，研究提出年度专项资金重点支持方向和领域，制订并发布项目申报指南。根据实施细则以及项目申报指南的具体要求，四个区受理项目申报后，报虹桥商务区管委会。

虹桥商务区管委会会同四个区负责建立项目库管理制度，实现项目全程跟踪管理和有关信息在政府相关部门间共享。

第八条　项目审批

虹桥商务区管委会会同四个区政府，组织开展项目评审。对评审通过的项目，虹桥商务区管委会分别会同四个区政府下达项目批复意见。

第九条　项目实施

项目单位根据经批准的项目预算和项目计划，具体组织项目实施。

第三章　支出管理

第十条　资金下达

每年10月底前，虹桥商务区管委会会同四个区政府提出下一年度专项资金预算及分区情况报送市财政局，市财政局审核后纳入下一年度市对区财力结算，分别下达四个区财政局。预算执行中若需调整预算，由虹桥商务区管委会会同四个区政府研究提出调整方案，纳入下一年度专项资金预算，并于10月底前报市财政局审核。

第十一条 资金拨付

四个区财政局分别根据年度专项资金项目预算的书面批复意见，按照市、区支持总额全额安排下一年度专项资金预算。年度执行中，四个区财政局根据项目实施进度，按照国库集中支付的管理要求，将专项资金拨付到项目单位。专项资金支出形成的固定资产属于国有资产的，应当按照国家和本市国有资产管理有关规定实施管理。

第四章 监督管理

第十二条 审计监督

虹桥商务区管委会会同四个区政府，加强对专项资金的日常监督，对专项资金使用和项目的执行情况进行全程跟踪监管。

专项资金接受市审计和监督部门审计检查，根据年度专项资金的使用情况，市财政局、市发展改革委可会同虹桥商务区管委会、四个区政府，聘请有资质的社会中介机构对专项资金使用管理情况进行审计，确保专项资金使用安全、规范。

第十三条 绩效评价

虹桥商务区管委会会同四个区政府，建立虹桥商务区专项资金支持项目的绩效评价体系，定期对专项资金使用情况进行绩效评价，并将绩效评价情况作为以后年度申报安排专项资金的重要参考依据。

第十四条 信息公开

专项资金的使用情况纳入政府信息公开范围，由虹桥商务区管委会会同四个区政府按照政府信息公开的要求，对专项资金使用情况进行公开。

第十五条 责任追究

专项资金必须专款专用，严禁截留、挪用。对于不按规定配合进行专项资金使用情况跟踪监管和信息披露的项目，将暂缓拨付其专项资金。

对以同一项目重复申报并享受其他财政专项资金的，将限期收回本专项资金，并取消项目单位继续申报专项资金的资格。相关单位违规行为将录入本市社会信用体系。

对弄虚作假、截留、挪用等违反法律法规或有关纪律的行为，除限期收回专项资金、取消项目单位继续申报项目资格外，还将按照国家有关规定追究项目单位和有关负责人的法律责任。

第五章 附 则

第十六条 实施期限

（一）本办法执行至 2023 年 12 月 31 日。

（二）本办法由市财政局、市发展改革委、虹桥商务区管委会、闵行区政府、青浦区政府、嘉定区政府、长宁区政府按各自职责负责解释。

附录 2-11 《上海市虹桥商务区专项发展资金使用管理实施细则》（沪虹商管〔2019〕95 号）

上海市虹桥商务区专项发展资金使用管理实施细则
（2019 年修订）

第一章　总则

第一条　目的和依据

为了规范上海市虹桥商务区专项发展资金（以下简称"专项资金"）使用和管理，细化职责分工和操作流程，根据《上海市虹桥商务区专项发展资金管理办法》(沪财预 [2019]15 号，以下简称《管理办法》)，制定本实施细则。

第二条　使用原则

专项资金主要支持虹桥商务区、虹桥临空经济示范区内符合区域功能定位、产业政策、规划布局和开发建设要求的相关项目，按照"突出重点、注重绩效、加强监督、专款专用"的原则加强使用管理。对已享受其他市级或者区级财政扶持政策的项目，专项资金不再重复支持，确保政策不重叠。

第三条　部门职责

市财政局负责落实市级财政预算资金，监督专项资金的使用管理情况；市发展改革委会同虹桥商务区管委会负责指导、协调专项资金使用中涉及跨区域、跨部门、跨领域等重大政策平衡；闵行区、长宁区、青浦区、嘉定区等四个区政府（以下简称四个区政府）分别负责落实区级财政预算资金；虹桥商务区管委会会同四个区政府制定统一的产业与招商政策，制定专项资金实施细则，按照形成一主多辅、错位发展的产业布局导向，研究提出重点领域专项资金支持政策意见，制定项目申报指南，组织开展项目评审，编制年度专项资金预算，对专项资金使用情况实施日常监督和绩效评价，负责公开专项资金使用情况，做好专项资金日常管理工作。

第二章　资金用途

第四条　使用范围

专项资金重点聚焦促进产业集聚、功能营造和人才吸引的商务、交通项目：

（一）促进产业集聚，提高商贸能级和竞争力。支持国际贸易、文化创意、航空服务、信息服务、新型金融服务等领域的重大项目，促进商务区高端商务和现代服务业发展；支持引进企业总部、特色会展资源，做大做强商务、贸易、会展功能；支持"会商旅文体"示范区建设，支持社会化投资教育培训、健康医疗等领域的重大项目，促进商务区产城融合。

（二）提升服务功能，完善商务环境建设。包括：

1. 优化商务环境。支持虹桥商务区重点公共区域的高品质环境营造，支持打造贸易展示功能性平台，建设长三角企业服务和重点项目对接服务平台，提升公共服务质量的平台项目建设。

2. 推进低碳实践区和绿色生态示范城建设。支持绿色建筑、绿色能源、绿色照明、绿色交通、生态环境保护、区域集中供能项目、低碳节能和绿色环保输变电等项目，促进绿色低碳发展。

3. 推进智慧虹桥建设。支持社会化投资智慧城市建设运营类项目，包括：支持智慧政务管理，智慧社区、智慧园区和智慧商贸建设，促进智慧新城示范；支持智慧建筑、智慧交通、智慧会展、智慧能源，提升商务区功能品质。

（三）集聚创新创业人才，打造国际化人才高地。支持培育和引进急需人才，强化政策激励；支持人才创新创业，完善配套政策和服务；支持人才评价体系建设，推进人才制度创新。

（四）其他支持项目。支持经市政府批准的其他与虹桥商务区发展相关的重大项目。

第五条 支持方式

专项资金支持方式包括无偿资助、贷款贴息、政府补贴以及政府购买服务等，专项资金支持项目原则上只采取一种方式。

对专项资金支持的跨区项目，按《管理办法》所确定的原则，一事一议协商确定各区分担比例。

第六条 支持政策

虹桥商务区管委会会同四个区政府对重点领域的专项资金使用，分别拟定支持政策意见，明确相关领域具体支持对象、支持重点、支持条件、支持标准、支持方式等有关内容。

第七条 支持对象

专项资金支持对象为，在本市依法设立的法人、非法人组织（分支机构除外），且财务管理制度健全、纳税和会计信用良好、无违法违规行为，其申报支持的项目功能和作用主要发生在虹桥商务区、虹桥临空经济示范区范围内。

第三章 项目申报

第八条 申报指南

虹桥商务区管委会会同四个区政府，根据虹桥商务区、虹桥临空经济示范区发展规划和阶段性发展目标，结合相关重点领域支持政策意见，在每年 8 月 31 日前研究确定下一年度专项资金的重点支持方向和领域，编制发布项目申报指南，组织项目申报。

项目申报指南按照确定的重点领域分类编制，明确支持重点、支持标准、支持方式、申报资格、申报时间、申报流程、评审程序、评审标准、项目管理等内容。

第九条 申报材料

申报主体应当在规定时限内，按照相关政策以及项目申报指南的要求提交申请材料，并保证提交材料的真实性。

第十条 受理初审

四个区政府分别明确一家具体区属负责部门（单位）统一归口负责受理本区域项目申报并负责项目初审。各区负责部门（单位）对已受理项目，委托中介机构通过专家评审等方式对申报项目材料进行初步筛选，严格把关。

评估初审通过后的项目应纳入项目库,由各区负责部门(单位)于每年 3 月 31 日前上报虹桥商务区管委会。虹桥商务区管委会设立统一窗口受理各区申报材料。

第十一条　项目库管理

虹桥商务区管委会会同四个区政府负责建立项目库管理制度,申报项目应先纳入项目库管理,实现项目全程跟踪管理和有关信息在政府相关部门间共享。

第四章　项目审批

第十二条　评审小组

由虹桥商务区管委会牵头,联合有关部门、四个区政府等成立评审工作小组,统筹推进专项资金的申报受理、评估管理、审核批复、监督检查等工作。

评审工作小组根据分工和项目分类,设立相应重点领域专业工作组,具体负责相应重点领域的项目申报受理、项目评审、项目推进等工作。

第十三条　项目评审

根据申报指南明确的评审程序和评审标准,评审工作小组负责委托中介机构通过开展专家评审等方式进行综合评估,对各区报送的申报材料出具评审意见,对拟支持项目进行网上公示并征询评审工作小组成员单位意见。

第十四条　项目批复

对评审不通过的项目,由虹桥商务区管委会函告申报主体;对评审通过的,虹桥商务区管委会分别会同闵行区政府、长宁区政府、青浦区政府、嘉定区政府下达项目批复意见。

第五章　项目管理

第十五条　项目协议书

按照项目批复和相关政策,各区负责部门(单位)牵头与项目单位签订《虹桥商务区专项发展资金项目实施框架协议书》(以下简称《项目协议书》),明确项目内容、实施进度和扶持资金额度、资金支持方式、资金支持内容、资金使用计划、项目验收、违约处理等内容。

虹桥商务区管委会会同四个区政府统一制定《项目协议书》格式条款,并监督相关主体单位落实执行,协议书签订后需向管委会报备。未经批准,项目单位不得随意调整协议内容。

第十六条　项目调整

资金申请获得批复后,对资金使用主体、项目内容、主要用途有调整需求的项目,项目单位应及时向各区负责部门(单位)提出变更申请,不得擅自变更。各区负责部门(单位)应将项目变更有关材料报评审工作小组,按照原程序重新进行报批。有下列情形之一的,视为项目发生重大变化:

(一)项目法人发生变更。

(二)项目地点发生变更。

(三)主要项目内容、项目性质发生变化。

(四)建设期发生重大变化(一般指延期 1 年及以上)。

（五）总投资额缩减 20% 及以上。

（六）申报指南规定的重要变更事项。

项目变化导致专项资金支持金额发生变化的，由评审工作小组限期收回专项资金超额支持部分。

项目协议书另有规定的，按其规定执行。

第十七条 项目验收

项目完成（竣工）后，项目单位应在六个月内，向各区负责部门（单位）提出验收申请。按照相关规定提交验收材料，包括但不限于：

1. 项目协议书；

2. 项目验收申请表；

3. 项目验收总结报告；

4. 经第三方审计机构出具的项目审计报告；

5. 申报指南明确需要查验的材料。

项目协议书已明确相关验收方式，按其规定执行。

各区负责部门（单位）作为项目验收负责部门，应按照全市项目验收管理要求，制定相关验收程序和办法，并在项目完成（竣工）后的一年内进行验收，出具验收评审意见并向评审工作小组报备。

第十八条 项目撤销

有下列情形之一的，由各区负责部门（单位）向评审小组提出撤销专项资金支持项目的申请，经评审小组讨论通过后，由评审小组限期收回已拨付的专项资金。

（一）项目实施条件发生重大变化，导致项目无法继续实施。

（二）项目单位未经申请批准擅自变更项目建设内容和目标。

（三）项目建设期满 6 个月，未及时提出验收或延期申请。

（四）项目延期 2 年后仍不能按时竣工。

（五）其他依照法律、法规、规章或规范性文件规定，应当予以撤销项目的情形。

第十九条 项目计划

虹桥商务区管委会会同四个区政府根据虹桥商务区及虹桥临空经济示范区五年发展规划和阶段性发展目标，加强项目储备，在每年 8 月 31 日前梳理形成下一年度项目计划，作为编制下一年度专项资金预算的参考。列入项目计划的项目优先纳入项目库，并可预先开展申报。

第二十条 项目跟踪

虹桥商务区管委会会同四个区负责部门（单位）将申报主体提交的项目材料录入项目库，对已申报且评审的项目和已批复的项目，按照实施进度分类管理，根据项目的阶段及时更新状态，跟踪项目的进展。

各区负责部门（单位）负责加强对已支持项目的跟踪服务，及时了解项目进展情况，项目实施发生重大变化的，应及时将有关情况报告评审工作小组。

第六章 资金管理

第二十一条 资金拨付

根据专项资金批复，各区负责部门（单位）与项目单位签署《项目协议书》并向评审小组报备后，各区负责部门（单位）分别向本区财政局提出资金拨付申请，由各区财政局按照财政资金预算管理的有关规定，分阶段拨付资金。四个区财政局根据《项目协议书》明确的资金使用计划，按照国库集中支付的管理要求，将专项资金拨付到项目单位。

第二十二条 资金预算

每年10月底前，虹桥商务区管委会会同四个区政府提出下一年度专项资金预算及分区情况报送市财政局，市财政局审核后纳入下一年度市对区财力结算，分别下达四个区财政局。四个区财政局分别根据年度专项资金项目预算的书面批复意见，按照市、区支持总额全额安排下一年度专项资金预算。

预算执行中若需调整预算，由虹桥商务区管委会会同四个区政府研究提出调整方案，纳入下一年度专项资金预算，并于10月底前报市财政局审核。

第二十三条 专项管理

专项资金的使用按照国家和本市有关规定专款专用，严格管理。项目单位获得专项资金，应当单独核算，不得擅自挤占、截留和挪用。资金使用情况纳入虹桥商务区专项发展资金信息管理系统统一管理。

第二十四条 政府采购

专项资金使用中符合政府购买服务、政府采购范畴的项目应当按照《上海市人民政府关于进一步建立健全本市政府购买服务制度的实施意见》（沪府发〔2015〕21号）和政府采购制度实施。

第二十五条 国资管理

专项资金支出形成的固定资产属于国有资产的，应当按照国家和本市国有资产管理有关规定实施管理。

第七章 监督管理

第二十六条 监管责任

虹桥商务区管委会会同四个区政府，加强对专项资金的日常监督，对专项资金使用和项目的执行情况进行全程跟踪监管。定期或不定期组织开展专项资金使用管理、项目执行实施方面的培训活动。

各区负责部门（单位）负责对项目进行事中监管，推进项目实施等的具体日常管理工作，每季度将项目执行情况、专项资金使用情况等报送虹桥商务区管委会。

专项资金支持项目执行过程中，项目单位应每季度向各区负责部门（单位）报送项目执行情况，包括项目建设内容和实施场地、项目投资、实施进度、团队建设、组织管理制度、单位整体经营情况以及专项资金使用情况等。

第二十七条 绩效评价

对接受专项资金扶持的项目，虹桥商务区管委会不定期地委托专业机构开展专项资金使用和管理后评估、实施项目绩效管理等工作。

虹桥商务区管委会会同四个区政府，建立虹桥商务区专项资金支持项目的绩效评价体系，对各区有关部门的年度专项资金使用总结报告进行综合评估，并将评估情况作为以后年度安排专项资金的重要参考依据，逐步建立企业诚信数据库和专项资金数据库，创新和完善绩效评价管理工作。

各区负责部门（单位）应对本区域专项资金使用情况、项目执行情况、项目验收情况等进行及时总结，并形成年度专项资金使用总结报告，在每年2月底前报虹桥商务区管委会。

第二十八条　审计监督

专项资金依法接受审计机关和监督部门审计检查，根据年度专项资金的使用情况，市财政局、市发展改革委可会同虹桥商务区管委会、四个区政府，聘请有资质的社会中介机构对专项资金使用管理情况进行审计，确保专项资金使用安全、规范。

在市有关部门指导下，对重点项目专项资金使用和项目的执行情况，虹桥商务区管委会可以根据实际需要委托有资质的社会中介机构开展抽查审计，并将审计情况报市财政局、市发展改革委、市审计局，作为开展监督管理工作的重要依据。

第二十九条　管理费用

虹桥商务区管委会通过政府购买服务方式，委托专业机构开展的专项资金项目评估考核、后评估、审计、绩效评价等相关费用，部门预算中申请列支。

区级相关部门开展的专项资金项目初审评估、事中监管、验收审计等相关费用，由区级财政解决。

第三十条　信息公开

专项资金的使用情况纳入政府信息公开范围，由虹桥商务区管委会会同四个区政府按照政府信息公开的要求，对专项资金使用情况进行公开。

第三十一条　违规处理

专项资金必须专款专用，严禁截留、挪用。对于不按本实施细则规定配合进行专项资金使用情况跟踪监管和信息披露的项目，将暂缓拨付其专项资金。

对以同一项目重复申报并享受其他财政专项资金的，将限期收回本专项资金，并取消项目单位继续申报专项资金的资格。相关单位违规行为将录入本市社会信用体系。

对弄虚作假、截留、挪用等违反法律法规或有关纪律的行为，除限期收回专项资金、取消项目单位继续申报项目资格外，还将按照国家有关规定追究项目单位和有关负责人的法律责任。

第八章　附则

第三十二条　实施期限

（一）本实施细则自印发之日起施行，执行至 2023 年 12 月 31 日。

（二）本实施细则由虹桥商务区管委会负责解释。

附录 2-12 《上海虹桥商务区管委会关于推进低碳实践区建设的政策意见》
（沪虹商管〔2019〕101 号）

上海虹桥商务区管委会
关于推进低碳实践区建设的政策意见

第一条（目的依据）

为了进一步推动虹桥商务区、虹桥临空经济示范区建设国家绿色生态城区和本市低碳发展示范区，促进绿色、低碳、生态技术在虹桥商务区、虹桥临空经济示范区的区域化、规模化应用与发展，根据《上海市虹桥商务区专项发展资金管理办法》（以下简称《管理办法》）和《上海市虹桥商务区专项发展资金使用管理实施细则》（以下简称《实施细则》），制定本意见。

第二条（支持重点）

本意见重点支持促进区域绿色低碳发展，在绿色建筑、低碳建设、绿色运营、生态环境保护、可持续发展等方面起到引领带动作用，并体现一定公共性、示范性、先进性和创新性的项目。包括：

（一）绿色建筑项目。

1. 设计评价标识。获得绿色建筑设计评价标识，高于虹桥商务区相关土地出让或规划星级要求的予以支持。

2. 绿色施工示范。主动开展绿色施工，并且达到虹桥商务区相关评价要求的予以支持。

3. 运行评价项目。获得绿色建筑评价标识，绿色建筑运行达到《绿色建筑评价标准》要求的予以支持。

4. 既有建筑绿色改造项目。对既有建筑开展绿色改造或节能改造，并且达到《既有建筑绿色改造评价标准》或建筑节能改造要求的予以支持。

（二）绿色能源项目。采用绿色能源，符合能源清洁、高效、系统化应用技术体系的项目，予以支持。包括采用太阳能、风能、生物能、地热能等的项目。

（三）绿色照明项目。采用具有前沿性、示范效应的节能灯具的项目，予以支持。包括利用可再生能源照明系统的公共建筑和市政基础设施，以及高效节能光源和智能照明控制系统的市政基础设施照明建设项目等。

（四）绿色交通项目。提高绿色动力交通工具比例、建设和完善智能化交通系统的项目，予以支持。包括具有节能减排效果的新能源公共交通建设和营运项目等。

（五）生态环境保护项目。对提高绿色碳汇能力的绿化植被改善、低碳、减碳以及固碳建筑相关项目；对控制雨水径流、海绵城市建设相关项目，给予支持。包括以屋顶绿化等方式增加公共绿地面积、开发绿地廊道、建设特色街区等开敞空间系统、建设生态网络及节点、构建低影响开发雨水系统的项目。

（六）区域集中供能项目。对采用区域集中供能、优化能源结构、提升能源效率的项目，予以支持。

（七）其他项目。对经管委会、相关区政府认定的其他有利于推进国家绿色生态城区和本市低碳发展示范区建设，以及提升虹桥商务区"宜商、宜居、宜人"环境的绿色低碳项目，予以支持。

第三条（支持标准）

申报"绿色建筑项目"的，按照不同实施阶段，支持标准如下：

（一）完成绿色建筑设计评价标识后，按照实际超出部分的建筑面积和不同星级要求，对绿色建筑二星级设计标识项目支持标准为16元/m^2，对三星级设计标识项目支持标准为28元/m^2。

（二）开展绿色施工，获得绿色施工示范项目后，对获得国家建筑业绿色施工示范项目或者本市绿色施工样板工程的，支持标准为按建筑面积最高不超过5元/m^2。

（三）开展绿色运营，达到绿色建筑运营标准，且能够提供全部相关数据，引领、带动虹桥商务区绿色建筑低碳发展，在区域内起到绿色运行示范效应，经认定后，按照实际建筑面积和不同星级要求，对符合绿色建筑二星级运营要求的项目支持标准为最高不超过50元/m^2，对符合三星级运营要求的项目支持标准为最高不超过100元/m^2。

（四）既有建筑改造，符合既有建筑节能改造的，对单位建筑面积能耗下降20%及以上的项目支持标准为25元/m^2，对单位建筑面积能耗下降15%（含）至20%的项目支持标准为15元/m^2。

申报"绿色能源项目"、"绿色照明项目"、"绿色交通项目"、"生态环境保护项目"、"区域集中供能项目"的，单个项目资金支持比例最高不超过项目总投资额的30%或者截至2023年12月31日累计管理运营成本的20%，单个项目支持金额最高不超过3000万元。

申报"其他项目"的，对非固定资产投资类项目，支持标准为按照项目实际发生额最高给予1:1的资金支持；对固定资产投资类项目，单个项目资金支持比例最高不超过项目总投资额的30%或者截至2023年12月31日累计管理运营成本的20%；对政府购买服务的项目，按照项目实际予以全额支持。

第四条（支持方式）

对于申报"绿色建筑项目"的，采用无偿资助的支持方式。

对于申报"绿色能源项目"、"绿色照明项目"、"绿色交通项目"、"生态环境保护项目"、"区域集中供能项目"、"其他项目"的，可以采用无偿资助、贷款贴息、政府补贴或者政府购买服务的支持方式。

第五条（申报主体）

申报主体须为在本市依法设立的法人、非法人组织（分支机构除外），且财务管理制度健全、纳税和会计信用良好，其申报支持的项目功能和作用主要发生在虹桥商务区、虹桥临空经济示范区范围内。

第六条（申报原则）

按照专项资金不重复支持、确保政策不重叠的原则，已享受其他市级或者区级财政扶持政策的，本意见不予支持。

第七条（申报指南）

虹桥商务区管委会会同四个区政府，依据本意见第二条分类编制项目申报指南，明确项目申报时间、申报材料以及评审标准等内容。

第八条（审批程序）

申报项目一般按照如下程序进行：

（一）项目受理及初审。各区负责部门（单位）统一受理本区域项目申报并负责项目初审，对申报项目是否符合申报条件进行审查。审查不合格的函告申报主体；合格项目纳入项目库管理，按计划进入项目评审环节。

（二）项目评审。根据申报指南明确的评审标准，由虹桥商务区管委会会同有关部门、四个区政府成立评审小组，并委托第三方机构通过开展专家评审等方式进行综合评估，对各区报送的申报材料出具评审意见。

（三）通过评审的项目，在虹桥商务区管委会政府网站（http://www.shhqcbd.gov.cn/）上公示，公示期限为10日。

（四）对评审不通过的项目，由虹桥商务区管委会函告申报主体；对评审通过的项目，虹桥商务区管委会分别会同闵行区政府、长宁区政府、青浦区政府、嘉定区政府下达项目批复意见。

第九条（项目管理）

（一）项目协议书。按照项目批复和相关政策，相关区属负责部门（单位）牵头与项目单位签订《虹桥商务区专项发展资金项目实施框架协议书》，明确项目内容、实施进度和扶持资金额度、资金支持方式、资金支持内容、资金使用计划、项目验收、违约处理等内容。

（二）进度管理。在项目实施过程中，项目申报单位应当按照季度向虹桥商务区管委会上报项目实施进度、主要内容落实情况以及下一步工作计划等，实行项目进度管理。

（三）项目调整。资金申请获得批复后，对资金使用主体、项目内容、主要用途有调整需求的项目，项目单位应及时向各区负责部门（单位）提出变更申请，不得擅自变更。各区负责部门（单位）应将项目变更有关材料报管委会，按照原程序重新进行报批。

（四）项目验收。项目完成（竣工）后，项目单位应在六个月内，向各区负责部门（单位）提出验收申请。各区负责部门（单位）作为项目验收负责部门，应按照全市项目验收管理要求，制定相关验收程序和办法，并在项目完成（竣工）后的一年内进行验收，出具验收评审意见并向管委会报备。

（五）绩效评价。对接受专项资金扶持的项目，虹桥商务区管委会定期对专项资金使用情况进行绩效评价，并将绩效评价情况作为以后年度申报安排专项资金的重要参考依据。

（六）审计监督。专项资金接受市审计和监督部门审计检查，申报项目涉及的有关单位以及申报主体涉及的有关人员应当配合审计监督的相关工作。

第十条（违规处理）

在资金使用过程中存在违规行为的，依照《管理办法》和《实施细则》的相关规定予以处理，除限期收回专项资金外，相关单位违规行为将录入本市社会信用体系。

第十一条（实施期限）

（一）本意见自发布之日起施行，有效期至2023年12月31日。

（二）本意见由虹桥商务区管委会、闵行区政府、长宁区政府、青浦区政府、嘉定区政府按各自职责负责解释。

后记 | Afterword

经过编写组一年多辛勤的工作，这本书终于付梓出版了。

不忘初心，方得始终。从 2010 年 7 月虹桥商务区管委会发布《上海市虹桥商务区低碳建设导则（试行）》启动绿色低碳建设至今，恰好十周年。

这十年，我们参与了虹桥商务区绿色低碳建设工作，见证了绿色生态城区建设的成效，对虹桥这片土地、这段历史充满感情。

筚路蓝缕，玉汝于成。十年来，虹桥商务区核心区重点区域建成了 585 万 m^2 城市综合体，其中地下空间 250 万 m^2，媲美加拿大蒙特利尔"地下城"；建成了 24 条地下通道、13 座空中连廊以及连接核心区与国家会展中心的二层步廊、联通虹桥枢纽—核心区—国家会展中心的地下大通道，形成发达完善的立体复式慢行交通系统；建设了本市最大的区域供能系统，1 号、2 号能源站每年减碳量约 23973 吨标准煤；建成了 18.74 万 m^2 的屋顶绿化，成为商务区特有的"第五立面"；建设了 56 公顷的"四大绿地"、45 块公共绿地串起商务区绿色生态走廊；58.1% 建筑达到绿建三星设计标识，41.9% 达到绿建二星设计标识，并有 8 个项目约 95 万 m^2 建筑获得绿建运行标识，超过 100 万 m^2 建筑获得 LEED 认证。这些，都是虹桥商务区绿色生态城区建设的亮点。

2018 年 10 月，虹桥商务区获评为全国首个、最高星级的国家绿色生态运行城区后，管委会开发建设处处长徐明生提出编写一本书，全面总结回顾过往并提供经验借鉴。2019 年春节前，书的框架提纲基本形成。3 月份，搭建了编写工作组，徐明生同志任主编，刘华伟、安宇同志任副主编，正式启动编写工作。一年多来，编写组征求了管委会处室、闵行区和新虹街道、核心区开发地块等 30 多家单位的意见和建议，召开了 20 多次现场调研交流会，修改校稿 40 余次。这是一件很不容易却颇有意义的事，可谓功在当代、利在千秋。我们希望借此复制推广核心区绿色低碳建设经验，统筹指导商务区其他片区积极开展绿色生态城区创建工作。

抚今追昔。虹桥商务区的绿色低碳实践成效离不开市委市政府的领导，离不开管委会"一张蓝图干到底"的实干精神，离不开有关区、街道和市建科院、地块开发商等方方面面的共同努力。感谢他们，也感谢为编写本书提供支持、帮助的社会各方！

行百里者半九十。市委市政府近期印发了《关于加快虹桥商务区建设打造国际开放枢纽的实施方案》，提出要"打造世界一流的绿色低碳发展商务区"。为实现这个目标，我们还需继续努力前行，方能不负韶华。

由于时间仓促，编写人员能力水平有限，疏漏不足之处在所难免，敬请广大读者不吝批评指正。

编写工作组
二〇二〇年七月